O amor abre todas as portas

EVALDO RIBEIRO

Romance inspirado pelo espírito Maruna Martins

Coordenadora editorial: Tânia Lins
Coordenador de comunicação: Marcio Lipari
Capa e projeto gráfico: Jaqueline Kir
Diagramação: Rafael Rojas
Preparação e revisão: Equipe Vida & Consciência

1ª edição — 2ª impressão
5.000 exemplares — setembro 2015
Tiragem total: 8.000 exemplares

CIP-BRASIL. CATALOGAÇÃO-NA-FONTE
SINDICATO NACIONAL DOS EDITORES DE LIVROS, RJ

R368a

Ribeiro, Evaldo
O amor abre todas as portas / Evaldo Ribeiro. - 1. ed. -
São Paulo : Mundo Cristão, 2015. 336 p.

ISBN 978-85-7722-440-1

1. Romance espírita. 2. Espiritismo. I. Título.

15-23988 CDD: 133.93
CDU: 133.9

Este livro adota as regras do novo acordo ortográfico (2009).

Vida & Consciência Editora, Gráfica e Distribuidora Ltda.
Rua Agostinho Gomes, 2.312 — São Paulo — SP — Brasil
CEP 04206-001
editora@vidaeconsciencia.com.br
grafica@vidaeconsciencia.com.br
www.vidaeconsciencia.com.br

Dedico esta obra com muito amor e carinho aos meus padrinhos de jornada espiritual: Alcides Melhado Filho, Antonio Justino, César Romão, Roberto Shinyashiki, Reinaldo Polito, Jairo Carlos, JB Oliveira, Marcelo Cezar, Marcello Cotrim, Lair Ribeiro, Luiz Antonio Gasparetto, Luci de Abreu, Nazaré Ribeiro, Samira Chahine, Dárcio Cavalini, Gigi Guedes, Guiomar Contreras, Néviton Oliveira, Zilza Miranda, Zibia Gasparetto e Wagner Borges, que, com as suas abençoadas presenças, iluminam o meu caminho, mostrando-me que a felicidade existe SIM e que nós a vivenciamos a cada momento em que compartilhamos juntos. Foi contando com o apoio e a força dessas adoráveis pessoas que eu abri portas impossíveis.

Apresentação

Minha mediunidade começou a aflorar quando eu tinha sete anos de idade. Sempre que eu relatava alguma experiência sobrenatural, as pessoas de meu convívio achavam que eu estava tendo alucinações.

Meu pai levou-me para estudar e morar na casa de um primo que frequentava um grupo de estudos mediúnicos, e ele, por sua vez, me convidou para participar de uma reunião no centro espírita e foi lá que compreendi que meu caso se tratava de mediunidade.

Mudei-me para São Paulo e, buscando desenvolver e educar minha sensibilidde mediúnica, fiz muitos cursos com grandes nomes da espiritualidade.

Meu encontro com o espírito Maruna Martins se deu da seguinte maneira: certo dia, fui escrever o conteúdo de uma palestra motivacional, mas estava sem inspiração para criar a mensagem.

As ideias que me vinham à mente não me convenciam. Insatisfeito, eu apagava tudo o que tinha escrito e reiniciava o trabalho em busca do conteúdo ideal.

Vencido pelo desgaste mental, deixei para escrever o conteúdo da palestra quando minha mente estivesse em sintonia com meu coração.

Desliguei o computador e, enquanto caminhava até a porta do quarto, ouvi o som do aparelho religando. Intrigado, novamente desliguei o computador, esperei-o finalizar a operação e saí.

Ao chegar à porta, percebi a máquina sendo reiniciada. Diante daquilo, sentei-me em frente ao computador, fechei os olhos e fiz uma prece.

De repente, tive a sensação de que havia alguém atrás de mim, com as mãos abertas sobre minha cabeça, dando-me um passe energético. Naquele momento, senti uma emoção muito forte e uma energia maravilhosa tomando conta do ambiente.

Eu, que até aquele instante estava sem ideia para criar o texto da palestra, subitamente fui tocado por uma inspiração arrebatadora.

Surgiu em minha mente a frase "o amor abre todas as portas" e, em seguida, o enredo inteiro, inclusive os nomes dos personagens e o cenário que seria usado para compor o romance.

Consciente de que eu estava sendo guiado pela espiritualidade, deixei-me levar pela inspiração que me envolvia intuitivamente e, quando me dei conta, já estava escrevendo havia horas.

O meu maior desafio foi controlar a ansiedade e a curiosidade de saber o nome da companhia espiritual que me inspirava, o que só ocorreu no último capítulo, quando a história foi concluída e assinada por *Maruna Martins*.

Prólogo

Na infância, Laura começou a apresentar os sinais de sua mediunidade aflorada, destacando sua capacidade de interagir com o mundo astral e de comunicar-se com os espíritos.

No início, por falta de conhecimento do assunto, a maior parte de suas manifestações ocorria com espíritos perturbados, razão pela qual Laura causava muito medo nas pessoas, que a classificavam como louca. Tal rótulo só se desfez quando ela descobriu, por meio da obra de Allan Kardec, que ser médium não era um problema, e sim um dom divino.

Convém ressaltar que, naquele início do século 20, o espiritismo não era tão difundido e tampouco assimilado pela maioria da população. Havia muita falta de informação sobre os assuntos relacionados à espiritualidade de modo geral.

Salomão, pai de Laura, era aquele tipo de pessoa carismática que, fora de casa, se relacionava muito bem com todos, deixando a impressão de que era o amor em pessoa. No entanto, na convivência com os membros de sua família, o patriarca mostrava o outro lado de sua personalidade, revelando-se uma pessoa extremamente autoritária e dominadora.

Na verdade, esse comportamento opressor era uma herança cultural machista que recebera como formação. Incrédulo, Salomão não aceitava que Alzira, sua esposa, frequentasse locais onde houvesse práticas espirituais em busca de uma resposta que decifrasse definitivamente o que se passava com a filha. Por isso, a relação do casal era marcada por constantes conflitos.

Contudo, crédula de que o casamento é uma união que deve perdurar para sempre a qualquer custo, mesmo que o casal seja infeliz, Alzira utilizava uma estratégia comum às mulheres de seu tempo: a de colocar o bem dos filhos como prioridade e fingir-se de submissa para contornar as imposições do marido.

Decidida a resolver o desequilíbrio que perturbava a vida da filha, Alzira, às escondidas, vivia estudando os assuntos que o marido tanto rejeitava: a espiritualidade. Salomão acreditava que seguir ideais religiosos e ler obras dessa natureza era perda de tempo.

Como a vida não deixa ninguém estagnado na imaturidade, a convivência com a mediunidade da filha fez com que Salomão passasse por algumas experiências reveladoras que lhe convidariam, de maneira nada espontânea, a rever os seus conceitos, o seu modo de pensar e, por fim, adotar uma forma de agir ponderada em suas relações, transformando-o em uma nova pessoa.

Alzira era uma mulher forte, de mente aberta, que sempre soube o que queria da vida e que, mesmo tendo atravessado a maior parte de sua existência na extrema pobreza, tinha clara noção de que todo obstáculo no caminho fazia parte de seu crescimento.

Espírito nobre e consciente de seu verdadeiro valor, Alzira não se deixava abater pelas dificuldades que enfrentava no relacionamento com o esposo. Embora a sua convivência com Salomão fosse aparentemente mais uma relação de obediência que uma união afetiva, como se espera de um casal, ela deixou o orgulho de lado, ignorou a falta de companheirismo dele, e usou de cautela e diplomacia para contornar com sapiência as regras impostas pelo autoritarismo do marido. Essa sua postura foi tão bem aplicada que a fez se tornar o ponto de equilíbrio dentro da relação.

Além de Laura, o casal tinha mais dois filhos: Oscar e Olívia. A caçula, desde pequena, queria a todo custo ocupar o lugar da irmã mais velha.

"Laura descobriu, por meio da obra de Allan Kardec, que ser médium não era um problema, e sim um dom divino."

Capítulo 1

O dia mal tinha amanhecido e os escaldantes raios do sol já penetravam pelo vão da janela da humilde casa onde morava a família Carvalho.

Salomão, angustiado, havia passado aquela noite em claro, martirizando-se com as tristes cenas de seus animais mortos pela seca. Já desnorteado de tanto enfrentar os repetidos golpes da estiagem que castiga algumas regiões do nordeste, assim como muitos outros cearenses, vencido e tangido pelas dificuldades que roubaram os seus sonhos, Salomão decidiu romper o elo com suas raízes e aventurar-se em terras estranhas.

Naquele tempo, as pessoas locomoviam-se montadas em animais de carga e, dependendo do destino, uma viagem poderia durar meses. Os viajantes enfrentavam estradas precárias e trilhas fechadas no meio de florestas. Com um nó na garganta, Salomão selava os animais que sua família usaria logo mais como meio de transporte na viagem que fariam do Ceará ao Maranhão.

Enquanto isso, Alzira chorava ao redor do fogão a lenha, preparando o café da manhã com o restinho de comida que ainda havia na despensa para alimentar as crianças antes de partirem.

De repente, Alzira escutou os passos do esposo adentrando a cozinha e, como sabia que o marido odiava vê-la chorando, imediatamente conteve a emoção, baixou a cabeça e, disfarçadamente, enxugou as lágrimas com a manga da blusa. Essa preocupação tinha razão de ser: quando Salomão encontrava alguém chorando sem um motivo que o justificasse, com sua visão de cabra-macho, entendia aquela atitude como fraqueza de espírito. Mas de nada adiantou Alzira limpar o rosto para esconder que estava chorando. Os seus olhos avermelhados denunciavam a dor de sua alma.

— Que cara de choro é essa? — perguntou Salomão já impaciente.

— Estou muito insegura — respondeu, desabando a chorar.

— Você está com medo de quê?

— Estou com medo de largar tudo e sair pelo mundo.

— Largar tudo o quê, mulher, se já perdemos tudo que tínhamos? Ei, bicho apegado é pobre, sabia? — concluiu, revoltado.

— A verdadeira riqueza do ser humano não está nos bens materiais que ele conquista, mas em seus valores íntimos — rebateu ela, justificando-se.

— Pelo amor de Deus, Alzira, desapega do sofrimento! Vamos lançar os nossos sonhos e destinos em terras favoráveis e partir com o coração cheio de esperança de que encontraremos fora daqui algo melhor para oferecer a nossos filhos — propôs, tentando encorajar a esposa.

Foi enxugando as lágrimas de seu lindo rosto que Alzira perguntou:

— O que vamos levar de nossas coisas pessoais?

— Levaremos apenas uma mala com nossos trapos desgastados e alguns pertences mais leves para não sobrecarregar os animais. Lembre-se de que iremos fazer uma longa viagem.

Alzira, apaixonada por leitura, interveio decidida:

— Faço qualquer acordo com você, menos deixar os meus livros para trás. Isso nem pensar!

Salomão, com desprezo pela literatura, refutou:

— Livros são futilidades que não acrescentam nada à vida de ninguém. São apenas palavras que os poetas lunáticos escrevem e em que os editores espertos colocam uma capa bonita para chamar a atenção de pessoas emocionalmente frágeis como você, que não pensam com a própria cabeça e se deixam persuadir — rebateu, deixando evidente não gostar de ler.

Alzira contrapôs:

— É nos livros que eu encontro distração para aliviar as tristezas da vida.

Salomão meneou a cabeça negativamente e rebateu:

— A verdade é que vocês, mulheres, sentem prazer naquilo que traz a emoção do sofrimento.

Alzira, compreensiva, tornou:

— Respeito a sua forma de pensar, diferente da minha. Mas lhe peço que não tire de mim o direito de buscar o que me faz bem.

Salomão sentiu-se tocado pelas palavras de Alzira ao defender suas obras literárias e, evitando entristecê-la ainda mais, permitiu que ela levasse os livros.

Após forrar o estômago, debaixo de um sol que queimava como brasa, a família deu início a uma angustiante viagem partindo do Ceará com destino ao estado do Maranhão, a rota de fuga mais utilizada pelos retirantes sedentos.

Naquela cansativa viagem, a família viveu dias muito difíceis. Sem condições para adquirir mantimentos, os flagelados aceitavam qualquer migalha que encontravam pelo caminho para matar a fome.

A cada passo da amarga experiência, eram colocados diante de momentos de muita incerteza ao se depararem com as chocantes marcas da destruição deixadas pela devastadora força da seca: a deprimente cena de animais mortos de sede, atolados na lama dos açudes ao procurarem água, e outros desnutridos, já caídos na beira das represas secas, em seus últimos momentos, observados pelos urubus do alto das árvores desnudas.

Nas localidades por onde passavam, acampavam para descansar e recebiam uma verdadeira lição de hospitalidade dos moradores, que, em um gesto de puro desapego e compaixão, acolhiam a família de famintos e repartiam com alegria o pouco que ainda lhes restava.

Depois de muitos desafios e um aperto infernal no peito, ocasionado pelo sentimento de culpa por terem deixado suas raízes para trás, alcançaram o solo maranhense. Bravamente subiram e desceram serras, percorrendo trilhas em meio a uma mata virgem, até que venceram suas cruéis dúvidas ao avistarem do alto de uma montanha algumas casas lá embaixo.

Foi o bastante para que a insegurança que sufocava o peito de todos se dissipasse, dando lugar a uma sensação de liberdade comovente. Olhando a imensidão a partir do topo da colina, a destemida família enfim encheu os olhos de beleza, pois parecia estar em um paraíso a céu aberto.

O lugar tinha lindos rios e riachos de águas cristalinas, cachoeiras, peixes, árvores centenárias e animais saudáveis correndo e brincando por toda parte. Sentiram-se tocados por um sentimento de gratidão transbordante e pela sensação de recompensa quando chegaram à sede de uma belíssima fazenda situada no município da pequena cidade de Carolina, localizada ao sul do estado do Maranhão, onde avistaram bem na entrada da propriedade uma imponente placa de madeira expondo o nome do imóvel com letras maiúsculas: "FAZENDA LIBERDADE".

Passava da hora do almoço. Salomão e Alzira, com o corpo dolorido, estavam exaustos pelo desgaste da enfadonha viagem, mas ao mesmo tempo tinham a esperança renovada por verem a felicidade estampada no rosto dos filhos.

O proprietário da fazenda estava sentado em uma cadeira de balanço no alpendre do imenso casarão, proseando alegremente com os empregados.

— Boa tarde — cumprimentou Salomão, retirando o chapéu da cabeça e trazendo-o junto ao peito, demonstrando respeito e cordialidade.

Todos pareciam ter ensaiado o sonoro "boa tarde" quando responderam ao cumprimento de Salomão em sincronia. O fazendeiro se levantou e Salomão apresentou-se. O homem foi muito receptivo com a família, dizendo:

— Muito prazer em conhecê-los. Eu sou João Ferreira Viana, mas podem me chamar apenas de Viana, pois é assim que todo mundo me trata por aqui. Em que posso servi-los? — apresentou-se o fazendeiro com boa vontade.

Bem-humorado, Salomão devolveu:

— Olha, moço, para quem está fugindo da seca como nós, uma rapadura com um bocadinho de farinha de mandioca e um copo de água para desentalar o nó que essa mistura faz na garganta já está de bom tamanho, por enquanto.

Todos caíram na gargalhada com a resposta do retirante. Viana, muito simpático, convidou a família a descer dos animais e descansar um pouco antes de prosseguir viagem.

— Vamos entrar um pouco — propôs o fazendeiro, alegremente.

Salomão desceu de seu animal e ajudou a família a fazer o mesmo.

— De onde você está vindo com essa família tão corajosa? — sondou Viana.

Sentindo-se à vontade, Salomão mais uma vez foi rápido na resposta e, com a expressão facial divertida, já caçoando da própria situação, disse:

— Por tudo que nós passamos de ruim enfrentando a seca lá onde a gente morava, eu lhe diria que na verdade estamos vindo é do inferno!

Novamente todos gargalharam alto.

— Com este bom humor, você certamente é mais um cearense que Deus coloca em nosso caminho para encher as nossas vidas de alegria. Acertei? — perguntou Viana, já rindo antes de ouvir mais uma divertida resposta.

— Exatamente — confirmou Salomão.

Ao escutar as risadas, Dolores, esposa do fazendeiro, foi verificar qual era o motivo de tanto divertimento entre o esposo e os empregados.

Ao vê-la surgir na porta, Viana deu uma pausa na conversa e, puxando o sotaque carregado, amorosamente apresentou a companheira aos visitantes:

— Bom, pessoal! Esta é Dolores, a minha adorável esposa.

— Boa tarde! — disse a mulher, estendendo a mão para cumprimentá-los.

— Boa tarde! — responderam.

— Nossa, que menina linda! — disse Dolores, pegando no queixo de uma das garotas, admirada com a beleza de seus cabelos longos.

— Qual é o seu nome, princesa?

— Meu nome é Laura Cristina de Carvalho.

— E qual é a sua idade?

— Nesta vida tenho sete anos — revelou a garota, causando estranheza.

— Por que você diz sete anos nesta vida? — indagou Dolores, curiosa.

— É porque o meu amigo invisível me disse que nós somos espíritos eternos vivendo histórias passageiras aqui na Terra — explicou Laura, com naturalidade.

— E como se chama o seu amigo invisível?

— Ele me pediu para ser chamado de Amigo Mágico.

— Por que Amigo Mágico? Ele explicou? — quis saber Dolores.

— Eu acho que deve ser porque ele aparece e desaparece quando quer — devolveu a menina, provocando a gargalhada de todos.

O fazendeiro interveio e se dirigiu ao pai da menina:

— A sua filha puxou o seu lado bem-humorado, Salomão. É como diz o ditado: "filho de peixe peixinho é"!

Salomão deu um leve sorriso só para disfarçar a sua insatisfação com o falatório estranho da filha e, desaprovando a espontaneidade da garota, cortou o assunto e tomou a frente da conversa apresentando o outro filho para o casal:

— Então, senhores, este é meu rapaz — disse, ignorando a presença de Olívia, a filha caçula, e apontando o dedo só para o garoto.

Dolores pegou no queixinho do menino e perguntou:

— E esse menino bonito com cara de danadinho? Como é que você se chama?

— Oscar — respondeu, divertindo-se com o comentário da mulher.

Porém, Dolores notou, pelo olhar arredio e pela expressão corporal, que a outra menina estava se sentindo menos querida que os irmãos. Tentando agradar a pequena, a mulher fez o mesmo gesto de carinho, dirigindo-se à retraída garota.

— E você, bonequinha, como se chama?

— Olívia — respondeu timidamente, de cara fechada.

— Sabiam que vocês são duas princesas muito lindas?

Olívia balançou a cabeça concordando, mas com ar desanimado.

— A senhora também é muito linda! — tornou Laura, retribuindo o carinho.

Alzira, consciente da personalidade reprimida da filha caçula, sorriu e pediu água para matarem a sede.

— Vocês já almoçaram hoje? — inquiriu Dolores, mudando de assunto.

— Ainda não, e a fome é tão braba que eu nem vou esperar a senhora nos oferecer comida, pois aceitaremos com gratidão o restinho do almoço, caso a senhora ainda tenha algo para nos servir — interveio Salomão, sem inibição.

— Meu bem, que pressa é essa? — retrucou Alzira, envergonhada.

— A minha barriga está tão vazia que a fome me fez perder a vergonha — justificou, defendendo-se da represália da esposa.

Dolores, demonstrando muita satisfação e hospitalidade, disse:

— Esperem só um instante que vou pedir à nossa cozinheira que prepare uma comidinha para alimentar a família de vocês. Aliás, a Aracy tem uma mão divina. E o carinho que ela coloca na comida que faz deixa tudo com sabor de amor. A impressão que tenho é de que o alimento feito com afeto se transforma em energia positiva, que, além de alimentar o corpo, nutre também a nossa alma.

— Realmente uma refeição feita com capricho nos alimenta a alma — concordou Viana, que, expressando carinho no jeito de falar, prosseguiu: — Devo admitir e reconhecer que a nossa querida Aracy tem um dom para cozinhar que ainda está para nascer outra pessoa igual.

— Mesmo? — interessou-se Salomão.

— Sim. Hoje mesmo ela preparou um prato muito especial que quase matou a gente de tanto comer — confirmou Dolores.

— E o que ela fez de tão especial? — tornou Salomão, já salivando de tanta curiosidade e vontade de provar o prato tão elogiado.

— Foi uma deliciosa galinhada caipira preparada ao leite de coco babaçu, acompanhada do nosso famoso pirão de parida, um alimento que traz muita sustância e que é o mais apreciado por nós, maranhenses, principalmente pelos que moram no mato — respondeu Dolores, enaltecendo a culinária de sua terra.

Sabendo que a família estava com fome e vendo a esposa se estendendo muito com a conversa, Viana olhou amorosamente para a companheira. Antes que ele falasse qualquer coisa, Dolores já havia captado a mensagem e disse:

— Bom, pessoal, desculpem pela minha falação desenfreada. Sei que vocês estão caindo de fome e eu estou aqui embromando. Vamos ao que interessa! Afinal, saco vazio não fica de pé, não é mesmo?

Satisfeito com a esperteza da mulher, Viana deu um carinhoso abraço na esposa e um beijo em sua testa, dizendo em seguida:

— É por isso que eu te amo mais que tudo nesta vida, querida. Pois, até mesmo pelo jeito de olhar, as nossas almas se entendem.

Alzira, casada com um homem que nunca tivera com ela um gesto tão nobre, quando viu a gentil cena do cavalheiro enaltecendo e valorizando a esposa, até suspirou profundamente, imaginando-se no lugar de Dolores, recebendo aquele tão valioso afago de seu marido.

Salomão, diante da mesma cena, em vez de se inspirar no belo exemplo de cumplicidade do casal, sentiu repulsa do que viu. Baixou a cabeça constrangido e, recusando-se a testemunhar o ato de carinho, pensou: "Que coisa mais melosa e patética".

Tomando iniciativa, Viana pediu:

— Meu bem, leve a dona Alzira com as crianças para a sala.

— Claro, querido. Levo sim.

Dolores conduziu Alzira e as crianças, enquanto o marido ficou na varanda conversando com Salomão e os funcionários.

Ao chegarem à sala, Alzira e os filhos acomodaram-se em torno de uma imensa mesa de madeira maciça. Dolores deixou uma jarra de água à disposição para que matassem a sede, encheu um copo e foi até a varanda levá-lo para Salomão. Depois se dirigiu ao quintal, onde estava a cozinheira. Solicitou que sua fiel escudeira requentasse a comida para a família.

Atenciosa, Aracy prontamente atendeu ao pedido da patroa.

Capítulo 2

De volta à sala, Dolores disse:

— Peço a vocês que tenham só um pouquinho de paciência. Dentro de alguns minutinhos a comida será servida. Tudo bem, criançada?

— Sim — responderam os pequenos.

Alzira, emocionada com a receptividade da desconhecida mulher, disse:

— Eu nem sei como lhe recompensar pela hospitalidade, dona Dolores.

A mulher, expressando gratidão e humildade no seu jeito de falar, exprimiu:

— Você não precisa me agradecer por nada, querida. O que estamos oferecendo à sua linda família é o mesmo que gostaríamos que nos oferecessem se estivéssemos na mesma situação. Porque eu penso da seguinte maneira, minha amiga: quem tem o que oferecer é que deve agradecer a Deus pela graça de poder compartilhar um pouco de suas conquistas com o seu semelhante.

— Nem todo mundo age assim como a senhora — observou Alzira.

— Concordo com você! — respondeu Dolores e enfatizou: — Cada um de nós está em seu tempo de evolução e compreensão.

Alzira, gostando do tom maduro da conversa de Dolores, emendou:

— Agora, mudando de assunto... Vocês têm filhos?

— Temos três filhos. Dois são biológicos e um é adotivo.

— E quais os nomes deles?

— Roberto, Rita e Sebastião. Este último nós adotamos com um mês de vida, logo após a morte da mãe dele, uma querida moradora de nossa fazenda que morreu picada por uma cobra venenosa. O pai do menino, desesperado com a morte da esposa, longe dos parentes e sem condições para criá-lo, decidiu deixar a criança conosco.

— Nossa! Que história triste.

— Realmente é uma história muito triste — considerou Dolores. — Acolhemos a criança com o mesmo amor que criamos os nossos filhos, e hoje ele é um rapaz muito querido por todos nós.

Alzira imaginou o quanto o pai do menino havia sofrido ao perder a companheira e ter de se separar do filho por falta de condições de criá-lo. Reconhecendo a nobre ação do casal de fazendeiros, exprimiu:

— Este lindo gesto de vocês mostra que há em seus generosos corações muito amor e compaixão para com a dor e necessidade alheia.

Dolores, com expressão reflexiva, como se estivesse voltando no tempo, e ao mesmo tempo demonstrando satisfação com o filho do coração, acrescentou:

— Como em toda ação a vida nos traz uma reação como resposta à altura de nossas atitudes, graças a Deus, o Tião se revelou um espírito forte, amoroso, dedicado e companheiro, como nem os nossos filhos de sangue são. Ele cresceu e se tornou o nosso braço direito nas atividades da fazenda. Resumindo: este meu filho é realmente uma bênção enviada por Deus.

Alzira sentia o amor inoculado nas palavras de Dolores e disse:

— Eu sempre ouvi a minha mãe afirmar que nós só recebemos do universo os frutos das sementes que plantamos e cultivamos com as nossas ações e atitudes diante das situações que encontramos em nosso caminho.

Dolores completou:

— Com esta visão sobre a vida, sua mãe devia ser uma pessoa sábia! É exatamente isso que tenho observado acontecer comigo após as boas ações que pratico com amor em benefício do meu semelhante. Fazendo o bem sem olhar a quem, as minhas colheitas têm sido fartas de respostas positivas, bênçãos e abertura de portas, aparentemente impossíveis.

Alzira arrematou:

— Este é um aprendizado que levarei comigo para sempre.

— Eu também — ajuntou Dolores.

— E cadê os seus filhos? — quis saber Alzira.

— Eles moram na capital do estado, onde estudam.

— Qual é a formação que eles escolheram como missão de vida?

— Rita decidiu cursar medicina veterinária. Roberto, contra a nossa vontade, estuda contabilidade e optou por ser bancário. Tião, por gostar de morar em meio à natureza, decidiu não cursar uma faculdade para ficar ao nosso lado, cuidando do pai e de mim.

— A senhora ama muito esse seu filho do coração, não é mesmo?

— Sim — concordou Dolores bastante emocionada. — Realmente o amo muito. Mas muito mesmo. Inclusive gera muita ciumeira por parte dos meus filhos de sangue, que percebem o meu apego ao Tião e me cobram.

Alzira comentou:

— Eu notei em seu olhar um brilho intenso quando a senhora citou esse filho adotivo e senti que existe uma ligação muito forte entre vocês dois!

— Realmente, quando o assunto é o Tião, algo muito forte me comove e transborda nos meus olhos... — confessou ela, enxugando as lágrimas e emendando: — Existe entre nós um laço recíproco de amor e companheirismo, não tenho palavras para descrever o que sentimos um pelo outro. A gente já conversou sobre isso várias vezes e a sensação que temos é de que já nos conhecemos de algum lugar e o destino promoveu nosso reencontro.

— Eu entendo o que a senhora está dizendo — ajuntou Alzira.

Como se fossem velhas conhecidas, as duas mulheres prosseguiram proseando.

Enquanto conversava com Alzira, Dolores notou o olhar atento das crianças acompanhando o bate-papo. Então ela resolveu envolvê-las na prosa também:

— Agora eu quero falar com as crianças... E você, Oscar, o que vai ser quando crescer?

— Eu quero ser forte que nem o meu pai — respondeu o garoto.

— Este aí é um grude com o pai dele! Isso às vezes me irrita — interveio a mãe, deixando transparecer o ciúme que sentia da admiração do filho pelo pai.

Evitando cometer o mesmo desconforto que havia causado em Olívia, desta vez Dolores se dirigiu primeiro à garota mais nova:

— E você, Olívia, o que pretende fazer quando crescer?

A menina ficou intimidada. Se pudesse, teria se escondido embaixo da mesa para não responder ao questionamento.

— Deixa de ser acanhada, Olívia! — tornou Alzira, que prosseguiu: — Você não ouviu a dona Dolores lhe fazendo uma pergunta?

— Ouvi sim, mamãe.

— Então, responda à pergunta dela dizendo o que você deseja ser quando crescer — encorajou-a Alzira, tentando envolver a filha na conversa.

— Ainda não sei o que vou ser — devolveu Olívia com a voz baixinha.

— Pois quando alguém lhe fizer uma pergunta e você não souber a resposta, simplesmente diga que não sabe e pronto, minha filha.

Dolores, buscando amenizar a situação constrangedora na qual havia colocado a tímida garota, interveio:

— Deixe a menina à vontade. Ela não precisa responder nada. Eu é que estou sendo chata e perguntando demais.

Por último, Dolores olhou para Laura e, sentindo um carinho genuíno, indagou:

— E você, Laurinha, o que vai ser quando crescer, meu bem?

— Eu vou cuidar das pessoas pobres.

— Então, querida, você veio morar no lugar certo — afirmou Dolores.

— Por que a senhora disse que aqui é o lugar certo? — inquiriu Alzira.

— Se o objetivo de sua filha é cuidar de pessoas pobres, ela vai ter serviço aqui pela vida toda — explicou Dolores, sorrindo.

Ainda na varanda, Salomão procurou saber sobre a região.

— Seu Viana, conte-me dos costumes de sua terra e de sua gente.

— O município de Carolina é uma das regiões mais bonitas do Maranhão. E é também um solo abençoado por Deus, pois aqui chove bem. Temos em nossa região rios de águas cristalinas e uma paisagem agreste exuberante que deixa qualquer visitante fascinado com os seus encantos.

Salomão prestava atenção e Viana prosseguiu, cheio de orgulho:

— A nossa vegetação é composta por cerrados, caatingas, chapadas, brejos... Há também madeiras de lei, inclusive as mais cobiçadas pelos madeireiros, que transformam essas preciosidades em móveis raros e caríssimos, peças essas muito apreciadas pelas pessoas que têm bom gosto e, claro, podem pagar altos valores por elas.

— E qual é o meio de sobrevivência da população?

— A minha família vive da criação de gado de corte. Já os nossos funcionários recebem salário. Os vizinhos tiram o sustento da lavoura, que é basicamente o cultivo de arroz, feijão, milho e mandioca.

— Agora uma curiosidade...

— Pois não? — consentiu Viana.

— Os seus familiares seguem alguma religião e prática espiritual?

— Não, porque entendemos que as religiões deixam as pessoas alienadas e fanáticas pelos conceitos que suas filosofias pregam. Eu, particularmente, sou ecumênico, mas confesso que adoro ler sobre assuntos espiritualistas e filosóficos. Tenho preferência por obras de autores que não impõem regras classificando o que é certo ou errado. Dessa forma, posso tirar as minhas próprias conclusões sobre aquilo que leio e estudo — explicou o fazendeiro.

— Penso dessa mesma maneira — corroborou Salomão.

— Por que você perguntou sobre religião?

— Porque tenho a seguinte conduta como filosofia de vida: antes de falar sobre esse assunto, procuro saber quais as crenças das pessoas com as quais converso para poder me expressar sem confrontar pensamentos opostos aos meus.

— Parabéns pela sua postura sensata.

— E o que o senhor mais gosta de fazer nas suas horas vagas, vivendo aqui em meio a esse paraíso? — tornou Salomão, fugindo do assunto religiosidade.

— Embora tenha dito que não pertenço a nenhuma religião, gosto de ocupar as minhas horas vagas lendo livros que abordam a espiritualidade com coerência. Dizem os médicos que uma boa leitura faz bem para a alma e afasta a esclerose, que tanto afeta os idosos.

— Já ouvi algo sobre isso, mas sou contra os livros espiritualistas por serem obras alternativas. A minha esposa é viciada nesse tipo de leitura e a gente acaba entrando em discórdia por causa disso — comentou Salomão.

— Você não precisa discutir com a sua companheira por causa de algo em que não crê ou de que não gosta, deixe-a curtir o que lhe faz bem.

Salomão achou o jeito de pensar de Viana muito liberal, mas não contra-argumentou. Os dois seguiram conversando alegremente sobre temas diversos. O bom bate-papo foi interrompido quando a cozinheira apareceu e informou:

— Seu Viana, a comida está servida.

— Vamos entrar para você almoçar — convidou o fazendeiro.

— Depois do senhor — disse Salomão, dando a vez ao dono da casa e esperando-o para segui-lo.

Foram até a cozinha para que Salomão pudesse lavar as mãos. Feita a higiene, Viana o convidou para se acomodar em torno da mesa junto à sua família. Almoçaram à vontade e prosseguiram conversando.

Quando terminaram de fazer a refeição, Dolores pediu a Aracy que levasse as crianças para conhecer o pomar da fazenda. Enquanto isso, os adultos prosseguiram proseando na sala, de onde viam pela janela os pequenos se divertindo no quintal, correndo na sombra dos pés de frutas.

Capítulo 3

A conversa fluía muito bem quando, de repente, Laura entrou na sala esbaforida e interrompeu o bate-papo dos adultos:

— Dona Dolores, o espírito de seu Mathias apareceu nesse instante para mim lá no quintal e me pediu que lhe desse um recado.

Dolores consentiu e a garota completou:

— Ele pediu para a senhora não ficar mais chorando lá debaixo do pé de manga, onde os corpos dele e de dona Carmem estão enterrados.

Dolores quase desmaiou de tanta emoção quando ouviu o aviso dado pela menina, que falou com detalhes precisos informações de sua vida.

O pai da garota, sentindo-se envergonhado, interveio:

— Filha, pelo amor de Deus, não comece com suas maluquices sobre comunicação com espíritos. De onde você desenterrou esse tal de Mathias?

— Por favor, Salomão! Deixe-a transmitir a mensagem que recebeu do espírito do meu pai — pediu Dolores, comovida, dando crédito à palavra de Laura.

Constrangido, Salomão baixou a cabeça, e a garota prosseguiu:

— O seu Mathias falou que a tristeza da senhora pela morte dele e de dona Carmem, sua mãe, impede que eles se desprendam da Terra e sigam em paz.

Impaciente, o pai coçou a cabeça, cerrou os dentes e, disfarçadamente, dirigiu um olhar repressor à filha, tentando sugerir-lhe que parasse de falar as coisas que supostamente havia escutado do espírito. Porém, Laura não se deixou intimidar pela represália do pai e concluiu a conversa que travara com o espírito.

Dolores foi tomada por uma sensação de conforto e, ainda sem querer acreditar que realmente estava vivenciando aquela mágica experiência, disse:

— Menina do céu! Que dom maravilhoso que você tem de se comunicar com os espíritos!

Salomão sentiu um forte arrepio subindo pelo corpo inteiro e pensou: "Jesus amado, fugi da fome e vim parar no hospício!".

Alzira, que apenas dava a vez na conversa para o marido, interveio:

— Que bom que vocês entendem o que se passa com a nossa filha! Confesso que, assim como o pai dela, eu também achava que ela tinha alucinações ou era louca quando afirmava que se comunicava com espíritos.

Dolores, aliviada da incerteza que lhe corroía o peito desde a morte de seus pais, enxugou o rosto, se dirigiu à menina, agachou-se e disse:

— Laurinha querida, ouça bem o que a tia vai lhe dizer... Você foi colocada por Deus em meu caminho para arrancar do meu peito uma dor insuportável que, desde a morte dos meus pais, devorava a minha alma e me roubava a alegria de viver. Que Deus lhe conserve esse dom maravilhoso.

Salomão, ouvindo a conversa anormal, meneava a cabeça negativamente.

Dolores, sentindo-se reconfortada, prometeu para si mesma:

— De hoje em diante não vou mais chorar a morte dos meus pais, porque agora eu sei que, em espírito, eles estão mais vivos do que nunca, em outra dimensão.

Depois de transmitir a mensagem, Laura foi para o quintal, onde se juntou aos irmãos e voltou a brincar normalmente.

Assim que a garota saiu, o fazendeiro disse:

— Caro Salomão, não duvide mais das coisas que a sua filha fala. Eu posso lhe assegurar que a garota realmente conversa com o espírito de pessoas que já partiram deste mundo para a morada espiritual. Pois a menina, além de falar os nomes de meus sogros corretamente, ainda descreveu com exatidão o lugar em que estão enterrados os corpos de seu Mathias e de dona Carmem, debaixo de um pé de manga que fica lá no quintal do casarão. E outra informação que também procede é que a Dolores todo fim de tarde fica chorando sobre a sepultura dos pais por não aceitar a morte deles. Creia, meu amigo. É incontestável a veracidade da experiência que nós vivenciamos aqui hoje.

Salomão sentiu-se desconfortável em falar sobre a comunicação com o desencarnado que se manifestou por meio da mediunidade de sua filha e, diante do ocorrido, protestou:

— Pelo amor de Deus, senhores! Vocês são pessoas esclarecidas, não deem mais corda para a conversa maluca dessa garota. Essa menina, desde pequena, nunca bateu bem da cuca.

O fazendeiro ficou calado por um instante e, em seguida, disse:

— Meu amigo, eu sinto muito em contrariá-lo, mas você precisa rever os seus conceitos a respeito da vida após a morte. E principalmente aprender a lidar com a sensibilidade de sua filha. Caso contrário, quem vai acabar enlouquecendo é você.

Salomão se benzeu e contrapôs:

— Deus me livre e guarde. Eu quero é distância desse assunto.

— Esse fenômeno que se manifesta por meio de Laura é chamado pelos pesquisadores de casos sobrenaturais de mediunidade — explicou Viana.

— Perdoe-me pela minha ignorância, mas eu nunca ouvi falar nisso. É alguma doença mental incurável? — quis saber Salomão, preocupado.

— Mediunidade é a capacidade que algumas pessoas têm de sentir, enxergar, ouvir e se comunicar com espíritos, ou desencarnados, ou mortos — esclareceu Viana.

— Sinceramente, eu não acredito que um morto possa voltar para se comunicar com os vivos — disse Salomão, irredutível.

— Eu li *O Livro dos Espíritos,* de Allan Kardec, o famoso pesquisador francês e codificador da doutrina espírita. Por meio de sua obra, Kardec explica os fenômenos que os olhos da ciência ainda não decifram. Fiquei convencido de que os dados apresentados ali são verídicos — argumentou Viana.

— Essa conversa de que a vida continua depois da morte não faz sentido. Afinal, se a pessoa vai continuar viva do lado de lá, então por que morrer? Só para causar sofrimento aos familiares que ficam? — rebateu Salomão.

— Uma coisa eu lhe garanto: enquanto você permanecer com esse pensamento limitado e olhando os fatos só por um lado, a vida continuará promovendo situações como esse acontecimento fenomenal de hoje para lhe fazer rever o seu ponto de vista e ampliar a sua visão acerca do assunto — ressaltou Viana.

Alheia àquela discussão entre os homens, Dolores ainda estava muito sensibilizada com a agradável surpresa que recebera. Juntou as mãos em um gesto de gratidão e disse:

— Até que enfim as minhas orações foram ouvidas! Eu pedi e a vida me deu uma prova concreta da imortalidade da alma. Receber essa mensagem me conforta muito e traz a certeza de que um dia nos encontraremos para matarmos a saudade deixada pelo distanciamento temporário causado pela morte.

— Quando será que eles vão reencarnar? — questionou Viana, saudoso.

— Será que nascerão em nossa família? — indagou Dolores, esperançosa.

Salomão, achando delirante tudo que ouvia, exprimindo repulsa, disse:

— Meus amigos, eu lhes peço... Por favor, não me levem a mal, mas eu não me sinto bem falando de espíritos e, por isso, não quero mais continuar debatendo sobre esse assunto, porque esse negócio de manter contato com defunto só trouxe perturbação para a minha família.

— Tudo bem, a sua vontade será respeitada — disse Viana, compreensivo.

— Nós respeitaremos a sua forma de pensar — interveio Dolores. — Porém, diante dos fatos que ocorreram aqui hoje, uma coisa ficou bem clara para nós: sua filha tem a capacidade de se comunicar com os mortos.

— Ela nos deu uma prova concreta — considerou Viana.

Salomão nada disse, apenas baixou a cabeça, mostrando-se impaciente.

— Ficamos muitas noites sem dormir por causa da presença de espíritos brincalhões que provocam pesadelos na Laura — comentou Alzira. — Desde quando começou a falar, essa menina acorda quase toda noite apavorada, dizendo que está recebendo a visita de algum espírito.

— O que realmente acontece é que ela sonha que está vendo alguma assombração e confunde os pesadelos com uma experiência real — replicou Salomão, resistindo em aceitar a sensibilidade da filha.

— Não vamos tentar convencê-lo a mudar de opinião, mas repito: sua filha nasceu com o dom da mediunidade e tem facilidade em se comunicar com os espíritos — enfatizou Viana mais uma vez.

Desejando encerrar a incômoda discussão, Salomão disse:

— Por gentileza, vamos pôr um ponto final nessa conversa sobre defunto?

— Tudo bem! — anuiu Viana, que propôs prosear sobre outro assunto.

— É melhor assim — disse Salomão, satisfeito por ter sido atendido.

Viana e a esposa, percebendo que o pai da pequena médium tinha pavor do assunto espiritismo, resolveram mudar o rumo da conversa e seguiram falando sobre coisas do cotidiano, deixando Salomão mais à vontade.

Algum tempo depois, o casal, compadecido com a difícil situação em que se encontrava a família, pediu licença para ter uma conversa em particular. Depois de alguns instantes trancados no quarto, Viana e Dolores retornaram à sala. Foi Viana quem falou:

— Salomão e Alzira, primeiramente queremos dizer que ficamos muito felizes por receber aqui em nossa fazenda a linda família de vocês.

— Isso é bondade dos senhores — retribuiu Salomão, contente com o carinho. — Nós é que tivemos a sorte de encontrar pessoas tão hospitaleiras.

— E vocês chegaram aqui no momento certo — interveio Dolores, com um olhar cúmplice fixo no marido.

Salomão e Alzira, sem entender nada, se entreolharam curiosos.

— A Dolores disse que vocês chegaram aqui no momento certo porque faz exatamente uma semana que um de nossos colaboradores foi embora da fazenda, e a casa onde ele morava está desocupada — completou Viana.

— É uma casinha bem simples. Não está em perfeitas condições de moradia, mas, se vocês quiserem ficar em meio à nossa gente, podem se acomodar por lá, até que possam reformá-la ou construir outra mais confortável no terreno, se assim preferirem — propôs Dolores.

Emocionada, Alzira colocou as mãos no peito, fechou os olhos por um instante e, como se estivesse conversando com os próprios sentimentos, elevou o pensamento a Deus e agradeceu à Providência Divina pela graça recebida.

— Temos mais uma boa notícia! — anunciou Dolores.

— Ainda tem mais? — indagou Alzira, ansiosa para saber.

— Sim. Nós decidimos que, além de moradia, vamos também arrumar um trabalho para vocês nos serviços da fazenda.

— Meu Deus, que maravilha! — vibrou Alzira, abraçando-a.

— Só mesmo uma fazenda chamada "Liberdade" poderia nos libertar da prisão que é viver na miséria — comentou Salomão, contendo a emoção.

— Pois é, meus amigos, os tempos difíceis ficaram para trás — disse Viana.

— Que Deus ouça as suas palavras e que os anjos intercedam por nós dizendo "amém" — acrescentou o esperançoso Salomão.

— Tenho certeza de que, com essa garra que vocês demonstram ter, em pouco tempo trabalhando conosco vocês darão a volta por cima — tornou Viana.

— Que assim seja! — disse Alzira.

— Em nome de minha família, novamente quero agradecer aos senhores pela oportunidade e confiança que estão depositando em nós — falou Salomão.

Dolores solicitou que Aracy conduzisse Alzira até a casa onde a família iria morar e que ajudasse a nova moradora a fazer a limpeza no interior da humilde residência. Com boa vontade e disposição, Aracy atendeu ao pedido da patroa.

Salomão e Viana deram uma volta pelos arredores.

Dolores, ciente da difícil condição em que se encontrava a humilde família, adentrou o recinto com um cesto cheio de alimentos e disse:

— Isso aqui é para você preparar o jantar de sua família.

Emocionada, Alzira recebeu o cesto, colocou-o em cima da mesinha e tornou:

— Não sei como pagar a senhora por tanta generosidade!

Dolores, que se sentia muito feliz por poder compartilhar um pouco de sua prosperidade, apenas acolheu a sofrida mulher em seus braços. Emocionadas, as duas choraram uma no ombro da outra como se fossem velhas conhecidas.

Após mais esse gesto de solidariedade e hospitalidade, Dolores saiu.

O sol já estava desaparecendo lentamente por detrás da linda floresta que ladeava a sede da fazenda quando Alzira se deu conta do horário e disse:

— Aracy, deixe que eu termino de arrumar o resto das coisas. Vá preparar o jantar de seus patrões e de sua família.

— Tem certeza, Alzira? — perguntou Aracy, ainda disposta a ajudá-la.

— Sim. Você já fez muito por nós hoje e eu não quero abusar de sua boa vontade. Que Deus lhe pague pela sua gentileza e principalmente por colocar tanto amor no que faz — agradeceu Alzira à nova amiga com um carinhoso abraço.

— Já fui agraciada quando conheci vocês! — completou Aracy.

Alzira chamou os filhos que estavam brincando no quintal, e os pequenos, obedientes, imediatamente atenderam ao chamado, vindo ao encontro da mãe.

— Crianças, quando alguém faz alguma coisa boa por nós, como é que devemos agir para reconhecer o bem que essa pessoa nos fez? — questionou, testando a educação que dava aos filhos.

Laura foi a primeira que se dirigiu a Aracy, dizendo:

— Muito agradecida, dona Aracy. Que Deus lhe abençoe sempre.

— Ai, que gracinha — disse a senhora com os olhos lacrimejando.

O mesmo gesto foi repetido por Oscar. Mas Olívia ficou de cabeça baixa, sentindo-se encabulada por ter que falar com a mulher.

— E você, Olívia, vai ficar aí parada igual a uma estátua? Vamos, menina! Deixa de ser acanhada, parece que engoliu a língua! Agradeça a dona Aracy pela ajuda que ela nos deu — ordenou a mãe.

Olívia, com as mãozinhas para trás, timidamente se dirigiu à senhora e, falando mais para dentro do que para fora, disse:

— Muito agradecida, dona, e que Deus lhe abençoe sempre.

Aracy ficou muito comovida ao receber o agradecimento carinhoso dos pequenos e muito mais ainda por ser abençoada por eles.

Despediram-se e ela deixou a casa, seguindo para a sede da fazenda.

Capítulo 4

Antes de servir o jantar, Alzira deu banho nas crianças e, de volta ao quarto de mãos dadas com os filhos, fez com eles uma oração de agradecimento.

Salomão estava sentado na frente da casa observando os bezerros da fazenda no curral, em uma cena que o fez refletir: "Fazia tempo que eu não sentia o cheiro de terra molhada, e principalmente não via um animal nutrido e correndo feliz da vida".

Naquele momento, Alzira apareceu na porta chamando o marido para jantar:

— Vem, meu bem, o jantar está pronto!

Salomão rapidamente escondeu o rosto para que a esposa não percebesse os seus olhos lacrimejantes por causa da emoção que sentiu. Mas de nada adiantou, pois Alzira, esperta como era, logo notou que alguma coisa estava incomodando o marido. Como quem não queria nada, ela aproximou-se dele e perguntou mansamente:

— Por que você está com essa cara triste e isolado, meu rei?

— Não é nada. Não se preocupe, mulher. Apenas estava me deixando levar pela imaginação — respondeu ele, mesmo com os olhos cheios de lágrimas.

Já acostumada a conviver com a postura do marido, que evitava falar de seus sentimentos, ela não insistiu em questioná-lo para não aborrecê-lo.

Enquanto jantavam, Laura notou que o pai estava pensativo e perguntou:

— Papai, por que o senhor está triste? O senhor não gostou de morar aqui na fazenda?

Irritado com a indagação da filha, Salomão respondeu:

— Coma a sua comida, garota, e não me tire a paciência com perguntas. Afinal de contas, você hoje já se meteu demais nos problemas dos adultos.

— Desculpe, papai! — disse a menina e, demonstrando ser sensível e amorosa, completou: — É que eu te amo e não gosto de ver o senhor triste.

Tocado pela afetividade da garota, Salomão tentou se redimir:

— Tudo bem, filha! Quem pede desculpas sou eu pelo tom que usei para falar com você.

Sentindo-se emocionada, Alzira fingiu que ia pegar mais comida e saiu para chorar na cozinha. Passados instantes, enxugou o rosto, retornou à sala com os olhos ainda vermelhos, sentou-se à mesa e, após o jantar, foram todos conversar um pouco na calçada, até que, vencidos pelo cansaço da longa viagem, decidiram dormir.

No dia seguinte, a família estava tomando o café da manhã quando uma voz chamou na porta da casa. Salomão tomou mais um golinho do delicioso café, pegou mais um pedaço de bolo e, ainda mastigando, foi atender ao chamado.

Era o fazendeiro, acompanhado da esposa e de uma jovem senhora.

— Bom dia! — disseram os três simultaneamente.

— Bom dia! — respondeu Salomão com cordialidade, ainda mastigando o bolo.

— Caro Salomão, queremos lhe apresentar a nossa amiga Odete Milagres — falou Viana.

— Muito honrado com a sua visita, dona.

Odete estendeu a mão e devolveu:

— A honra é toda minha!

— Vamos entrar, pessoal — convidou Salomão.

Da porta, Viana viu Alzira e as crianças tomando o café.

— Desculpem por atrapalhar o café de vocês — disse o fazendeiro.

Bem-humorado, Salomão amenizou:

— Imagina, seu Viana. A gente já estava terminando. Sejam bem-vindos! Vamos entrar que a casa é de vocês.

Ouvindo as risadas que vinham da sala, Alzira deixou a mesa e foi cumprimentar as visitas.

Dolores adiantou-se:

— E aí, minha querida, como você está? Posso avaliar o quanto deve estar exausta.

— Realmente estou me sentindo um pouco cansada ainda. Mas a felicidade da minha alma é incomparavelmente maior que o cansaço do meu corpo — confessou Alzira, puxando Dolores para abraçá-la.

— Deixe eu lhe apresentar uma pessoa muito especial que mora aqui na fazenda — disse Dolores, que em seguida apresentou a visitante: — Essa é Odete Milagres.

— Olá, Odete. Como vai? — cumprimentou Alzira, estendendo-lhe a mão.

— Eu vou bem, obrigada — respondeu a mulher, com um simpático sorriso.

Após os cumprimentos, Dolores explicou o motivo da visita, sanando a curiosidade dos novos moradores da fazenda:

— É o seguinte, meus queridos! Queremos informá-los de que em nossa fazenda existe uma pequena escola rural criada e mantida por nós com o objetivo de oferecer aos filhos de nossos colaboradores o estudo básico. Durante o dia, enquanto os pais trabalham, as crianças estudam, e à noite quem ocupa a sala de aula são os adultos que não tiveram oportunidade de estudar. A professora Odete é responsável pela alfabetização das famílias agregadas em nossas terras.

— Que maravilha! — exprimiu Salomão com alegria. — Parabéns pela iniciativa dos senhores! É raro encontrar um patrão que pensa em oferecer uma condição de vida melhor a seus empregados, investindo na educação deles.

— E o que mais me deixa feliz é que o trabalho da professora Odete tem dado tão certo que temos aqui inúmeras histórias de homens, muitos deles já com a idade bem avançada, que não sabiam nem sequer escrever o próprio nome, e que, graças à dedicação desse anjo que Deus colocou em nosso caminho, hoje sabem até escrever cartas de amor para suas esposas — completou Viana.

Alzira também expressou sua admiração, feliz por estar sendo agraciada com tantos cuidados e preocupação com a educação das crianças. De prontidão, ela comentou essa alegria:

— Olha que beleza! Parabéns aos senhores pelo esforço.

— Estamos apenas fazendo a nossa parte — devolveu Odete.

Apesar de ter elogiado a iniciativa dos envolvidos com a escola rural, Alzira sabia que o desejo de Salomão era colocar apenas o menino na escola, pois, seguindo os conceitos com que ele próprio fora criado, não era a favor de colocar as filhas para estudar. Percebendo o rumo que aquela conversa tomaria, Alzira manteve sua postura diante das pessoas e deixou o espaço livre na conversa para que o marido decidisse o que fazer.

Salomão pensou na proposta por alguns instantes e disse:

— Em nome de minha família, eu agradeço a preocupação dos senhores em nos oferecer mais essa oportunidade.

Alzira novamente olhou para o marido como quem pedia autorização para se manifestar, e Salomão, com um leve sorriso, demonstrou que a esposa poderia fechar o assunto expressando a sua opinião. Então, contente com a gentil oferta dos patrões, ela se pronunciou:

— Nós vamos aceitar que os nossos filhos estudem, sim. Agora eu e o Salomão não vamos precisar ocupar as vagas, porque já somos alfabetizados.

Ficou combinado que no dia seguinte Alzira levaria para a professora os documentos para matricular as crianças.

— Pelo visto deu para a casinha agasalhar vocês muito bem — comentou Dolores, aproveitando a oportunidade do encontro.

Salomão de pronto brincou:

— Para quem estava na condição em que eu me encontrava ontem, que só tinha um chapéu como teto e várias cabeças desabrigadas, esta casa é luxo.

As visitas caíram na gargalhada com a brincadeira do homem. Conversaram por mais alguns instantes e se despediram.

Com mais esse gesto de compaixão do casal, Alzira e Salomão sentiram que os tempos difíceis definitivamente haviam ficado para trás.

No dia seguinte, Alzira procurou a professora e os filhos do casal foram matriculados na escola, como havia sido combinado com os patrões.

Laura chegou da escola depois do seu primeiro dia de aula e foi brincar de fazer comidinha no quintal de casa com a irmã. A alegria das meninas durou pouco tempo, apenas até Salomão chegar perto e ver as conchas que as filhas usavam como panelinhas cheias de arroz e feijão. Rispidamente o pai perguntou:

— Que desperdício é esse, Laura e Olívia?

— Deixe elas se divertirem — interveio Alzira, em defesa das filhas.

— Desperdiçando o pouco de alimento que temos? — esbravejou ele.

Olívia, sem graça e com medo do pai, disparou a chorar. Laura, com delicadeza e ternura na voz, tornou:

— Não fica bravo com a gente, não, papaizinho. Porque estamos fazendo um almoço bem gostoso para o senhor.

Surpreso e tocado com o pedido da filha, Salomão abrandou a voz:

— Ah é, filha?

— Sim — tornou Laura, mexendo a comidinha com a colher.

— Vai demorar muito pra sair esse almoço, senhora cozinheira? — perguntou o pai, passando a mão na barriga e fingindo que estava com fome.

— Só mais um minutinho, papai, que já vai ficar pronto.

A garota encheu um pratinho de arroz molhado com feijão ensopado de água, como se estivesse mesmo servindo o almoço, e entregou ao pai.

Salomão levou a mistura até a boca e disse:

— Nossa! A sua comida está crua e tem gosto de lavagem de porco!

— Ô, paizinho, o senhor estragou a minha brincadeira. Não era para comer de verdade. O meu almoço era de mentirinha — explicou a menina com os olhos cheios de lágrimas, chateada por seu pai ter quebrado a magia de sua brincadeira.

Alzira, observando tudo, meneou a cabeça negativamente e se lastimou:

— Jesus amado, tenha piedade da falta de lucidez desse homem.

Salomão percebeu que a esposa estava lhe desaprovando e questionou:

— O que foi que eu disse de errado que você já está aí me condenando, balançando a cabeça igual a uma lagartixa, negando a minha presença?

Alzira tomou coragem, foi ao encontro do marido e disse:

— Como você é insensível, homem! Não é assim que se fala com uma criança que está se descobrindo. Essa mensagem negativa que você, mesmo sem intenção, transmitiu para a sua filha pode ficar gravada na mente dela como uma reprovação para o resto da vida.

Na defensiva e com raiva da crítica da esposa, ele rebateu:

— Como você é dramática, Alzira! Eu sou insensível só porque disse a verdade para a menina? Ao contrário disso: eu sou é uma pessoa muito realista — enfatizou.

Como nunca fizera antes, Alzira o retaliou com firmeza:

— Olha, meu bem, eu não vejo nada de errado em ser uma pessoa verdadeira, aliás, penso que a verdade é sempre a melhor escolha em tudo. Mas o que você não pode é ser tão duro com as palavras que diz, tirando de uma criança a única coisa que ela tem: a fantasia, a liberdade de sonhar.

Surpreso com a posição inesperada da esposa, Salomão indagou:

— Ué, o que deu em você agora, mulher? De uma hora para outra ficou valente e está me confrontando?

Alzira abrandou o tom de voz e concluiu:

— Não fiquei valente e nem estou confrontando você, apenas quis lhe mostrar que agiu errado abordando de maneira grosseira duas crianças.

Demonstrando-se nervoso por ter sido repreendido, Salomão resmungou:

— Deixe de ser dramática, Alzira. Você queria o quê? Que eu tivesse dito "Nossa! Que comida gostosa, filha!"... É isso?

Alzira, num tom de voz sereno, esclareceu:

— Não é uma questão de mentir para a criança, Salomão. Mas, nesse caso, como pais, devemos entrar no mundo da criança e participar de sua fantasia. O que poderia ter feito era fingir que estava comendo a comidinha que a menina lhe deu para provar e dizer "Que almoço delicioso, filha!".

Salomão debochou da mulher:

— Jesus amado, a mulher é um ser muito difícil de ser compreendido. Desde pequena esse diacho já vive em um mundinho de faz de conta. É por isso que, quando cresce e se casa, se decepciona e sofre ao descobrir que o homem com quem ela se casou não tem as qualidades que ela imaginou. Na verdade, a mulher não se apaixona pelo homem com o qual se encanta, ela idealiza alguém que o homem escolhido, de fato, não é.

Alzira, com bom humor, sem dar muita importância para as queixas machistas do marido, suavemente retrucou:

— Sabia que foi Deus quem criou a gente assim?

Salomão novamente caçoou:

— Pois, então, quando Deus concebeu a mulher, com certeza estava muito insatisfeito e confuso com alguma coisa.

Alzira silenciou por alguns instantes. Aproveitando o momento, Salomão mudou de assunto e indagou:

— Agora, falando sério, a comida de verdade já está pronta?

— Só falta temperar o feijão — respondeu ela, demonstrando no olhar compreensão pela falta que o marido havia cometido com a filha.

Alzira seguiu para a cozinha e Salomão aproveitou a ausência da esposa para se redimir com as filhas, que já estavam entretidas com a brincadeira novamente. O pai, decidido a corrigir a sua falha, primeiramente abaixou-se diante de Olívia, a mais magoada, e se desculpou. Em seguida dirigiu-se a Laura, pegou em seu lindo rostinho e, encarando seus olhinhos tristes, disse:

— Filha, me perdoe por ter estragado a sua brincadeira. Eu não devia ter falado daquele jeito com a minha princesinha. Você perdoa o papai?

— Sim — respondeu a menina, baixando o rostinho.

Salomão pegou no queixo da filha delicadamente e tornou:

— Olha aqui nos olhos do papai! Se você perdoar o papai, amanhã, quando chegar da escola, vamos brincar de fazer comida de novo e eu prometo que não vou nunca mais estragar a sua brincadeira falando grosserias.

Satisfeita com a promessa do pai, Laura abriu um lindo sorriso. Salomão pediu que as duas filhas lhe dessem um abraço de uma vez só. Olívia e Laura atenderam a solicitação do pai, e Salomão levantou-se com as duas filhas nos braços, rodopiando e beijando seus lindos rostinhos, selando a paz.

Alzira apareceu na porta da cozinha para avisar que o almoço estava pronto e, pela primeira vez em anos de convivência, ela presenciou aquela cena: Salomão expressando afeto e reconhecendo que não havia agido corretamente, desculpando-se por um erro, e as garotas sorridentes no colo do pai, sentindo-se respeitadas e queridas.

Emocionada, Alzira não conseguiu conter as lágrimas, voltou um pouco para dentro de casa e, como quem agradecia a Deus por um milagre, colocou as mãos no peito, dizendo em devoção:

— Obrigada, Senhor, por ter tocado com o seu infinito amor o coração de pedra do meu marido, que ainda não aprendeu como é que se trata as pessoas.

Ela retornou à porta e avisou-lhes que o almoço estava pronto. Aliviado do peso de consciência, Salomão foi almoçar com a família.

Os dias se passaram e, após um mês, o quintal bem cuidado da casa parecia um canteiro, brotando folhas dos mais variados tipos de frutas que Salomão e Alzira haviam plantado com sementes que ganharam dos patrões e também de moradores vizinhos.

As crianças já estavam bem enturmadas com as outras e, no decorrer do tempo, Dolores, Aracy, Odete e Alzira tornaram-se amigas inseparáveis.

Capítulo 5

Em uma visita à casa dos novos funcionários, o fazendeiro e a esposa ficaram impressionados com a organização que encontraram no modesto ambiente e teceram repetidos elogios ao casal pelo capricho e pela dedicação.

De repente, em dado momento da conversa, Viana mostrou-se distante da realidade e, com um olhar contido, pareceu ter sido fisgado por alguma lembrança desagradável. Salomão, ao vê-lo viajando em pensamento, perguntou:

— Seu Viana, está tudo bem com o senhor?

— Está tudo bem, amigo. Contudo, se tem uma coisa que me deixa muito triste, é a ingratidão de alguém — declarou, com a voz bastante angustiada. Após uma longa pausa, prosseguiu: — Vou explicar por que fiquei chateado de um instante para outro... É que, vendo a maneira carinhosa com que vocês estão cuidando dessa velha casa, me lembrei do antigo morador, um sujeito que chegou aqui acompanhado de sua família em uma condição de vida lamentável. Nós, compadecidos com a situação difícil em que se encontravam, resolvemos oferecer acolhida àquela sofrida família, alimentamos as crianças, demos carinho, roupas, afeto, respeito, educação e, principalmente, oferecemos uma oportunidade digna de crescimento.

— Ocorreu algo desagradável entre vocês? O que ele fez em troca do bem que recebeu? — questionou Salomão.

O fazendeiro, em tom de desabafo, continuou:

— Devido à falta de comprometimento dele com o trabalho que desenvolvia aqui na fazenda, certo dia, já cansado de tanto ouvir reclamações dos outros empregados, eu lhe chamei a atenção, orientando que mudasse a sua postura, que deixasse de fazer corpo mole e mostrasse mais interesse ao fazer a parte que lhe competia, afinal, era dali que ele tirava o ordenado que sustentava a sua família.

— E?

— Em vez de se corrigir e seguir unido conosco, o sujeito sentiu-se humilhado com a minha cobrança e resolveu ir embora da fazenda. Então, para se vingar de nós, sabendo do amor que a minha família tinha pelos seus filhos, o ingrato fez a mudança durante a madrugada para que as crianças não tivessem a oportunidade de se despedir de nós — relatou o fazendeiro, demonstrando a sua mágoa com o descompromissado morador.

— Essa desfeita nos machucou muito — ajuntou Dolores, que, compartilhando do mesmo sentimento do marido, ainda acrescentou: — O cabra era tão preguiçoso que, mesmo morando durante anos em uma terra tão fértil como a nossa, nunca plantou um pé de fruta no quintal de casa. Aliás, ele nem sequer fazia a limpeza em torno da residência. Prova disso é que, quando vocês chegaram aqui, o mato estava entrando pela janela e os insetos peçonhentos tinham tomado conta do lugar, não é verdade?

Diante do julgamento que os patrões faziam do antigo morador, Salomão e Alzira nada disseram, apenas se puseram a ouvi-los se queixando.

Sem saber por quê, Viana continuou a falar:

— Esse homem era daquelas pessoas mesquinhas, que não fazem uma benfeitoria em cima das terras que lhe acolhem e, quando são orientadas a zelar pelo que não é seu, se sentem humilhadas e vão embora amaldiçoando aqueles que lhe deram oportunidade de crescimento.

— Eu sei que se conselho fosse bom a gente não dava, a gente vendia. Mas posso lhes dar um conselho? — perguntou Salomão.

— Claro que sim — consentiu Viana.

— Tirem esse ressentimento do coração. A mágoa é um veneno que destrói a nossa saúde. Esqueçam esse cidadão e agradeçam a Deus por ele ter desocupado a propriedade de vocês, indo procurar outra teta para sugar.

— Você está certíssimo na sua observação — concordou o fazendeiro. — Realmente o rancor não leva ninguém a lugar nenhum.

Dolores concluiu:

— Nós temos mesmo é que levantar as mãos para o céu e agradecer a Deus pela bênção de ter nos livrado daquele traste que ocupava as nossas terras.

Vendo Salomão dando conselhos aos patrões, Alzira não reconheceu naquele conselheiro de sábias palavras o mesmo homem que ela tinha dentro de casa, pois, na convivência diária com a família, ele só resolvia as coisas de maneira autoritária e na base do grito.

Satisfeita, enfim, ela preferiu acreditar que aquela postura amistosa do marido poderia se tornar uma nova conduta dele e, por isso, preferiu imaginar que aquele pacífico comportamento do companheiro fazia parte de uma nova realidade em sua vida. Então, pensando positivo, ela elevou o pensamento a Deus e, como quem tinha alcançado uma graça, agradeceu ao Pai celeste pela bênção concedida.

Notando as benfeitorias que a família vinha fazendo em sua propriedade em tão pouco tempo, Viana decidiu oferecer melhores condições de moradia aos seus acolhidos. Convocou um mutirão, unindo todos os moradores da fazenda, para reformarem a modesta casa que abrigava os esforçados retirantes.

E como sempre fazia, naquele alegre dia de solidariedade mandou servir um farto almoço para os colaboradores que participaram do mutirão, criando assim entre eles um elo de amizade e companheirismo imbatível.

Após a refeição, sentaram-se no alpendre da fazenda para um divertido bate-papo, quando, de repente, Viana colocou a mão no peito e disse:

— Gente, não estou me sentindo muito bem.

— O que houve, pai? — perguntou Sebastião, o filho do fazendeiro.

— Estou sentindo uma dor insuportável no peito, muita tontura e a minha visão está ficando turva — respondeu Viana, ofegante e ameaçando desmaiar.

— Deve ter sido a comida que lhe fez mal — supôs Sebastião, pegando na mão fria do pai e convidando-o para ir repousar no quarto.

Sebastião levantou o pai da cadeira e encaixou o braço dele em seu pescoço, pedindo ajuda:

— Alguém pode me ajudar a levá-lo para o quarto?

— Vamos lá, seu Viana — disse Salomão, amparando o patrão do outro lado.

Enquanto isso, Cícero, um dos funcionários da fazenda, correu atravessando o imenso casarão. Chegando ao quintal, onde Dolores colhia algumas frutas frescas, avisou:

— Dona Dolores, corra até o seu quarto! Vá acudir o seu Viana porque ele está passando muito mal.

Com o coração acelerado devido ao susto, Dolores colocou a bacia cheia de frutas no chão e correu para encontrar o marido. Ela entrou no quarto e viu o marido deitado na cama, cercado de pessoas aflitas, sem saber o que fazer para ajudá-lo. Viana estava pálido e suando frio. Desesperada com aquela situação, Dolores perguntou:

— O que você está sentindo, meu bem?

— Chegou a minha hora — respondeu Viana, anunciando o próprio fim.

— Pelo amor de Deus! Não fale uma coisa dessas. Isola isso! — disse ela, batendo na cabeceira da cama, negando a possibilidade de ficar viúva.

— Estou falando sério — tornou ele. — Já vejo o trabalhador espiritual aqui ao meu lado para me ajudar no desligamento do corpo — balbuciou Viana.

Salomão, que acompanhava tudo ao lado da cama, pensou: "Meu pai do céu, além da minha filha ter alucinações, agora o seu Viana também acha que sente a presença de defuntos entre os vivos!".

Dolores começou a chorar desesperadamente.

— Não se apavore, não, minha mãe. Ele está delirando — disse Sebastião, tentando acalmá-la.

— Deve ser apenas uma queda de pressão e, com certeza, o senhor vai sair dessa situação, seu Viana — interveio Salomão, sentindo-se desconfortável e com medo da possível presença de um espírito ali no ambiente.

Aracy chegou trazendo um chá de ervas. Dolores recebeu de suas mãos a xícara e estimulou o marido a tomar o calmante natural. Aos poucos Viana bebeu o chá e, quando terminou, ainda suava muito.

Mesmo tendo consciência de que a morte do corpo não é o fim da vida, Dolores sentiu uma profunda angústia tomando conta de todo o seu ser ao se imaginar sem a presença física do marido que ela tanto amava.

Dolores sentou-se na cama ao lado do marido, pediu que ele repousasse colocando a cabeça em seu colo, e Viana, desanimadamente, assim o fez. Ele pareceu ter perdido os sentidos, deixando todos em estado de choque. Mas em seguida ele apresentou uma considerável melhora, voltando à consciência e chegando até a ficar sentado na cama.

No entanto, a melhora em seu estado de saúde durou pouco, pois Viana novamente se deitou e, reconhecendo que realmente estava em seus últimos momentos de vida, aproveitou para fazer uma declaração à esposa:

— Dolores, quero que você nunca se esqueça de que a minha vida só valeu a pena porque eu a encontrei e você me disse "sim". O amor que você me deu durante esses anos em que vivemos juntos me abriu todas as portas.

— Por você eu faria tudo de novo — retribuiu a esposa, apertando a mão do marido fortemente e beijando o seu rosto com devoção.

— Eu reconheço que fui o homem mais sortudo e feliz deste mundo. Estou indo embora realizado e amarei você para sempre. Eu disse... para sempre — repetiu com a voz entrecortada pela falta de ar que lhe furtava a respiração.

— Eu também fui uma pessoa de muita sorte quando o encontrei, e da mesma maneira o amarei para sempre, querido, porque foi no brilho do seu olhar que eu encontrei o significado da minha existência — correspondeu Dolores aos prantos, novamente apertando as mãos do marido fortemente junto ao peito, numa tentativa de trazê-lo de volta.

"Isso é que é amor de verdade", pensou Aracy enxugando as lágrimas.

Viana tombou a cabeça, os olhos foram se fechando lentamente, suas mãos foram soltando as mãos da esposa, evidenciando que ele definitivamente havia partido, deixando muita tristeza e saudade com a sua morte.

— Viana, Viana, Viana, fale comigo! — suplicou Dolores, inconsolável.

Ao lado do corpo de Viana estava o espírito amigo que fora designado pelo plano astral para auxiliá-lo em sua passagem. O espírito disse:

— Que bom que ele estudou e adquiriu consciência de como funciona o desencarne. Isso facilitou muito o seu desligamento da matéria.

Depois de frustradas tentativas de ressuscitar o marido, Dolores aceitou que Viana havia mesmo morrido e enviou um portador até a cidade para comunicar aos filhos o triste ocorrido.

Enquanto velavam o corpo do patrão, os funcionários da fazenda, inconsoláveis com a perda, relembravam as boas ações praticadas pelo fazendeiro que, por ter um coração generoso, não media esforços para oferecer apoio aos seus acolhidos e àqueles que o procuravam.

Salomão desabafou com um dos colegas a sua revolta a respeito dos mistérios da existência:

— A vida é muito dura, não é mesmo, Cícero?

— Sempre digo para a minha esposa, quando ela está nervosa e criando conflito para ter razão em tudo, que em vez de a gente brigar por coisas insignificantes, devemos é aproveitar a companhia das pessoas o máximo possível, porque, quando menos esperamos, somos surpreendidos pela visita da morte. E aí, meu companheiro, quando a morte decide levar alguém, já é tarde demais para querer corrigir qualquer coisa.

— Você disse uma grande verdade, Cícero! A gente perde muito tempo brigando por besteiras do nosso ego e se esquece de que, para morrer, basta estar vivo.

Emocionado, Cícero disse:

— Eu posso imaginar o que você está sentindo com a morte de seu Viana, que o acolheu em um momento tão difícil de sua vida, assim como ele fez com todos nós que moramos aqui em suas terras.

— Ele foi um anjo colocado por Deus no meu caminho — definiu Salomão.

— Digo a mesma coisa — ajuntou o outro, com gratidão.

— Sinceramente, não entendo os planos de Deus. Existe tanta gente ruim neste mundo e ele permite que a morte leve embora tão cedo justamente uma pessoa que só fazia o bem para o próximo? Por quê? — questionou Salomão.

— Eu lhe faço a mesma pergunta — devolveu Cícero, inconformado.

— Dizem os sábios que, quando chega a hora de alguém deixar este mundo, antes de levar o sujeito, a morte só arruma uma desculpa — tornou a falar Salomão.

— Deve ser assim mesmo que funciona, porque não há outra explicação. O seu Viana acordou animado e disposto a fazer o bem, deu o melhor de si para sua família sem esperar nada em troca e, de repente, o homem bateu as botas e já se escafedeu, rapaz! — lastimou-se Cícero.

A madrugada ia alta quando os filhos do fazendeiro chegaram. Dolores, com os olhos inchados de chorar a morte do marido, foi ao encontro dos herdeiros e, soluçando nos braços de Roberto, o mais velho, disse:

— Betinho, eu não sei o que vai ser de mim de agora em diante, meu filho.

— Nós estaremos sempre ao seu lado, mamãe — respondeu ele, chorando.

— É isso mesmo, mãe, nós teremos uns aos outros — interveio Rita, esperando a vez para que pudesse também abraçá-la.

Sebastião chegou à sala e ficou muito comovido quando encontrou os irmãos abraçando a mãe, unindo as forças naquele momento triste de suas vidas.

Os três irmãos perceberam Aracy chorando copiosamente entre as pessoas e repetiram com ela o mesmo gesto de carinho que deram à mãe, abraçando-a.

— Infelizmente o pai de vocês se foi, meus filhos — disse Aracy, soluçando.

— Esse é o destino de todos nós, dona Aracy — comentou Rita, conformada.

— Quando amamos alguém, não paramos para pensar que a pessoa pode partir tão rápido assim, querida — lamentou Aracy.

— É, Aracy, a vida não manda aviso quando chega a hora de alguém de partir.

— O que me surpreendeu na morte repentina do papai é que ele era um homem saudável e forte, que raramente adoecia — observou Roberto.

— Por ser uma pessoa desapegada de tudo, com certeza o espírito dele já deve estar sendo bem recebido em um bom lugar — comentou Dolores.

— Que Deus o tenha guardado em Sua luz — disse Aracy.

— Que hora ele morreu, mãe? — perguntou Rita, enxugando os olhos.

— Acredito que por volta de duas da tarde.

— Então o enterro terá de ser assim que o dia amanhecer — disse Roberto.

— O Sebastião já providenciou tudo — redarguiu a viúva.

— É verdade — confirmou o filho do coração. — Pedi que cavassem a sepultura ao lado dos túmulos de nossos avós, lá debaixo do pé de manga no quintal do casarão, como era o desejo de nosso pai.

— Fizeram muito bem em ter respeitado a última vontade dele — disse Roberto, afagando o irmão, que não conteve a emoção mais uma vez.

Os raios do sol começavam a surgir por detrás da floresta quando Dolores autorizou que fechassem o caixão e levassem o corpo do esposo para o sepultamento. Conforme o caixão ia descendo vagarosamente para o fundo da sepultura, a viúva, de mãos dadas com os filhos, sentia que um pedaço de seu coração também estava sendo enterrado junto com aquele que fora o seu fiel companheiro e o responsável por sua felicidade durante décadas de casamento, lhe presenteando com amizade, amor, gentileza, cumplicidade e realização.

Todos despediram-se de Viana sob uma calorosa salva de palmas. Por fim, Dolores disse, acenando:

— Vá com Deus, meu amor.

Dias após a morte do fazendeiro, Dolores resolveu desfazer-se dos livros que o marido tanto gostava de ler, pois toda vez que ela olhava para a estante, inevitavelmente vinha à sua mente a triste cena em que Viana agonizava nos seus braços, causando-lhe muita angústia e tristeza.

Sabendo que Alzira era uma pessoa apaixonada por leitura, Dolores decidiu lhe repassar a coleção de Allan Kardec. E sugeriu-lhe:

— Quando Laura chegar à mocidade, por favor, dê esses livros para ela. Serão de grande utilidade para ajudá-la a compreender melhor as manifestações que lhe perturbam o espírito.

Alzira ficou lisonjeada por receber de presente da patroa algo de tanto valor sentimental. E foi com a leitura dos livros do codificador do espiritismo que ela compreendeu como ocorrem os processos mediúnicos.

Esclarecida, Alzira sentiu que uma nova pessoa surgira em seu interior, tornando-a mais dona de si e defensora de opiniões que nunca fora capaz de expressar antes. Isso causou em sua relação com o esposo muitos conflitos, por ele resistir à sua nova maneira de pensar, olhar e agir diante da vida.

Salomão, revoltado com a mudança na postura da esposa, passou a investigá-la. Ao descobrir que Alzira estava debruçada sobre questões ligadas à espiritualidade, decidiu esconder os livros de Kardec que ela ganhara da patroa, alegando que os conceitos contidos naqueles livros iriam afetar a mente de Laura, caso um dia ela se interessasse em se aprofundar sobre o tema.

Porém, naquela mesma noite em que escondeu os livros, Salomão teve muita dificuldade para conciliar o sono. Quando finalmente conseguiu adormecer, sonhou que voava conduzido por um casal que o levava para fazer uma visita ao espírito do patrão. No estranho sonho, Viana ficou muito emocionado ao vê-lo e lhe disse:

— Salomão, eu sei que você é uma pessoa incrédula, mas mesmo assim solicitei ao plano espiritual que promovesse nosso encontro por meio da ajuda desse casal de trabalhadores da luz, porque tenho um pedido a lhe fazer. Por favor, devolva os livros que Dolores deu à sua mulher. Se você não fizer isso, serei obrigado a me comunicar com a sua filha para avisá-la de que você escondeu a caixa de livros lá no galpão.

Alzira dormia tranquilamente ao lado do marido quando, de repente, Salomão deu um salto na cama, despertando do sonho e dizendo esbaforido:

— Vá descansar em paz, homem de Deus!

— Do que você está falando? — perguntou a esposa, assustada.

Salomão passou as mãos no rosto e respondeu:

— Tive um pesadelo terrível... Eu estava voando igual a um pássaro na companhia de um casal que me conduzia a um lugar estranho. Lá, eu encontrei o espírito de seu Viana, que me deu uma bronca por eu ter escondido os livros de macumba que a dona Dolores lhe deu! Aliás, aquelas obras do demônio só trouxeram ideias opositoras que quase destruíram o nosso casamento. Foi depois da leitura daqueles troços que você se tornou uma pessoa insolente e encrenqueira, que por qualquer coisa entra em confronto comigo.

Alzira, baseada nos conhecimentos que havia adquirido na obra de Allan Kardec, concluiu que o sonho que o esposo tivera na verdade se tratava de uma experiência fora do corpo e, confiante de que poderia orientá-lo, tornou:

— Eu sei que você não gosta de falar sobre esse assunto. Entretanto, estudando os fenômenos espirituais, compreendi muitas coisas.

— Lá vem abobrinha! — murmurou ele, esperando que ela completasse.

— Este sonho que você teve não foi um pesadelo comum — observou Alzira.

— Ah, não? — quis saber, fingindo-se interessado em ouvir a explicação.

— Pela sua descrição, ficou evidente que na verdade o seu espírito saiu do corpo durante o sono e volitou amparado pelos amigos desencarnados, que o levaram ao encontro do espírito de seu Viana, na dimensão astral.

— Não fale asneiras, mulher! — rebateu Salomão, que, revoltado, prosseguiu: — Desde que passou a ler aqueles livros de magia que só ensinam o que não presta, você se tornou uma pessoa fanática pelos conceitos que adquiriu, chegando às vezes a ser chata, agindo igual a um papagaio, repetindo tudo que aprende.

Alzira encheu-se de coragem e defendeu-se:

— Você está equivocado. Os livros de Kardec não têm nada a ver com essas literaturas a que você se referiu como instrumento de maldades. Allan Kardec foi um pesquisador sério que, com sua extraordinária obra, explicou os fenômenos sobrenaturais, indo além dos olhos da ciência. E se você for estudar as pesquisas e descobertas dele, compreenderá que esse sonho que você teve foi sim uma experiência de volitação — enfatizou ela.

— Só mesmo uma tonta como você para ter a ingenuidade de acreditar que um comedor de farinha como eu tem a capacidade de sair do corpo, sem morrer, voar igual a um passarinho no espaço e, o que é mais absurdo ainda, dormindo, Alzira! Ah, faça-me o favor, criatura de Deus! Deixe de ser idiota e alienada, mulher!

— Salomão, as descobertas dos pesquisadores espiritualistas nos garantem que, quando a gente dorme, o nosso espírito sai do corpo e faz coisas incríveis fora da matéria. Pelo que eu estudei, volitar é uma delas.

— E o que diabo é volitar? Não é a mesma coisa que voar? — questionou ele, caçoando da esposa.

— Volitar é uma condição natural do espírito, que usa esse meio de locomoção quando vive na dimensão astral ou quando se desprende do corpo físico, enquanto se está dormindo. E voar é algo que só ocorre na matéria, quando uma ave usa suas asas para movimentar o ar criando a fluidez que lhe possibilita flutuar.

— Nossa! Estou impressionado com a sua evolução em tão pouco tempo! Depois da leitura dos livros de macumba, você virou professora de ciência? — zombou Salomão, rindo sarcasticamente da cara da esposa.

Alzira não reagiu, e Salomão, novamente caçoando, inquiriu:

— Já que você se mostra uma grande entendedora do que acontece após a morte do corpo, então me explica uma coisa: e quando um passarinho morre, o espírito dele continua voando do lado de lá, no mundo espiritual, como fazia enquanto estava vivo aqui na Terra, ou ele volita também igual aos seres humanos?

Com o questionamento irônico do esposo, Alzira percebeu que estava perdendo o seu tempo tentando convencê-lo de coisas que ele ainda não estava maduro para compreender e muito menos estava aberto para discutir. Desejando encerrar o assunto, ela disse:

— Prefiro não responder à sua ironia. Sei que as suas perguntas têm apenas a intenção de ridicularizar o meu ponto de vista.

Salomão estava orgulhoso por ter vencido os argumentos da esposa e, cheio de razão, considerou:

— É melhor mesmo que você não debata comigo, porque eu já estou tão farto desse assunto que nem vou mais gastar saliva contestando esses supostos cientistas que abusam da fé de pessoas ignorantes como você para ganhar dinheiro fácil, vendendo suas obras com informações sem embasamento.

Alzira, evitando discussão, escolheu ficar com a paz, calou-se, virou-se para o lado, puxou o lençol, cobriu-se e pensou: "Só acredita no que vê e quando tem uma prova acha que é pesadelo?".

Minutos depois, ela voltou a dormir tranquilamente. Ele, ao contrário, ficou acordado até o amanhecer tentando se desligar da imagem do falecido patrão que, no sonho, conversara com ele com tanta naturalidade como se de fato estivesse vivo. Salomão não queria acreditar que aquele sonho fosse realmente um encontro espiritual, mas uma coisa o deixou intrigado: o espírito revelou exatamente onde ele havia escondido os livros!

Nas noites seguintes, Salomão teve o mesmo sonho e, vencido pelo medo, decidiu devolver os livros para a esposa, como o espírito do patrão lhe recomendara. Curiosamente, após a devolução das obras, o espírito deixou de aparecer em seus sonhos.

Salomão pensava que os encontros espirituais tinham ocorrido porque ele ficara impressionado com a morte do patrão e que sua mente juntava as imagens de Viana com a história dos livros, criando uma situação como algo real.

Capítulo 6

Alguns meses depois da morte de Viana, Dolores resolveu mudar os rumos de sua vida e pediu a Sebastião que convocasse os colaboradores da fazenda para uma reunião. Após o jantar, todos os agregados da propriedade estavam presentes na sala de estar do casarão da fazenda.

A conversa rolava solta entre os moradores quando Dolores surgiu na sala acompanhada de um casal desconhecido e todos silenciaram para ouvi-la.

— Boa noite, gente — cumprimentou a patroa, esforçando-se para demonstrar alegria.

— Boa noite — responderam os moradores com olhares apreensivos.

O casal de visitantes também cumprimentou as famílias. O senhor, mostrando-se um educado cavalheiro, gentilmente puxou uma cadeira para que a sua companheira pudesse se acomodar.

Encantada com a postura elegante do refinado moço, Alzira pensou: "Ai, que romântico! Isso sim é que é um homem de verdade. Quem me dera ser tratada dessa maneira também".

Salomão, analisando a mesma cena, pensou: "Quanta frescura desse pateta!".

— Já chegou todo mundo? — cochichou Dolores no ouvido de Sebastião.

— Sim, mamãe — afirmou ele, correndo o olhar sobre os convidados para verificar se ainda faltava alguém.

— Bem, pessoal, eu pedi ao Sebastião que chamasse vocês aqui porque quero neste encontro anunciar uma difícil mudança que vou fazer na minha vida — informou Dolores com a voz já embargada, fazendo uma longa pausa. Então olhou para o casal e continuou a falar: — Quero comunicar a vocês que a partir da semana que vem a minha família não será mais a proprietária desta fazenda que, por tantos anos, foi o nosso cantinho. Atendendo a insistentes pedidos dos meus filhos, concordei em vender as nossas terras e me mudar para perto deles lá na cidade.

— E como vai ficar a nossa situação, dona Dolores, se não temos para onde ir? — quis saber Salomão, preocupado.

— Calma, Salomão — disse ela, tranquilizando-o. — Já que você me fez essa pergunta, quero apresentar o seu Otávio Medeiros e a sua esposa, dona Cândida, que serão os novos patrões de vocês a partir da próxima semana.

Otávio se levantou e com um sorriso de simpatia acenou com a mão, cumprimentando os convidados. Com a permissão de Dolores, se pronunciou:

— Meus amigos, fiquem despreocupados quanto à mudança de donos da fazenda, pois não haverá nenhuma alteração no quadro de moradores e empregados da propriedade, ou seja, todos os agregados irão permanecer exatamente como estão. Nós estamos chegando aqui para dar continuidade ao trabalho que o seu Viana e sua família bravamente implantaram e até vamos ampliar os projetos que estão dando certo.

Diante da fisionomia triste dos moradores, a esposa de Otávio interveio:

— Por que vocês ficaram com essas caras tristes, gente? A dona Dolores não morreu não, pessoal. Animem-se!

— Acho que eles não gostaram dos novos patrões — brincou Otávio.

Todos riram, disfarçando o descontentamento com a notícia.

— Era isso que eu tinha para comunicar a vocês. Obrigada por terem vindo — encerrou Dolores, emocionada.

Os moradores só esperaram o casal se retirar para se aproximarem de Dolores na tentativa de fazê-la desistir da ideia, mas ela deixou claro que a sua decisão tinha sido bem pensada e que não voltaria atrás por nada.

Os agregados deixaram a sede da fazenda inconformados, apreensivos e inseguros sobre o futuro a partir daquela mudança de patrões.

Na semana seguinte, Dolores assinou os documentos de repasse da fazenda no cartório e desocupou a propriedade, mudando-se para a cidade. Antes de partir, despediu-se de Alzira e lhe deu seu novo endereço:

— Não vamos perder nossa amizade. Vou lhe escrever sempre que possível.

— Farei o mesmo, Dolores — tornou Alzira, emocionada. — Jamais perderemos contato.

Laura correu até Dolores e a abraçou forte:

— Vou sentir muito a sua falta.

— Eu também, minha pequena. Mas saiba que, assim que aprender a escrever direitinho, quero que me escreva cartas, muitas cartas. Promete?

Laura fez que sim com a cabeça e deixou uma lágrima escapar pelo canto do olho. Elas não perceberam, mas da varanda Olívia as olhava de soslaio, com os olhos rancorosos.

Otávio chegou com a família e tomaram posse do imóvel.

Sete anos depois, Laura já era uma adolescente e continuava mantendo contato com os espíritos, embora nem todos fossem bem-intencionados.

Foi nessa época que Alzira, por sugestão de Dolores em uma de suas cartas, decidiu reunir diariamente os membros da família para rezarem com o propósito de proteger o lar contra as forças espirituais negativas que os assediavam.

A princípio, Salomão relutou em participar, entretanto, devido à insistência da esposa, ele acabou concordando e, semanas depois do início das reuniões, Laura apresentou considerável melhora. A garota passou a demonstrar um comportamento equilibrado.

Certo dia, Salomão estava chegando do trabalho quando escutou a filha cantando. Intrigado com a felicidade de Laura, se questionou em pensamento: "Será que os demônios desistiram de azucrinar a menina? Será que as rezas têm mesmo o poder de afastar as forças do mal?".

Ele entrou em casa e sondou se Olívia sabia de alguma coisa. A caçula, maldosamente com manha no jeito de falar, revelou:

— Olha, paizinho, o senhor sabe que eu não gosto de fofoca. Mas o motivo que deixou a Laura cantando assim é que ela e o Eduardo, o filho de seu Juca que mora lá na cidade, estão apaixonados.

— Que história é essa, Olívia? — inquiriu Salomão, exaltado.

— É isso mesmo que o senhor ouviu.

— E a sua mãe sabe disso? — quis saber, com os olhos arregalados.

— Sim — respondeu a menina, assustada com a fisionomia enraivecida do pai.

— E quando começou esse namorico deles?

— Quando a Laura foi fazer um tratamento com o seu Juca — disse Olívia, revelando que a mãe e a irmã vinham frequentando, escondidas de Salomão, a casa do famoso médium e curandeiro da região, Juca Morais.

— Que história é essa de tratamento, Olívia?

— O seu Juca está cuidando da cabeça da Laura, papai.

— Quem cuida de desequilíbrio mental é alienista.

— O seu Juca está fazendo um trabalho forte de descarrego para afastar os inimigos espirituais que perseguem a Laura — explicou Olívia.

Salomão, bufando de ira por não ter sido avisado pela esposa, disse:

— Agora eu entendi de onde a sua mãe tirou a ideia de reunir a família todo dia para fazer as mesmas orações e os mesmos pedidos, como se Deus se esquecesse de atender às súplicas de Seus filhos. Ela foi orientada pelo macumbeiro intrometido que interferiu na rotina da minha família, sem o meu consentimento, com seus conceitos milagrosos e suas feitiçarias.

Colocando mais lenha na fogueira, Olívia balançou a cabeça concordando.

— Essas práticas espiritualistas e orientações que esses macumbeiros dão são instrumentos que o diabo usa para colocar as esposas contra os maridos, provocando discórdia no seio das famílias — prosseguiu Salomão, exaltado. — Você participa também das sessões de macumba, Olívia?

— Elas nunca me deixaram ir junto.

— E como você descobriu que elas estão frequentando a casa do feiticeiro?

— Outro dia eu escutei uma conversa entre as duas sobre o assunto.

— Não acredito que a sua mãe esteja se envolvendo com rituais de magia! Eu deveria era ter ateado fogo naqueles livros malditos — bradou Salomão, já saindo em direção à cozinha.

Alzira, que tinha escutado os gritos do marido, levou um susto quando Salomão adentrou a cozinha de supetão e, em tom de acusação, a inquiriu:

— Escuta aqui, mulher! É verdade que você está oferecendo a própria filha para o filho do macumbeiro, em troca de feitiçaria?

Ela parou de cortar a cebola e, quando girou para responder, percebeu que lá da sala Olívia acompanhava tudo, fingindo limpar a mesa. Então disse à filha:

— Ô língua grande essa tua, hein, Olívia?

— Ah, então você confirma que tem mesmo frequentado a casa do macumbeiro sem o meu consentimento, entregando a nossa filha de bandeja como recompensa para o filho dele abusar?

— Vamos esclarecer as coisas, meu bem — disse Alzira, tentando acalmá-lo.

— Pois trate mesmo de me explicar por onde você tem andado.

— A Laura e o Eduardo ainda são duas crianças e entre eles nunca houve nada além dos olhares inocentes de uma paixão adolescente.

— E ai dele se ousar desonrar a minha filha! Eu arranco as partes íntimas daquele moleque desgraçado com um facão — rosnou.

— Mãe Santíssima! Que exagero, Salomão!

— Você não sabe do que eu sou capaz para defender a honra da minha família das garras de aproveitadores — declarou ele com os dentes cerrados.

— Laura precisava de um tratamento para afastar os espíritos desequilibrados que a assediavam desde pequena, por isso eu resolvi buscar a ajuda de seu Juca, que é o mais respeitado médium de cura que há na região — justificou Alzira com mansidão na voz, tentando acalmar o marido.

— Ele é respeitado por quem, Alzira? — ficou uma pausa e Salomão continuou: — Pessoas de cabeça fraca como você gastam o que não têm para serem enganadas por esses espertalhões estelionatários que se aproveitam do sofrimento alheio para ganhar dinheiro fácil e fazer fama de milagreiro.

— Concordo com você que no meio espiritualista existem mesmo muitos charlatões, mas a gente não pode generalizar e julgar todas as pessoas que trabalham com espiritualidade como picaretas e enganadoras — ponderou Alzira.

— Nem perca seu tempo tentando me fazer mudar de opinião dando crédito às baboseiras que esses manipuladores falam para ludibriar gente sem noção. Eu só acredito nas coisas testadas, apuradas e comprovadas pelo olhar da ciência. O resto é tudo conversa fiada e especulação.

— O trabalho de seu Juca é sério e funciona sim. Basta você observar que, depois do início do tratamento espiritual, Laura não recebeu mais as visitas indesejáveis de espíritos perturbados. Além do mais, a menina se tornou alegre e não acorda mais apavorada no meio da noite por causa daqueles terríveis pesadelos, que interromperam o nosso sono durante anos — justificou Alzira.

— Eu não quero mais ouvir falar nesse assunto, porque o que você fez escondido de mim é coisa de gente traiçoeira.

— Eu só não pedi o seu consentimento porque sabia que você não concordaria em deixar Laura fazer um tratamento espiritual.

— Não deixaria mesmo a minha filha frequentar um terreiro de macumba! Macumba só traz atraso de vida e perturbação para os seus adeptos. Aliás, me responda: você já conheceu algum macumbeiro bem-sucedido?

— O seu Juca não é macumbeiro, ele é médium — explicou ela.

— Não adianta arranjar um nome mais bonitinho para se referir a essas práticas do demônio, porque para mim uma coisa é bem clara: quem trabalha com magia é feiticeiro sim, e pronto — rebateu Salomão.

Alzira resolveu encerrar a discussão, dizendo:

— Meu bem, eu sei do meu papel como esposa, sei que devo satisfação a você e reconheço que passei por cima de sua autoridade de chefe da casa. Me perdoe pela minha atitude de fazer o tratamento escondida de você. Fiz isso apenas com o objetivo de promover o bem de nossa filha. Esta foi a única maneira que encontrei de afastar as perturbações espirituais que atormentavam a Laura e atrapalhavam a vida de todos nós... — ela suspirou e prosseguiu: — No entanto, você prefere conviver com o problema em vez de buscar a solução. Então eu vou respeitar a sua decisão de chefe da casa, mas prepare-se para voltarmos a ser atormentados pelos inimigos espirituais que se aproximam de nossa filha.

Dominado pela raiva, Salomão deixou a esposa falando sozinha e saiu a passos largos em direção ao quarto onde a filha estava cantarolando enquanto penteava o cabelo em frente ao espelho. Salomão bateu com a mão fechada na porta do quarto com tanta força que parecia que ia derrubá-la.

Assim que a garota abriu a porta, o pai estupidamente invadiu o recinto, pegou em seu braço, apertando--o fortemente na intenção de intimidá-la e, com a voz alterada, perguntou:

— É verdade o que eu acabei de ficar sabendo?

— O quê?

— Que você, nessa idade, minha filha, ainda cheirando a leite, já está se interessando por macho?

Com medo da fúria do pai, Laura disparou a chorar, e Salomão concluiu que o desespero da filha respondia à sua pergunta. Então, ele soltou o braço da adolescente de supetão, apontou o dedo rispidamente para a sua cara e disse:

— Escute aqui, garota... Preste atenção no que vou falar, menina! Sossega o facho, diacho. Pois se eu te pegar se esfregando com o filho do macumbeiro, não me responsabilizo pelos meus atos. Eu vou dar uma surra em vocês dois em praça pública, com um chicote de bater em cavalo.

Dado o aviso, Salomão saiu rumo à casa do pai do garoto, determinado a interromper o relacionamento que nem sequer havia começado.

Depois que ele saiu do quarto, Alzira entrou e acolheu a filha. Soluçando nos braços da mãe, Laura desabafou:

— O meu pai age igual a um cavalo. Aquele bicho bruto me chacoalhou tanto que quase arrebentou o meu braço, mãe. Não aguento mais ser tratada desse jeito. Ele não sabe conversar civilizadamente como gente adulta. Com as pessoas de fora, ele é sempre muito gentil e compreensivo, mas aqui dentro de casa trata a própria família com desrespeito e agressividade.

A mãe interveio, colocando panos quentes na situação:

— Filha, eu sei que é muito difícil para uma pessoa sensível como você tolerar o jeitão bruto que o seu pai usa para se impor como chefe da casa. Mas eu, que conheço muito bem o coração do Salomão, sei que infelizmente essa é a única forma de ele dizer que a ama.

— Pois eu prefiro que ele não me ame tanto, minha mãe.

Alzira pegou nas mãos da filha e propôs:

— Vamos rezar e pedir a ajuda de nossos amigos espirituais para que nos auxiliem com uma boa inspiração.

Ainda em estado de choque, Laura concordou e seguiram em prece.

Salomão chegou à residência do pai do garoto, bateu palmas e chamou:

— Ô de casa, ô de casa!

Antes de abrir a porta, Juca olhou pelo buraco da fechadura para saber quem chamava e, quando viu a expressão contraída do rosto de Salomão, percebeu que boa notícia não iria receber.

Nesse instante, o mentor espiritual ao seu lado disse:

— Mantenha a calma e deixe o valentão descarregar o ódio dele.

Juca seguiu a recomendação do guia, abriu a porta e serenamente disse:

— Pois não, Salomão, em que posso servi-lo?

— Você não pode me servir em nada — respondeu ele, grosseiramente.

— E qual o motivo de sua visita à minha casa?

— Vim só para avisá-lo: se o tarado do seu filho não parar de assediar a minha filha, eu não responderei pelos meus atos.

— Vamos entrar e conversar com calma — propôs Juca.

— Não tenho mais nada para falar com o senhor — devolveu Salomão raivoso.

— Você levantou uma acusação séria contra o meu filho e eu preciso saber o que está acontecendo para tomar a devida providência — contrapôs Juca.

Zombando do médium, Salomão disse:

— Seu Juca, não é coerente uma pessoa como o senhor, que se diz capaz de adivinhar o futuro dos outros, não saber o que acontece com o próprio filho...

Juca ficou calado, olhando firmemente nos olhos de Salomão, que, se sentindo desconfortável com a postura equilibrada do médium, retirou-se sem explicar de fato o que estava acontecendo entre os seus filhos. Quando Salomão deixou a residência dos pais do garoto, Nadir, esposa de Juca, chocada com a ameaça gratuita que aquele homem havia feito para intimidar seu marido, tornou:

— Jesus amado! Quanto machismo da parte desse pobre homem! Será que ele acha que a filha permanecerá para sempre pura?

Juca deu uma risada de compaixão e disse:

— Vamos entregar esse irmão sofredor nas mãos de Deus e deixar a vida se encarregar de promover o amadurecimento que o espírito dele carece para ele se tornar uma pessoa pacífica e equilibrada na convivência com todos.

Nadir pensou por um instante e, dando razão ao esposo, encerrou:

— Parabéns, meu amor, pela sua postura diante dos desaforos que ouviu.

— Não senti como desaforo, pois sei que Salomão é um espírito que precisa apanhar muito da vida para despertar a consciência.

— Tudo poderia ser mais fácil, sem dor.

— Sim. Ele poderia escolher o caminho da inteligência, mas preferiu o caminho da dor. Foi só uma questão de escolha. O caminho é mais tortuoso, mas o levará à ampliação de consciência e à felicidade do mesmo jeito.

Juca falou, beijou Nadir e foi ter uma conversa com o filho, para investigar o que de fato ocorrera entre o rapaz e a filha do vizinho. Pelo brilho no olhar de Eduardo ao falar de Laura, o pai do garoto constatou que, para evitar confusão, o melhor seria levá-lo de volta para a cidade antes de terminar as férias.

Alzira e Laura ainda estavam no quarto rezando quando Salomão chegou e empurrou a porta com força, fazendo um barulho ensurdecedor com o impacto dela contra a parede.

Pegas de surpresa pela ação agressiva do chefe da casa, mãe e filha ficaram apavoradas, e Salomão, com um olhar irado e aos gritos, ordenou:

— Vou falar uma vez só, portanto, ouçam e decorem. Vocês estão proibidas de frequentar a casa daquele macumbeiro maldito. Eu disse que vocês estão proibidas! Entenderam o meu aviso ou eu preciso ser mais claro?

Alzira, usando de inteligência emocional, buscando contornar a situação conflituosa, expressou obediência e doçura na voz ao responder:

— Entendemos sim, você é o chefe da casa e a sua ordem será respeitada.

Laura, rangendo os dentes de raiva, pensou: "Vai sonhando, meu paizinho, que eu ficarei presa em seu cabresto, atendendo para sempre as suas vontades e anulando os meus sentimentos".

Salomão desviou a atenção por um instante e foi o suficiente para que Alzira ligeiramente piscasse um olho para a filha, induzindo-a a fingir que acataria as imposições do pai. Laura captou a mensagem da mãe e fez cara de boa menina.

Ainda em tom de ameaça, Salomão continuou a avisar:

— Quero deixar bem claro para vocês que, se a minha ordem for desobedecida, eu serei obrigado a tomar providências drásticas para me fazer ser respeitado.

"Coitado do meu paizinho... Ele acha que é Deus", pensou Laura.

Quando ouviu aquela declaração, Alzira sentiu dó do marido. Desejando encerrar a discussão, não contrariaram a decisão de Salomão, que deixou o quarto achando que estava no comando da situação.

Na manhã seguinte, Juca, evitando entrar em conflito com Salomão, levou o filho de volta para a cidade, onde o garoto morava na casa de um tio. Laura ficou muito triste por não ter se despedido de sua paixão adolescente.

Com raiva de Salomão, Eduardo jurou para si mesmo antes de partir: "Nunca mais colocarei os meus pés neste lugar".

De fato, ele permaneceu por um longo tempo sem retornar à região. E durante o período de seu afastamento, Laura sonhava constantemente que Eduardo voltava para os seus braços e lhe pedia perdão pela sua ausência.

Capítulo 7

Dez anos se passaram.

Salomão e Alzira continuavam trabalhando como funcionários da fazenda. Os filhos do casal tinham crescido e sido alfabetizados.

Laura, já moça, ajudava a mãe nos serviços domésticos. Por ter interrompido o tratamento que fazia, voltou a ter sua mediunidade desequilibrada e a ser assediada pelos espíritos do astral inferior. Por conta disso, era vista pelo pai como uma pessoa com problemas mentais.

Alzira dera à filha os livros de Kardec que tinham sido de Dolores. Laura os lia, tentava compreendê-los, trocava cartas específicas com Dolores, mas em vão. Havia determinadas posturas de Laura que, infelizmente, mantinham as influências energéticas negativas ao seu redor.

Olívia também já era uma moça e, assim como Laura, ajudava a mãe nas tarefas de casa e continuava se sentindo menos querida que a irmã mais velha.

Oscar, sem muitas ambições, seguindo os passos do pai, escolheu como meio de sobrevivência as mesmas atividades que Salomão desenvolvia na fazenda, cuidando de animais e cultivando legumes.

Naquele dia, após o jantar, Laura estava tirando a mesa quando de repente sentiu uma forte tontura e ameaçou desmaiar.

— Corre aqui, Salomão! — gritou Alzira, pedindo socorro.

Imediatamente, Salomão e Oscar socorreram Laura, levando-a nos braços para o quarto, onde a colocaram sentada na cama. Como se estivesse perdendo os sentidos, a moça mudou o semblante drasticamente, sacolejou o corpo na cama e sua voz se alterou para um timbre masculinizado.

Alzira percebeu que a filha havia incorporado um espírito e lembrou-se de Juca, o médium que tinha feito o tratamento de desobsessão em Laura e afastado por um bom tempo as companhias que lhe assediavam desde pequena.

Desesperada e sem saber como lidar com o encosto, Alzira pediu ao marido que fosse chamar o médium para despachar aquela presença intrusa que havia tomado posse dos sentidos da filha.

Mas, Salomão revoltou-se com a proposta e disse:

— Jamais quero manter contato com aquele homem do mal. Nem pense que vou permitir rituais de magia dentro da minha casa! Essa menina não bate bem da cabeça desde pequena e não será agora que ela vai morrer por causa disso.

— Deixe de ser incrédulo, homem de Deus — insistiu Alzira. — Você não percebe que nossa filha carece de ajuda espiritual?

— Deixe de ser apavorada, mulher! Isso logo vai passar — rebateu Salomão.

— Eu vou lá chamar o homem — interveio Oscar.

— Você não vai chamar ninguém — bradou Salomão.

— E como é que vamos resolver essa situação sem a ajuda de alguém que entenda de um assunto tão delicado como este? — questionou Alzira, chorando.

Salomão, irredutível, censurou:

— Eu não vou permitir que nenhum charlatão coloque na cabeça da minha filha essas coisas absurdas sobre assuntos espirituais. Você, Alzira, é a responsável por essas loucuras da nossa filha. Ela já não batia bem da cabeça e você ainda teve a maldita ideia de levar a menina para frequentar terreiro de macumba. Agora veja o estado em que se encontra a mente dela.

— Pelo amor de Deus, Salomão, até quando você vai duvidar de que a nossa filha se comunica com os espíritos desencarnados?

— Quer saber de uma coisa, Alzira? Você é igual a piolho, ou seja, vive pela cabeça dos outros. Deixa de ser tão manipulável, acreditando em coisas improváveis — atacou ele e apontou para Laura: — Isso é invenção dessa menina, que desde pequena só me fez passar vergonha com essa conversa doida de que mantém contato com os mortos.

Salomão nem completou a acusação e Laura levantou-se velozmente, partindo para cima do pai, empurrando-o com força contra a parede. Oscar e Alzira tiveram dificuldade para livrá-lo das garras da filha, que, dominada pela presença espiritual, imprensava Salomão, tentando enforcá-lo.

Enfim, Oscar e Alzira conseguiram imobilizar a jovem com as mãos para trás. Depois desse susto, com as costas doendo, os cotovelos muito machucados, Salomão decidiu acatar o pedido da esposa e foi correndo até a residência do médium, que ficava ali perto, chamá-lo para afastar a suposta presença que havia incorporado em Laura.

Juca escutou os latidos dos cachorros, o que demonstrava que alguém estranho tinha chegado em frente à sua casa. Depois ouviu uma voz apreensiva se misturando aos latidos dos cães, chamando na porta:

— Ô de casa, ô de casa!

O médium foi atender e, chegando à porta, ralhou com os cães, mostrando que a visita não representava ameaça. Obedientes, os animais baixaram a guarda e silenciaram. Ainda sem reconhecer Salomão, Juca se prontificou:

— Quem é?

— Pelo amor de Deus, seu Juca, me ajude! — suplicou o homem, desesperado.

— Qual é a sua graça, meu amigo? — novamente perguntou Juca.

— É o Salomão — respondeu ele, sem fôlego para pronunciar o próprio nome.

— Pode chegar mais — disse Juca, autorizando a aproximação do visitante.

— Eu tenho pressa — adiantou-se ele, já sem o autoritarismo de antes.

— E o que você deseja, Salomão? — sondou o médium.

— A minha filha Laura teve uma recaída daqueles delírios horríveis e está completamente desequilibrada, quebrando tudo lá em casa — explicou Salomão.

Objetivando surpreendê-lo, o mentor de Juca disse:

— Faz um curativo nos cotovelos do valentão que estão sangrando devido ao chega-pra-lá que ele levou do espírito que está incorporado na filha dele.

Buscando acalmá-lo, Juca amorosamente disse:

— Entre que primeiro vou fazer um rápido curativo em seus cotovelos.

Arrepiado com a observação do médium, Salomão perguntou:

— Como é que o senhor soube que estou com os cotovelos machucados?

O médium serenamente respondeu:

— Quando você estiver pronto para encarar a verdade, a vida criará as situações necessárias para lhe revelar caminhos menos sofridos.

Salomão entrou e se acomodou em uma cadeira. O médium foi até o quintal, onde pegou algumas folhas de ervas medicinais que cultivava para usar em seus tratamentos. De volta à sala, amassou os ramos e passou aquela gosma verde extraída do vegetal nos cotovelos de Salomão.

Concluído o curativo, Juca disse:

— Agora vamos até a sua casa cuidar da sua filha.

Salomão concordou com a cabeça.

Durante o percurso, Salomão ainda insistiu em saber como Juca soubera dos ferimentos em seus cotovelos, se ninguém, além de sua família, havia presenciado o ocorrido. Orientado pelo mentor, o médium mais uma vez deixou o questionamento do incrédulo homem sem resposta.

Chegaram à residência de Salomão. Quando Alzira viu Juca entrar, sentiu um alívio no peito, pois confiava muito no trabalho do experiente médium.

— Graças a Deus que o senhor veio, seu Juca — disse ela, emocionada.

— A moça ainda está incorporada? — questionou ele.

— Está sim, seu Juca. É um espírito muito raivoso — respondeu Alzira, enquanto o conduzia ao quarto onde Laura estava andando de um lado para o outro, dizendo os mais agressivos absurdos.

Quando Alzira abriu a porta e o espírito incorporado em Laura detectou a presença do médium, agressivamente determinou:

— Saia daqui agora. Não se meta na minha vida.

Juca, já acostumado a lidar com espíritos desequilibrados, serenamente se aproximou de Laura com as mãos abertas sobre a cabeça da jovem, dando-lhe um passe energético com o objetivo de acalmar o espírito. Quando conseguiu controlar a situação, interrogou com firmeza na voz:

— Quem é você? E o que quer dessa moça?

O espírito não interagiu, e Juca, colocando ordem no ambiente, estabeleceu:

— Vamos! Diga quem é você e o que quer dessa moça.

Após o segundo comando do médium, Laura sentou-se no chão com a cabeça baixa e o rosto coberto pelos cabelos longos, resmungando com uma voz rancorosa, porém ao mesmo tempo obediente à autoridade do médium.

Salomão, acompanhando tudo da porta, pensou: "Quanta palhaçada! A que ponto chegou a loucura da Laura".

Agora com mais firmeza na voz, Juca novamente ordenou:

— Não perca mais tempo. Diga logo quem é você e o que quer dessa moça?

Ainda sem revelar a sua identidade, o espírito disse:

— Eu quero que ela sinta na pele a mesma dor que ela me causou.

— E o que ela fez com você? — sondou o médium.

Soluçando, o espírito desabafou:

— Ela foi responsável por uma tragédia que destruiu a minha vida e a de minha família.

O médium pediu que o espírito lhe contasse a sua dolorida história para poder ajudá-lo a sair da condição infeliz na qual se encontrava, perambulando no astral inferior, alimentando o sentimento de vingança e acreditando que a destruição de seu desafeto seria a melhor escolha para fazer um acerto de contas.

Depois da revelação, Juca compreendeu que se tratava de um espírito que havia sido prejudicado por Laura em outra vida e que, obstinado pelo desejo de vingança, vinha cobrar a dívida de sua malfeitora.

O médium, compadecendo-se do sofrimento do espírito que se dizia vitimado pela moça que assediava, prosseguiu esclarecendo-o de que, nutrindo aquele sentimento de ódio, ele estava apenas mantendo-se preso ao irreversível passado.

Salomão, que continuava de longe observando o ritual de desobsessão e ainda duvidando da veracidade do fato, disse baixinho no ouvido de Oscar:

— Olha, filho, esse negócio de incorporação é a coisa mais absurda que já ouvi falar na minha vida. Eu, particularmente, não acredito que o espírito de um morto possa voltar do Além e se encaixar no corpo de uma pessoa viva. Isso é impossível de acontecer.

Receoso, Oscar preferiu omitir opinião sobre o comentário do pai. Mas Salomão continuou criticando:

— Se o espírito de alguém morto toma posse do corpo de uma pessoa viva, então me diga, filho, onde fica o espírito da pessoa que é possuída enquanto ela está incorporada pelo espírito invasor?

— Olha, pai, eu não sou um profundo conhecedor desse assunto. Não sei explicar essa questão de vida após a morte. Mas parece que os estudiosos dizem que durante esse processo o espírito não entra no corpo do médium.

— Ah, não?

— Não. O espírito fica próximo da pessoa, ligado por fios energéticos. Parece que o espírito consegue invadir a mente da pessoa, mas não o corpo dela.

Salomão se aproximou do filho e sussurrou ao seu ouvido:

— E você acredita nisso?

— Acho melhor a gente mudar de assunto, pai, porque eu nunca fiquei fora do corpo para ter uma noção clara de como funciona a vida do lado de lá. Aliás, nem tenho interesse em visitar o mundo do Além tão cedo para comprovar essa informação — respondeu Oscar, se benzendo.

— Filho, você já é bem crescidinho pra ficar acreditando nessas idiotices. Tudo isso é lorota que os macumbeiros bons de lábia contam para impressionar os seus seguidores, que geralmente são pessoas desesperadas que estão passando por algum problema sem solução e a única coisa que ainda lhes resta é a fé em algo sobrenatural.

— Mesmo assim, pai, ter fé já é uma coisa muito boa — ponderou Oscar.

— Eu acho esse comportamento de sua irmã uma palhaçada. Afinal, ela sempre inventou alguma coisa para teatralizar, chamar a atenção das pessoas e envergonhar a nossa família.

— A troco de quê, pai, a Laura faria isso desde pequena?

— Tem gente, filho, que já nasce com a mente revoltada.

— A Laura não estava consciente de seus atos quando partiu para cima do senhor de maneira agressiva — avaliou Oscar, tentando convencer o pai a refletir melhor.

— A verdade é que a sua irmã tem um sério distúrbio mental. E mesmo que isso que está acontecendo fosse uma invasão espiritual, seria uma ótima lição para ela e para sua mãe, que sempre viveram metidas na casa dos macumbeiros procurando contato com os defuntos. Então, meu filho, é aquele velho ditado: "Quem procura acha". Portanto, se elas estão recebendo a visita do Além, é bem feito pra elas. Só assim nunca mais vão mexer com o que está quieto.

Nessa hora, Laura levantou o rosto, seus cabelos longos caíram sobre a face, quase cobrindo seus olhos fixados em Salomão, e, com a voz rouca, disse:

— Escuta aqui, Salomão, se você não calar essa sua boca de matraca, eu vou arrancar esse seu bigode de bode velho fio por fio na unha agora mesmo. A hora que eu decidir abrir o bico e contar a verdade...

Antes que Salomão reagisse à ofensiva, Juca pediu que ele e Oscar saíssem um pouco para evitar um novo ataque do espírito.

Salomão se retirou esbravejando:

— Era só essa que me faltava: um defunto tomar posse do corpo da minha filha e, em seguida, me expulsar da minha própria casa.

Ouvindo o comentário irônico do pai, Oscar se divertiu.

Sentindo-se consolado por ter sido escutado pelo médium, o espírito aceitou se afastar de Laura em troca da ajuda prometida pelo orientador.

Assim que a indesejada companhia partiu, Laura, desgastada energeticamente, adormeceu, sem se dar conta do que havia acontecido. Enquanto ela dormia, o médium permaneceu ao seu lado lhe dando assistência espiritual, concluindo o trabalho de afastamento da energia negativa que a perturbada presença tinha deixado no ambiente.

Juca pediu que Salomão e Oscar entrassem no quarto para fazer uma oração em grupo e acompanhassem o restabelecimento de Laura.

Inseguro, Salomão se pôs ao lado da cama. De mãos dadas, ele, a esposa, o filho e o médium prosseguiram em prece em favor da libertação de Laura, que, de imediato, teve um daqueles sonhos em que a pessoa sabe que não está completamente dormindo, mas que também não está no controle de sua consciência, pois o corpo não obedece aos movimentos que a mente ordena.

No sonho, Laura se viu em uma sala de espera de um ambiente parecido com um setor hospitalar. Naquele local, adentravam algumas pessoas de aparência bastante fragilizada, supostamente sendo conduzidas por enfermeiras, já que as cuidadoras trajavam roupa branca e zelavam pelos debilitados, acompanhando-os.

Na ânsia de acordar, Laura tentou se mexer na cama, mas o corpo não obedeceu ao comando da mente.

De repente, surgiu no ambiente uma jovem senhora que, amorosamente, lhe convidou a acompanhá-la até o setor de atendimento. Chegando ao local, a senhora pediu que ela se sentasse em uma cadeira e ficasse de olhos fechados para receber vibrações energéticas dos trabalhadores espirituais. Eles de mãos abertas, estendidas sobre a cabeça de Laura, lhe deram um banho de luz e energia positiva, purificando o seu corpo.

Concluído o trabalho de reequilíbrio, o grupo se deu as mãos em silêncio, formou um cordão em volta da moça e, nesse instante, a mesma senhora que a conduziu até a sala de atendimento aproximou-se dela e falou suavemente em seu ouvido:

— Pronto, querida, agora você já pode abrir os olhos.

Um senhor alto, de aparência serena, tomou a iniciativa, destacou-se do restante do grupo e, com um gracioso sorriso, lhe estendeu a mão. Olhando firme em seus olhos, apresentou-se:

— Seja bem-vinda, minha filha! Eu sou Alaor, o seu mentor espiritual, e você foi trazida para cá porque a sua sensibilidade mediúnica estava lhe fazendo ficar à beira da loucura. O desequilíbrio de sua sensibilidade, por sintonia com a vibração que você emanava, vinha atraindo a companhia de espíritos também de baixa energia. Mas não se preocupe, pois a partir de hoje a sua vida será transformada, e nós, os seus amigos da luz e parceiros do astral, faremos um lindo trabalho juntos.

Comovida com aquela sensação de acolhimento, mas ainda com um sentimento de insegurança, Laura suplicou, em lágrimas:

— Moço, pelo amor de Deus, onde estou? O que está acontecendo comigo? E quem são essas pessoas que estão me cercando?

O guia abriu um leve sorriso de canto de boca e disse:

— Estou surpreso com a sua insegurança diante de nossas inofensivas presenças... Ainda mais você, Laura, que desde cedo se comunica com os espíritos! Ou você já se esqueceu de seus dons mediúnicos?

— Que lugar é esse, moço? — novamente perguntou ela, preocupada.

— Acalme-se, você está em outra dimensão, no setor de resgatados do mundo astral, e esses companheiros são curadores energéticos — explicou Alaor.

— E o que são curadores energéticos? — questionou ela, com voz chorosa.

— Alguns encarnados que estudam a espiritualidade chamam os trabalhadores da luz de socorristas, amparadores, guias ou benfeitores. A nomenclatura que dão aos agentes do mundo invisível não importa, porque no plano espiritual os rótulos não têm a mesma validade que têm na Terra. Contudo, para lhe explicar melhor o que são os curadores energéticos... A missão desses irmãos da luz é ajudar o espírito de pessoas desencarnadas em condições difíceis — concluiu Alaor, com naturalidade no falar.

— O senhor quer dizer que eu morri?

— A morte não existe, minha filha!

— E o que eu estou fazendo aqui no meio de tantos mortos?

— Lugar de mortos é no cemitério, onde ficam os ossos de quem partiu. Em essência, somos espíritos imortais que, pela graça divina, temos incontáveis oportunidades de receber um corpo carnal para vivermos experiências no mundo da matéria por determinado tempo, até deixarmos o corpo perecível e, em espírito, retornarmos para o astral. É claro que o destino do nosso espírito, depois da morte, vai depender exclusivamente das escolhas e ações que fizermos quando vivos — ressaltou o orientador.

— Eu não acredito que seja possível o espírito de uma pessoa encarnada deixar o corpo para visitar dimensões fora da Terra — disse ela.

— Tanto é possível a visita partir de um lado, como do outro. O que muda é como se dá o processo.

— Que processo? — tornou Laura, desconfiada de que havia morrido.

— Existem muitos recursos que os encarnados e desencarnados usam para se comunicar, ultrapassando os limites que separam a matéria do plano espiritual, interligando os dois mundos, aproximando almas afins, sejam elas amigas ou inimigas.

— Como?

— Uma das maneiras mais comuns é por meio da saída do corpo: enquanto a pessoa dorme, o espírito se desliga do corpo e sai para se encontrar com pessoas com quem ela nem sequer havia pensado antes de adormecer e, quando acorda, volta com a nítida sensação de que a experiência foi algo real.

— Como se tivesse mesmo encontrado essas pessoas em algum lugar?

— Sim. Ou, passado um tempo, conhece alguém e diz: "Parece que o conheço de algum lugar". Pode ser que já haviam se encontrado no mundo astral.

— Entendi.

— A incorporação é outro processo, inclusive muito usado pelos médiuns. Durante as sessões mediúnicas, eles abrem espaço para que os desencarnados possam tomar posse de alguns de seus sentidos e se manifestarem, transmitindo alguma mensagem de acalanto para os aflitos e desenganados. É possível também a interação entre encarnados e desencarnados por meio de sonhos, assim como está se dando o nosso encontro.

— Interessante... — Laura estava mais lúcida.

Alaor prosseguiu:

— Outra forma muito comum é por conexão de pensamento, maneira pela qual o espírito, bem-intencionado ou não, age sem ser percebido, influenciando o encarnado, transmitindo-lhe ideias, induzindo-o a fazer coisas. Quando uma pessoa é influenciada por um espírito obsessor, a mudança de comportamento é notória. Ela tem alterações de humor, depressão, age muito por impulso, ou seja, faz muita coisa sem sentir. Porque uma pessoa que tem a companhia de um obsessor é alguém que não tem posse de si, não toma conta de seus sentimentos. Quem cuida de si não atrai esse tipo de companhia.

Laura sentiu um estremecimento.

— Acho que estou entendendo melhor. Não há vítimas.

— Não. De forma alguma. Cada um é responsável por tudo o que atrai na vida.

— Eu quero melhorar.

— E vai.

— Mas meu pai não é obsedado por espíritos perturbados e é uma pessoa negativa, amarga. Como faço para lidar com esse comportamento?

— Temos que ter consciência, maturidade e bom senso para reconhecer que existem pessoas que destratam as outras porque são amargas mesmo. Faz parte da natureza delas. Ninguém muda ninguém. Essas pessoas são mais difíceis de se conviver. Quando estão passando por um momento de conflito interior, entram em um estado de agressividade indomável, igual a uma fera ferida que, sentindo-se ameaçada pelo monstro interno que lhe rouba a paz de espírito, age pelo instinto de defesa, atacando qualquer um que se aproxima, mesmo que seja alguém que queira apenas cuidar de seus ferimentos. Alguém assim sempre prefere isolar-se até passar as ondas de opressão.

— Ele é muito bruto, estúpido.

— Cabe a quem convive com a pessoa nessa situação evitar questionamentos e perguntas investigativas sobre o que está se passando com ela. É nessa hora que devemos agir com amor, compaixão e compreensão. Não dê importância ao que ele diz. Agora, uma coisa é certa, minha filha: quem vive com bom humor e pratica vibrações positivas por meio de preces ou orações está imune aos ataques espirituais dessa natureza — concluiu o mentor.

— Fácil falar... — tornou Laura com ironia.

— Sabe, seu pai pode ser tosco, bruto, mas a ama do jeito dele. Salomão tem esse jeitão bruto, no entanto tem uma intuição forte. Ele é muito ligado "nele", acredita muito nele.

— Não acredita em espírito, em nada. Duvido até que acredite em Deus.

— Isso é bom.

Laura arregalou os olhos, incrédula. Alaor fez que não viu o espanto e continuou:

— Quanto menos fanática uma pessoa é, mais fácil ela acredita na capacidade de ela mesma mudar seu caminho, seu destino. Salomão já se deu muito mal por conta de religião. Em outras vidas, meteu-se em grandes enrascadas em nome de Deus. Agora prefere viver assim, desacreditando de tudo. Melhor para ele. Mas tenha certeza de que Salomão tem uma intuição muito aguçada. No fundo, quer protegê-la. E, alguns anos lá na frente, talvez você compreenda melhor seu pai e as atitudes dele.

— Difícil.

— Vamos dar tempo ao tempo.

— E como as coisas vão prosseguir na minha vida quando eu voltar para o corpo material? — quis saber, ainda desconfiada de que tinha desencarnado.

— Filha, antes de nascer, o seu espírito assumiu um compromisso com o plano astral, e essa capacidade que você tem de perceber as manifestações espirituais é um instrumento maravilhoso que lhe foi dado para que você possa servir a seu semelhante como trabalhadora do bem.

— Eu não me recordo de ter assumido nenhuma responsabilidade antes de nascer — confrontou ela, fugindo da missão revelada pelo mentor.

— Ninguém nasce consciente das experiências de suas vidas passadas, tampouco das metas traçadas para a nova experiência. Até mesmo porque ninguém suportaria conviver com a viva lembrança de seus feitos negativos sem se torturar com a lâmina da culpa. A vida é sábia e sempre nos dá uma nova chance para recomeçar. Este é o desafio de todo mundo quando reencarna: descobrir a missão que seu espírito recebeu para desenvolver durante a sua nova existência terrena. Com certeza, a vida irá criar as oportunidades necessárias para o seu entendimento e amadurecimento. Portanto, para evitar que você permaneça recebendo a incorporação de espíritos indesejados, é aconselhável que você assuma definitivamente a posse dos seus sentimentos, o comando de sua mediunidade e escolha quais visitas deseja receber — orientou Alaor.

— E quando eu voltarei à consciência?

— Assim que o benfeitor da Terra fizer a parte que lhe cabe, afastando a energia pesada do espírito que se aproximou do seu corpo, e a sua energia vital estiver restabelecida, possibilitando que você retorne ao corpo físico.

— E se eu me recusar a fazer parceria com os espíritos que me procuram pedindo passagem para se manifestar por meio da minha mediunidade, o que eles podem fazer contra mim?

Alaor serenamente retorquiu:

— Ninguém é obrigado a trabalhar como médium contra a própria vontade. Outra coisa muito importante que você precisa ter consciência, minha filha. Ninguém encarna trazendo um dom inútil como forma de castigo divino. Tudo que a natureza divina cria tem um propósito e um porquê de ser. Mas como eu já lhe disse, você nasceu com um dom de cura extraordinário, e essa força positiva que a inteligência divina agregou em sua essência, além de servir como instrumento para tirar o sofrimento de muitas almas, ainda lhe dará a possibilidade de alcançar um alto nível de maturidade espiritual — reforçou Alaor.

Incomodada, Laura questionou:

— Por que Deus, que é tão sábio, em vez de me colocar no mundo com essa bendita capacidade de curar a ferida da alma dos outros não deu a todas as pessoas o poder de cuidarem de si mesmas?

— Só o tempo responderá essa sua indagação — devolveu Alaor.

— E o que você me aconselha a fazer da minha vida enquanto o tempo não cala as minhas dúvidas? — perguntou ela, impaciente.

— Recomendo que você aprenda logo a usar o seu dom antes que a sua mediunidade seja transformada em mais desequilíbrio mental e você venha a sofrer mais perturbações, como já vinha ocorrendo.

— Não me sinto preparada para enfrentar os obstáculos que a vida me impõe — confessou ela, desabafando a sua insegurança.

— A finalidade da vida é nos levar ao desenvolvimento e fortalecimento de nossas competências. Na verdade, os desafios que você chama de obstáculos são apenas breves passagens, situações geradas para nos conduzir ao amadurecimento. No seu caso, o açoite de um antigo amor que vai ressurgir em seu caminho brevemente irá lhe fazer criar coragem para sair do comodismo e despertar a força adormecida de seu virtuoso espírito — adiantou Alaor.

— Preciso saber: por que nasci com essa capacidade se tudo que eu quero é ser apenas uma pessoa normal como todas as outras?

— Filha, com os dons com que a natureza divina lhe qualificou, certamente a vida tem o propósito de alcançar algum objetivo por meio da evolução de seu espírito. Afinal, a vida é progresso e a programação da vida não anda para trás.

Capítulo 8

Depois que Laura teve a experiência por meio do sonho, o mentor e a equipe de trabalhadores espirituais desapareceram no espaço como num passe de mágica, deixando uma luminosidade verdejante reluzindo no ambiente.

Em instantes, o espírito de Laura se encaixou no corpo e ela fez um movimento brusco na cama, como se estivesse caindo em um abismo. Com isso, acordou assustada.

Todos que estavam ao redor da cama lhe dando assistência espiritual se assustaram com a sua reação inesperada, principalmente Salomão, que, com medo de ser atacado pela filha novamente, deu um pulo para trás e saiu do quarto com o coração batendo acelerado.

Aliviada por ter conseguido despertar do sonho, Laura se sentou na cama, sentindo uma leveza em seu espírito que nunca havia experimentado antes. Quando notou a presença do médium a seu lado, desabou a chorar de comoção ao se lembrar de tudo que vivenciou espiritualmente. Confusa, Laura se questionou mentalmente: "Será que sou louca mesmo, como o meu pai sempre disse, ou ainda estou sonhando?".

Como se estivesse lendo o pensamento da moça, Juca disse:

— Filha, o que aconteceu com você não foi um sonho. Creia! Você teve mesmo uma experiência fora da matéria. Assim como os amigos do astral estão ao seu lado, colaborando com a sua jornada espiritual, eu também estarei a partir de agora apoiando você em tudo que estiver ao meu alcance.

— Muito agradecida pela ajuda — tornou ela, chorando.

— Imagina, minha filha. Sou eu quem tem que lhe agradecer pela abençoada oportunidade de colocar em prática esse dom maravilhoso que Deus me deu. Estou apenas cumprindo a minha missão em sua vida. Para mim é uma honra, querida, pode contribuir com o seu desenvolvimento espiritual — considerou Juca, demonstrando humildade no jeito de falar e satisfação em servir.

Alzira, contente com a intervenção do experiente médium, comentou:

— Se não fosse a sua habilidade em lidar com as coisas do invisível, e principalmente a sua boa vontade em nos socorrer nesse momento tão difícil, eu nem quero imaginar o que poderia ter acontecido aqui hoje.

— Sou apenas um instrumento usado pela espiritualidade — ponderou Juca.

Deixaram a jovem no quarto descansando e foram conversar na sala.

— O senhor aceita um cafezinho? — perguntou Alzira.

— Aceito sim — respondeu o médium.

Salomão, Juca e Oscar se acomodaram em torno da mesa e Alzira foi até a cozinha colocar a água para ferver. Enquanto aguardavam o café, Salomão disse:

— Seu Juca, desde pequena que essa menina só adivinha coisas ruins. Já perdi até a conta de quantas noites o meu descanso foi interrompido pelos gritos dela dizendo que viu alguma desgraça acontecendo. Alzira interveio lá da cozinha, explicando melhor o relato do esposo:

— Na verdade, seu Juca, o que o Salomão quis dizer é que a Laura sempre teve revelações através de sonhos e ouviu vozes de espíritos.

Salomão irritou-se com a interferência da mulher em sua conversa. Dirigiu um olhar repreensivo para Alzira, incomodado por ela ter corrigido a sua fala na presença de outro homem, coisa que para ele era inaceitável, pois entendia — assim como outros homens de sua geração — que a interferência feminina em conversa de homem significava falta de autoridade do chefe da casa.

— O nome que damos a esses tormentos não importa — retrucou Salomão.

— Ela é médium sensitiva e auditiva — informou Juca, com naturalidade.

Alzira havia estudado bastante o assunto, procurando entender a sensibilidade da filha, mas, para evitar mais irritação no marido, ficou calada.

Salomão ficou intrigado com a explicação de Juca:

— Que coisa mais estranha é essa tal de mediunidade!

— A mediunidade é um fenômeno natural que todos nós trazemos em nossa essência como uma forma de ligação com a realidade espiritual... — disse o médium. — Resumindo, é um sexto sentido que nos possibilita interagir com o mundo invisível. Muitas pessoas percebem a realidade astral com mais intensidade que outras. Vou lhe dar um exemplo prático sobre a mediunidade.

— Por favor — tornou Salomão.

— Todas as pessoas que nascem com o dom da arte, mesmo que não tenham consciência de sua espiritualidade acentuada, em seus momentos de inspiração e supostamente de criação de alguma obra na verdade estão usando o sexto sentido, fazendo a conexão com o mundo espiritual, onde estão todas as coisas já criadas por Deus e soltas no espaço em forma de ideias e imagens. Elas ficam disponíveis para quem estiver sintonizado poder captar e materializar. Os inventores, escritores, médiuns e artistas são os que mais canalizam.

Salomão, irredutível em suas convicções, disse:

— Seu Juca, uma coisa eu não entendo...

— Pois não?

— Como Deus, em sua infinita sabedoria, pode ter se descuidado na hora da concepção dos espíritos e dado a uma pessoa, como é o caso da minha filha, o dom de adivinhar só coisas ruins?

— Isso que você classifica como adivinhação, na verdade, trata-se do fenômeno premonição — esclareceu o médium.

— Não é a mesma coisa, com um nome diferente?

— Não. São fenômenos totalmente distintos. Adivinhação é a prática intuitiva de uma pessoa que usa as cartas de baralho, tarô e búzios para predizer fatos no tempo e no espaço. Já a premonição, que é o caso da filha de vocês, é algo que se manifesta por meio da sensação, fazendo com que a pessoa pressinta algo que ainda vai acontecer no futuro próximo. Sem contar que ela é um caso raro que nasceu com várias percepções afloradas. Eu também nasci com esses mesmos sentidos bem desenvolvidos.

Desconfiado, Salomão investigou, tentando pegá-lo em contradição:

— Então, pelo que entendi, quando o senhor descobriu que eu estava com os cotovelos machucados, foi por meio desse negócio de premonição?

— Na verdade, a informação a respeito de seus cotovelos machucados me foi repassada pelo meu guia, que está sempre ao meu lado.

Salomão fez cara de impressionado, mas intimamente pensou: "Isso que esse velho está falando não pode ser verdade! Ele está blefando! Essa história de que ele soube da agressão que sofri por meio de seu mentor espiritual não procede. Se o suposto mentor espiritual dele está sempre ao seu lado, então como é que o bendito do guia soube que eu estava machucado, se ele não arreda o pé de perto de quem ele orienta? Alguma coisa não está batendo na explicação desse velho. A não ser que o fofoqueiro do Além que o acompanha seja onipresente para estar em dois lugares ao mesmo tempo".

Nesse instante, o médium captou que Salomão estava duvidando de sua palavra e, como quem tinha lido o seu pensamento, disse:

— Caro Salomão, eu sei que você me acha um velho ludibriador que se aproveita das situações difíceis das pessoas para se promover. Entretanto, o que você pensa sobre mim não condiz com o que realmente sou.

Assustado com a observação do homem, Salomão perguntou:

— O seu guia está aqui?

— Sim.

Ao ouvir Juca afirmando que o seu mentor espiritual estava ali ao seu lado, Salomão sentiu um forte arrepio, olhou para os lados tentando vê-lo e disse:

— Pelo amor de Deus! Não fale mais nada a respeito da presença de espíritos no meio de nós, porque senão eu vou ficar essa noite inteira acordado.

Mudaram então de assunto. Salomão lembrou-se de ter visto na casa do médium uma estante repleta de livros e, fugindo da sensação de medo, perguntou:

— Seu Juca, como aquela quantidade de livros que eu vi em sua casa veio parar nesse lugar isolado do mundo?

— O meu filho mais velho mora na cidade e, sabendo que eu gosto de ocupar as minhas horas vagas com uma boa leitura estudando os assuntos espirituais, sempre me manda alguma novidade literária.

— E o senhor já leu todos aqueles livros?

— Já li e reli todos eles dezenas de vezes. Alguns até decorei os capítulos.

— Devem ser muito bons, então.

— Na verdade, são obras muito esclarecedoras, que eu uso como base para desenvolver o meu trabalho de médium e de orientador espiritual.

Salomão, meio acanhado, confessou:

— O senhor pode até não acreditar no que vou lhe falar, mas, mesmo nessa idade, eu nunca li um livro até o fim.

— Por que tanto desinteresse pela literatura? — perguntou Juca.

— Acredito que seja porque os autores colocam muita fantasia nas histórias. Como sou uma pessoa que gosta de viver com os pés na realidade, não me deixo envolver por narrativas e ideias miraculosas, começo a bocejar e sinto um sono incontrolável que me faz dormir antes da décima página — explicou Salomão.

— Certamente você deve ter lido obras que abordam temas que confrontam as suas crenças e seu jeito de olhar a vida, fazendo com que, durante a leitura, sinta cansaço mental, fadiga nos olhos e acabe pegando no sono — supôs Juca.

Salomão, ciente de que estava falando com alguém esclarecido, novamente optou por encerrar o assunto para não evidenciar ainda mais a sua ignorância.

Laura ficou em repouso e, refletindo sobre o ocorrido, veio em sua mente a lembrança das palavras profetizadas por seu mentor Alaor: "Antes de nascer, o seu espírito assumiu um compromisso com o plano astral, e essa capacidade que você tem de perceber as manifestações espirituais é um instrumento maravilhoso que lhe foi dado para que você possa servir a seu semelhante como trabalhadora do bem".

Ela pôs-se a se questionar: "Que trabalho é esse que eu devo desenvolver? Será que estou fantasiando ou enlouqueci de vez?".

Novamente lhe veio à mente outra fala do mentor: "A finalidade da vida é nos levar ao desenvolvimento e fortalecimento de nossas competências".

Ao relembrar-se das afirmações que ouviu do mentor, Laura sentiu brotar no peito uma forte sensação de felicidade que a levou às lágrimas.

Juca agradeceu pelo café e levantou-se para ir embora. De pronto, Salomão pediu um instante, foi até o quarto e, de volta à sala com a mão no bolso, perguntou:

— Quanto é que eu devo pelo serviço do senhor?

— A mim você não deve absolutamente nada.

Alzira chamou a filha, agradeceram e despediram-se do médium.

No decorrer do tempo, Salomão continuou evitando manter aproximação com Juca, pois o trabalho do espiritualista lhe causava muita repulsa e medo. E havia alguma outra "coisa" que Salomão não saberia explicar. Não tinha a ver com Juca, diretamente. Ocorria que, toda vez que Salomão pensava no filho do médium próximo de Laura, sentia o peito oprimido, como se algo ruim, desagradável, fosse acontecer à sua filha.

Dias após a experiência de incorporação, Laura estava na cozinha preparando o café da manhã quando, de repente, teve a sensação de estar sendo observada por alguém. Para sua alegria, ouviu uma voz serena dizer:

— Filha, sou eu, o seu amigo Alaor. Lembra-se de mim?

Emocionada, Laura girou para trás e, pela primeira vez, sem ser por meio de sonho, ela viu a fisionomia de seu mentor espiritual. Como se estivessse conversando com alguém encarnado, ela disse:

— Agora eu acredito que você existe mesmo!

Nesse instante, Salomão entrou na cozinha e se deparou com a filha aparentemente conversando sozinha. Preocupado por vê-la dialogando com as paredes, ele ficou de longe acompanhando a conversa solitária de Laura, que, emocionada, dizia estar superando o medo de assumir a sua mediunidade.

Inconformado com a cena da filha falando sozinha, Salomão retornou à sala na ponta dos pés para que ela não percebesse a presença dele. Dirigiu-se a Oscar e comentou:

— Meu filho, o problema mental de sua irmã realmente é algo muito sério.

— Por que o senhor chegou a essa conclusão, pai?

— Acabei de ver uma cena lá na cozinha que me tirou a esperança de que a loucura da Laura tenha cura

— comentou Salomão, entristecido por não entender o que realmente se passava com a filha.

— E o que foi que o senhor viu?

— Para que você não diga que estou exagerando, vá até a cozinha e veja com os seus próprios olhos o que está acontecendo lá — sugeriu Salomão.

— O que o senhor viu, pai?

— Faça o que eu estou lhe dizendo. Vá até a cozinha e veja a que ponto chegou o estado de loucura de sua irmã.

Oscar entrou na cozinha pisando leve para que Laura não ouvisse os seus passos. Lá, encontrou a irmã aparentemente conversando sozinha. Assim como o pai, Oscar também não tinha a clarividência aberta para perceber a presença do espírito que estava conversando com Laura. Mas, ao chegar perto, sentiu um arrepio que subiu dos pés à cabeça e, ouvindo um pouco da conversa que Laura mantinha com o invisível, notou que a irmã não estava falando coisas delirantes como imaginava o incrédulo pai.

Evitando ser visto, Oscar, da mesma maneira que entrou, saiu da cozinha.

— Você viu, filho, como a cada dia que passa a sua irmã está ficando mais biruta das ideias? — questionou Salomão sussurrando.

— Depois do que aconteceu naquele dia, não duvido de mais nada. Nem vou mais julgar a Laura como louca — ponderou Oscar.

— Então me responda: com quem ela está falando?

— Isso eu não sei lhe dizer, pai. Mas aconteceu uma coisa muito curiosa quando cheguei perto dela. Senti um troço muito estranho, um arrepio que subiu pelo meu corpo todo.

— Era só essa que faltava, Oscar! Você acreditar nessas besteiras também e ficar falando com as paredes, dizendo que se comunica com presenças do Além. Isso é coisa de gente inocente — rebateu Salomão, decepcionado.

Oscar preferiu não retrucar a opinião do pai e, por respeito, ficou calado.

Enquanto isso, na cozinha, o mentor de Laura encerrou a visita dizendo:

— Filha, o grande dia de sua mudança de vida está chegando. Tenha coragem de entregar o seu coração. Diga sim. Você vai vencer. Conte comigo, pois estarei ao seu lado quando você precisar se inspirar nas decisões que terá de tomar de agora em diante.

Ao ouvir as palavras de apoio do mentor, Laura sentiu-se amparada. Passada a mensagem, o espírito se despediu e desapareceu. Laura, achando que estava sozinha, se questionou:

— Será que falo mesmo com espíritos ou tudo isso é fruto da minha imaginação?

— Não é fruto da imaginação. Você conversa com espíritos — interveio o mentor, que ainda estava ao seu lado.

Ela riu e seguiu para a sala com a bandeja na mão, levando o café. Salomão e Oscar serviram-se à vontade e, já saciados, foram trabalhar, sem mencionar que haviam presenciado o bate-papo da moça com o Além.

Dividindo as tarefas, Olívia foi tirar a mesa do café, Laura foi arrumar a casa e Alzira foi varrer o quintal. Laura abriu a janela do quarto e viu entrar uma linda borboleta que percorreu o quarto inteiro e depois saiu pela mesma janela.

Chegou a hora de preparar o almoço, e como as mulheres da casa faziam um rodízio nas atividades domésticas, naquele dia era a vez de Laura ir para a cozinha. Olívia e Alzira foram colocar outras coisas em ordem.

Laura estava separando os grãos de feijão para preparar o almoço quando escutou uma voz masculina chamando na porta. Ela foi atender e teve uma grande surpresa.

— Bom dia, moça! — disse o lindo rapaz, rindo da cara de espanto dela.

— Eu não acredito no que estou vendo. Isso só pode ser uma visão — falou Laura com a mão na boca, emocionada e com o coração batendo acelerado.

— Lembra-se de mim? — perguntou o visitante.

— Claro que sim, seu bobo. A minha reação não diz nada? — questionou ela, demonstrando estar contente com a agradável surpresa que estava recebendo.

— Então quem sou eu?

— Você é o Eduardo, filho de seu Juca.

— Pois é, sou eu mesmo! Estou de volta — anunciou o rapaz, sacando uma carta do bolso do paletó e a entregando para Laura.

— Estava na cidade e pediram para lhe entregar.

Laura apanhou a carta e sorriu. Eduardo perguntou com ar sisudo:

— Algum pretendente?

— Mesmo que fosse, não lhe devo satisfações — cortou ela, enquanto beijava mais uma carta recebida de sua amada amiga Dolores. Indagou: — Quando você chegou?

— Cheguei ontem.

— Pensei que você já estivesse casado com alguma mulher ciumenta da cidade e que ela não o deixava sair para vir visitar seu povo.

— Eu jamais me casaria com uma moça da cidade.

— Por que não? — perguntou Laura, fingindo que não tinha entendido a indireta.

— Por que eu sou um bicho do mato. Nasci para viver em meio à natureza. E, como diz o meu pai, matuto tem que se casar é com matuto mesmo.

— Talvez a sua alma gêmea seja uma moça culta — aventou Laura.

— A mulher da minha vida ficou aqui e eu decidi deixar a cidade antes de concluir os meus estudos porque finalmente entendi que a minha existência sem esse amor não faz sentido — contrapôs ele, declarando que ela era a causa de seu retorno.

Fingindo-se distante, Laura indagou:

— Será que essa pessoa está solteira depois de tanto tempo abandonada?

— Se ela tiver se casado eu vou roubá-la do marido — declarou Eduardo.

— E você não tem medo de morrer não, rapaz?

— Morrendo eu estava era de saudade dessa pessoa.

— Estava com saudade e ficou dez anos sem aparecer? — debochou ela.

Objetivando encurtar a conversa, Eduardo foi direto ao assunto:

— Laura, eu sei que você deve estar muito atarefada, que seu pai é uma pessoa muito sistemática e que eu não deveria ter vindo aqui procurá-la na ausência dele. Mas não vou tomar muito seu tempo, não. Na verdade, escolhi vir aqui na ausência de seu Salomão de caso pensado mesmo... — declarou ele, que prosseguiu com sua intenção: — Laura, preciso muito conversar com você sobre o nosso sonho que ficou para trás.

Arredia e valorizando-se, ela fechou a cara e rebateu:

— Eu não me recordo de ter abandonado nenhum sonho vivido com você.

— E o nosso namoro que foi interrompido? — indagou Eduardo, surpreso.

— Aquilo que houve entre nós não foi um namoro — cortou Laura.

— Eu admito que fiz a maior burrada da minha vida quando fui embora daqui sem conversar com você. Você não merecia isso — tentou se redimir Eduardo. — Eu tenho consciência de que foram dez anos sem procurá-la e de que qualquer coisa que eu diga para justificar a minha infeliz postura não fará sentido pra você. É que naquela época eu fiquei com tanta raiva da ameaça de seu pai que prometi a mim mesmo que nunca mais colocaria os meus pés aqui.

— Por que não cumpriu sua promessa? — perguntou ela, tentando provocá-lo.

— Não a cumpri porque qualquer promessa perde a validade quando descobrimos que amamos alguém. Longe do seu amor, eu entendi que não vale a pena manter uma palavra dita em um momento de raiva e revolta. Voltei para reparar o meu erro e quero lhe dizer que, embora eu tenha ficado tanto tempo ausente, você nunca saiu do meu pensamento, nem um dia sequer.

A irresistível declaração de amor feita por Eduardo quase em súplica era tudo que Laura sonhava ouvir daquele que um dia havia lhe abandonado. Porém, como o seu orgulho estava ferido pelo desprezo que sentiu durante os dez anos em que ficou deixada para trás, a moça, mesmo louca de vontade de se atirar nos braços de seu grande amor da infância, conteve o desejo ardente de seu fragilizado coração. Preferiu usar o truque feminino, mostrando-se indiferente e distante de qualquer possibilidade de reconciliação. Essa postura firme de Laura deixou claro para Eduardo o quanto ela estava ressentida com a falta de comprometimento dele. Cauteloso, ele foi estratégico deixando-a desabafar.

Expressando muito rancor, Laura disse:

— O que você fez quando foi embora, sem nem menos falar comigo, mostrou a importância que eu tinha em sua vida e o quanto você realmente me amava.

Nesse instante, Eduardo a interrompeu:

— Por favor, Laurinha, não diga isso. Eu era muito novo. Perdoe-me por minha atitude imatura.

Sentindo-se vingada, Laura prosseguiu:

— Pessoas covardes como você, que abandonam quem amam por medo de enfrentar os problemas, não merecem o perdão de quem fazem sofrer.

— Eu reconheço que fui mesmo um covarde. Só pensei em mim e fugi sem lutar por nós — admitiu ele.

— Agora é tarde demais para se arrepender — falou Laura, com desprezo.

— Você não pode fazer isso comigo.

— Eu posso sim. E por que não? Sou livre para escolher o que eu quiser para a minha vida. Tanto posso que nunca mais quero olhar na sua cara.

— Eu só voltei porque a minha vida sem você não faz sentido — insistiu ele.

— É muito difícil acreditar na sua palavra — retorquiu Laura, friamente.

Inconformado com a aparente rejeição da moça, Eduardo questionou:

— Será que você não percebe a loucura de amor que fiz por você? Eu abandonei os meus estudos para ficar ao seu lado.

— Essa é mais uma atitude imatura de sua parte. Onde já se viu abandonar os estudos por causa de alguém? Com mais esse passo precipitado, você mostra que ainda continua irresponsável. Uma pessoa que larga os seus projetos de vida não inspira confiança. Quem faz uma escolha dessa natureza se torna infeliz, no fim das contas se arrepende e acaba culpando a outra pessoa pela sua falta de realização — rebateu ela.

Eduardo estava determinado a reconquistá-la e, mais uma vez usando todo o seu charme, fitando-a, foi direto ao coração da irredutível moça:

— Sou uma pessoa de costumes simples e a vida na cidade é outra realidade. Nasci para viver em meio à natureza e não vou mais lutar contra isso. Tenho certeza de que fiz a escolha certa em voltar para perto de você. Quem age pelo coração sempre acha o caminho da felicidade. Creia em mim, Laurinha, eu te amo mais do que tudo nesta vida, querida.

— Se você realmente me amasse, pelo menos por carta teria dado provas do seu amor, se comunicando comigo — contrapôs ela, esquivando-se com ar de poderosa ao vê-lo se rebaixando aos seus pés.

Tentando prolongar a conversa, Eduardo fingiu que estava com sede:

— Você poderia me dar um copo de água?

Percebendo o seu truque, ela debochou de sua cara:

— Você comeu carne de sol muito salgada no café da manhã? Cuidado, meu querido, sal faz mal ao coração, sabia?

Eduardo se fez de desentendido com a ironia da amada:

— Poxa vida! É impressionante como a sua clarividência aflorou! Você continua adivinhando as coisas! Realmente a minha mãe fez uma mistura bastante salgada para servir no café da manhã de hoje.

Laura, demonstrando-se apressada, disse:

— Espere só um pouco que eu vou buscar a água e já volto.

Capítulo 9

Ao chegar à sala, Laura se deparou com a irmã, e Olívia, curiosa, perguntou:

— Quem estava chamando lá na porta e a deixou com essa cara de quem viu passarinho verde?

— Depois te falo — respondeu Laura, aguçando a curiosidade da irmã.

Olívia seguiu para o quarto, de onde viu pela janela quem era a visita e, assim como Laura, ficou de boca aberta.

— Meu Deus! É o Eduardo! Como ele está lindo! — disse ela, admirada.

Laura resolveu dar uma lição no rapaz para que ele soubesse com quem estava lidando e, de propósito, pegou o maior copo que tinha em casa e o levou cheio de água para Eduardo.

Mesmo não aguentando mais beber tanta água, Eduardo tomou tudo só para convencê-la de que realmente estava sedento. Segurando-se para não rir da cara dele, Laura perguntou com sarcasmo:

— Matou a sede ou quer mais um copo de água?

Optando pela verdade, Eduardo rendeu-se:

— Tudo bem, Laura, eu reconheço que nesse jogo você me venceu. Admito, eu não estava com sede coisa nenhuma.

Satisfeita por ele ter confessado o seu truque, Laura disse:

— Eu sabia, seu bobinho, que você não estava com sede.

— Sinto que na sua casa tem uma mulher pronta pra casar — comentou ele.

Rindo da indireta, Laura questionou:

— Você está seguindo os passos de seu pai? É clarividente também?

— Infelizmente não tive a mesma sorte que você e o meu pai tiveram de nascer com o dom da mediunidade — ponderou Eduardo, que prosseguiu: — Eu falei que em sua casa tem uma mulher pronta pra casar porque, desde que me entendo por gente, ouço a minha mãe dizer que, antes de juntar os trapos com uma mulher, o homem deve primeiro fazer uma visita surpresa à casa de sua escolhida para saber se a moça é organizada no quesito limpeza.

Irredutível aos galanteios do rapaz, Laura retorquiu a indireta:

— É mais fácil chover duas vezes no mesmo dia no sertão do que uma mulher honesta encontrar um homem que preste para um compromisso sério.

Surpreso com o desencanto de Laura a respeito dos homens, ele disse:

— Eu não acredito que uma moça jovem como você já esteja tão decepcionada com os homens desse jeito, menina!

Foi com melancolia na voz que Laura se defendeu:

— Estou falando alguma mentira?

— Você não acha que está sendo radical demais, não? — rebateu ele.

— Eu sou uma pessoa muito observadora e, analisando o comportamento masculino, cheguei à conclusão de que a cada dia os homens estão caminhando para mais longe da maturidade espiritual — enfatizou Laura.

Desejando encerrar a conversa por ora, Eduardo disse:

— Acho que já tomei o seu tempo demais e não quero que o seu Salomão chegue aqui e me flagre plantado na porta paquerando a filha dele.

— É melhor mesmo que você suma daqui antes que o meu pai apareça e o ponha pra correr com chumbo quente no lombo.

Embora Eduardo estivesse se sentindo desconfortável após ouvir aquele aviso ameaçador, ainda insistiu em reconquistá-la, propondo:

— Podemos marcar um encontro para conversar, em outro dia e em algum lugar onde possamos ficar mais à vontade?

Fingindo impaciência, Laura respondeu:

— Eduardo, por favor, nem insista mais em me procurar. Vindo aqui me importunar, você só vai perder o seu tempo. Siga a sua vida e me deixe em paz para viver a minha também.

Inconformado, Eduardo contrapôs:

— Você só está me rejeitando porque está com raiva do meu erro. Mas não adianta tentar esconder o que sente por mim, não. Eu vejo claramente nos seus olhos que você me ama. E uma coisa eu quero que você saiba... Eu não vou desistir de reconquistar você por nada neste mundo.

Laura sentiu o coração arder de prazer ao ouvir aquela declaração de amor. Mas, decidida a manter distância por um tempo, de maneira enfática perguntou:

— Eduardo, qual é a parte do *não* que você não entendeu?

— Você não pode deixar o ódio mandar no coração desse jeito — insistiu ele.

— Olha quem me julga! E você não deixou o orgulho mandar no seu coração por dez anos? — rebateu Laura.

— Deixei sim. Mas descobri que guardar mágoa não leva ninguém à felicidade e, por isso, decidi não obedecer mais aos caprichos do meu ego e acatar só o que pede o meu coração.

— Bom para você, que agora se tornou um homem consciente de seus atos. Parabéns pela sua nova conduta — disse ela, irônica.

— Será que você não percebe que a gente se ama? — tornou a insistir o rapaz.

Laura contrapôs:

— Não tem o direito de falar assim. Fale apenas por você. Quem sabe dos meus sentimentos sou eu.

Desconcertado, Eduardo se despediu e foi embora. Laura voltou para dentro de casa com a alma lavada por ter se vingado daquele que a fizera sofrer por dez anos. Sentindo-se no comando da situação, ela retomou seus afazeres rindo muito, relembrando a cara de frustração de Eduardo. Iria ler a carta de Dolores, mas estava tão envolvida com a visita de Eduardo que resolveu deixar a leitura para depois.

Olívia viu quando Laura depositou o envelope sobre a cômoda.

— Mais uma cartinha da amiguinha lá de São Luís? — indagou com desdém.

Laura não percebeu o tom de inveja.

— Sim. Dolores e eu nunca vamos perder contato.

— Ela era amiga da mãe.

— Pois é. Com o passar dos anos, percebemos que temos muita afinidade.

— Sem se encontrarem? Estranho...

— Não precisamos nos ver para expressar nosso carinho. A amizade pode ser vivida de várias formas. Dolores é uma grande amiga. Tem me passado ensinamentos, dicas, orientações... É como se fosse uma segunda mãe. Uma madrinha!

Olívia mordeu o lábio inferior para não gritar de ódio. Conteve-se.

Quando Alzira se deparou com Laura rindo sozinha, inquiriu:

— O que aconteceu que deixou você tão feliz de um instante para o outro?

— Sabe o Eduardo, filho de seu Juca?

— Aquele seu namoradinho de infância?

— Sim, mãe. O dito-cujo apareceu depois de tanto tempo sumido.

— Já deve estar um homem! — ajuntou Alzira.

— E muito lindo, por sinal! — declarou Laura, rindo gostosamente.

— Que piada tão engraçada ele lhe contou?

— Estou rindo porque o bonitão foi mais um galanteador que eu dispensei fingindo que ele não faz o meu tipo.

— Agindo assim, filha, você vai acabar é ficando pra titia.

Laura não parava de rir, relembrando a cara de decepcionado de Eduardo. Olívia, ouvindo tudo, enciumada, deixou a mãe e a irmã conversando e saiu.

— O que você sentiu quando se deparou com ele? — sondou a mãe.

Com meiguice no jeito de falar, Laura respondeu:

— Ah, mãe, eu não vou mentir pra senhora. No momento em que vi aquele sorriso lindo dele, senti uma vontade quase incontrolável de me atirar em seus braços e beijá-lo para matar a saudade desses dez anos que fiquei longe dele.

Alzira, já emocionada e envolvida com a alegria da filha, perguntou:

— Você gosta mesmo do filho de seu Juca, não é?

Laura não segurou a emoção e, chorando, confessou:

— Sim, mãe. Gosto muito do Eduardo. Mas é muito mesmo. O que existe entre nós só pode ser coisa de outras vidas. Porque desde que o vi pela primeira vez, mesmo ainda sendo muito nova, senti algo especial desabrochando em meu coração. É um sentimento ardente, que me trouxe naquele exato instante a sensação de estar vivendo um reencontro espiritual.

— Será que ele sente a mesma coisa, filha?

— Eu creio que sim, mãe. Mas aquela ameaça que o meu pai fez quando descobriu que estávamos apaixonados, quando ainda éramos adolescentes, o deixou muito magoado.

— E você acha que ele voltará a procurá-la?

— É claro que sim, mãe — apostou Laura, confiante.

— Então, aguarde. Se ele realmente estiver desejando um compromisso sério com você, enfrentará qualquer obstáculo para ficar ao seu lado, porque o amor tem o poder de nos fazer ultrapassar barreiras aparentemente intransponíveis — falou Alzira, do alto de sua experiência de vida.

— E disso a senhora entende muito bem, não é mesmo, mãe? O amor abre todas as portas, concorda comigo?

— É verdade, filha. Concordo plenamente. O amor realmente é a coisa mais sublime entre duas pessoas.

— Que bom que a senhora e o meu pai encararam os desafios que a vida apresentou, lutaram pelo amor de vocês e venceram.

— Mas não foi nada fácil, minha filha — disse Alzira, com um olhar distante, recordando-se de seu tempo de namoro, que não era aceito pelos seus pais.

— E o que a senhora tirou de lição da escolha que fez?

— Embora o seu pai seja uma pessoa muito difícil de conviver por causa do jeitão bruto e machista dele, eu tenho muito orgulho da atitude que tomei quando decidi, contra tudo e contra todos, assumir as rédeas da minha vida, me casando com o homem que eu amava ainda no desabrochar da juventude.

Laura, vendo que a mãe estava longe em pensamento, perguntou:

— Fiz a senhora relembrar algum acontecimento marcante?

Alzira foi tomada por um sentimento nostálgico e disse:

— Fez sim, filha. E é esse tipo de lembrança que faz a gente se sentir viva! Porque nós, mulheres, somos muito românticas e sonhadoras. Nessa questão de relacionamento, passamos a maior parte de nosso tempo fora da realidade, viajando em pensamento, buscando a felicidade no passado ou sonhando com um futuro que nunca alcançamos. Às vezes temos dez pares de sapatos em casa, mas só amamos aquele que ainda não temos em nossos pés.

— A senhora disse uma grande verdade sobre nós, mulheres. É bem assim mesmo que somos. Eu reconheço e assino embaixo. Estamos sempre insatisfeitas com o que temos. No entanto, a vida vivida só na realidade é muito dura com as nossas vontades, não é mesmo? — disse Laura, se divertindo com a própria observação.

— Concordo plenamente com você, filha. Nós, mulheres, deveríamos ser mais práticas, como os homens, que vão direto ao que desejam, sem fantasiar.

— Isso é impossível de acontecer, mãe. Pois nós temos uma natureza totalmente diferente da do homem. E é exatamente essa diferença que dá o tempero entre as distintas classes.

— Você está corretíssima. Se fôssemos iguais aos homens, as relações seriam monótonas.

As duas prosseguiram conversando, enquanto Laura preparava o almoço. Em dado momento, Alzira disse:

— Voltando ao assunto do seu namoradinho de infância... A Olívia viu quando ele esteve aqui em casa?

— Viu sim, mãe. Por quê?

— Espero que ela não conte para o seu pai que o Eduardo se aproveitou da ausência dele para se aproximar de você, porque, sistemático como é o Salomão, se a Olívia lhe der essa informação de maneira maldosa, como ela sabe muito bem fazer, isso vai gerar uma confusão dos diabos aqui dentro de casa.

— Bem pensado, mãe. Foi bom a senhora ter me alertado disso. Eu vou já conversar com a Olívia antes que ela destile o seu veneno plantando maldades na cabeça do papai — disse Laura, indo ao encontro da irmã.

— Faça isso mesmo, filha.

Laura procurou a irmã pela casa toda, mas não a encontrou. Preocupada, ela voltou à cozinha e anunciou:

— Mãe, a Olívia não está em casa. Com certeza aquela linguaruda está aprontando alguma coisa. Conhecendo a irmã que tenho, posso lhe garantir que ela foi até o trabalho do papai encher a cabeça dele de maldade.

Alzira, imaginando a bomba que iria estourar, pôs a mão na cabeça e disse:

— Se a Olívia tiver dado com a língua nos dentes, revelando para o seu pai que o Eduardo esteve aqui de papinho com você na ausência dele, só Deus pode nos livrar de mais uma confusão. Aflitas, as duas foram para o quarto rezar.

Eduardo chegou em casa desnorteado por conta da negativa que levara de Laura. Entrou na sala e passou por Nadir quase a atropelando. Nadir, naturalmente preocupada, inquiriu:

— Ué, que cara é essa, meu filho? Que bicho mordeu você, menino?

— Nada, mamãe. Deixe-me em paz — respondeu ele, seguindo para o quarto da irmã.

Rosana, ao vê-lo entrar desanimado, perguntou:

— O que aconteceu, Dudu? Você saiu daqui cheio de sonhos e planos e voltou com essa cara triste de quem recebeu um balde de água fria?

— Você nem imagina o chega-pra-lá que eu levei da Laura.

Rosana, puxando o seu sotaque nordestino, falou:

— Não fique com essa carinha de bezerro desmamado, não. Venha cá comigo. Venha. Vamos conversar um bocadinho sobre isso.

Sentaram-se na cama e segredaram:

— Como foi o reencontro de vocês? — perguntou Rosana, com interesse.

— No início, a Laura até pareceu contente com o meu retorno. Eu notei um brilho especial nos olhos dela quando me viu. Ela ficou de boca aberta quando abriu a porta e se deparou comigo plantado na sua frente.

Mas, quando revelei que havia voltado para reatar a nossa história de amor, ela disse que não tinha nada para conversar comigo e pediu que eu não insistisse — tornou ele, deprimido.

— E você acreditou na palavra dela, seu bobinho?

— É claro que acreditei. E por que não acreditaria?

Rosana pegou no queixo do irmão, levantando o rosto triste dele, e disse:

— Meu querido, eu vou lhe revelar um segredinho feminino...

— O quê?

— Vocês, homens, precisam entender que, muitas vezes, quando a mulher diz *não*, ao mesmo tempo o seu coração está gritando *sim* por aquilo que ela nega.

— Pois eu lhe digo uma coisa, minha irmã, se o comportamento de Laura foi encenação, ela finge muito bem, viu?

Rosana, certa de que Laura havia usado de artimanha, disse:

— Garanto a você que ela estava testando as suas intenções. Ainda mais depois de ter sofrido dez anos de desprezo. Esse é um velho truque que a mulher usa para descobrir até onde vai a coragem do homem — ajuntou Rosana, divertindo-se com a inexperiência do irmão.

Eduardo, confuso com os mistérios da alma feminina, questionou:

— Então quer dizer que a mulher intimamente deseja conquistar um homem e, quando ela tem a chance de realizar a sua vontade, simplesmente finge que não está interessada só para ter o cidadão se arrastando aos seus pés?

— Sim, bobinho — respondeu Rosana, rindo.

— Eu não creio que você faça isso também.

— É aí que você se engana, meu irmão. Esse é um comportamento da mulher que, ao contrário do homem, que usa a força para se estabelecer, recorre à sedução para dominar. A mulher tem uma forte intuição e sabe, mesmo sem ninguém ter lhe ensinado, que quanto mais ela se valoriza mais o homem lhe dá valor. É claro que em toda regra há exceção. Existe também a mulher fácil, que é aquela com autoestima baixa, que se esquece de seu valor e vira um objeto descartável na mão daqueles que ignoram os seus sentimentos, usam o seu corpo e depois a jogam fora como um pano de chão sujo e pisado.

— Sei...

— Veja como a Laura agiu certo... Objetivando atrair a sua atenção e trazê-lo de volta para os braços dela, mesmo o amando, ela nunca foi procurá-lo. Resultado: dez anos depois você reaparece dizendo que descobriu o valor dela e decidido a enfrentar tudo e todos para ficar ao seu lado — observou a irmã.

Eduardo estava chocado com aquela revelação:

— E como eu devo agir para virar o jogo?

— Deixe comigo que amanhã eu vou amansar essa cabritinha para você. Vou conversar com ela e marcar um encontro entre vocês.

— Se você fizer isso por mim, serei eternamente grato.

— Pode ficar sossegado que ela atenderá o meu pedido.

— Jura que você fará este favor para o seu mano?

— Fique tranquilo — devolveu Rosana, encerrando a conversa.

Capítulo 10

Salomão e Oscar estavam dando duro no trabalho quando avistaram Olívia chegando para avisá-los de que o almoço, enfim, estava pronto.

— Pai, o senhor sabe que eu detesto fofoca, mas o almoço atrasou porque chegou uma visitinha lá em casa e atrapalhou o trabalho da Laura, que hoje era a responsável pela cozinha — informou Olívia, salivando veneno.

— E quem foi o vagabundo que achou de fazer visita no meio da semana e em pleno horário de trabalho? — interveio Oscar, irritado.

— Foi o Eduardo, filho do seu Juca, que voltou da cidade atrás da Laura.

— O que o filho do macumbeiro queria? — indagou Salomão, incomodado.

— Escutei ele dizendo para a Laura que só voltou porque não conseguia mais viver longe da alma gêmea dele, a Laura, o seu amor de infância.

— E onde estava a sua mãe, que não colocou aquele traste para correr da porta de nossa casa? — perguntou Salomão, bufando de raiva.

— A mamãe não viu nada do que aconteceu, pai.

— Como não viu nada, se a obrigação dela como mãe é zelar pela honra das filhas? Onde estava a Alzira quando isso aconteceu? — questionou Salomão.

— A mamãe estava no quintal quando chegou alguém chamando na porta. A Laura foi atender e, ao reencontrar o seu príncipe encantado, se esqueceu de suas obrigações e ficou batendo papo na porta de casa feito uma rapariga desocupada. Então, fui atrás para saber quem era a visita e, para minha surpresa, encontrei os dois pombinhos dando gargalhadas escandalosas.

Furioso, Salomão imediatamente seguiu para casa determinado a dar uma bronca na esposa por sua falta de atenção para com a honra da filha.

Oscar tentou acalmar o pai, contudo, Salomão estava dominado pela raiva. Olívia maldosamente sabia como provocar ódio no pai, fazendo com que ele se comportasse exatamente como ela queria que agisse: agressivamente.

Quando Alzira viu o esposo entrar com cara de bravo, pensou: “Mais uma batalha que terei de enfrentar”.

Revoltado, Salomão interrogou a esposa:

— O que aconteceu aqui na minha ausência, Alzira?

— Não aconteceu nada, Salomão.

— Cadê a Laura?

— Ela não estava se sentindo bem e foi descansar um pouco.

— E você acha que eu vou acreditar nessa mentira?

— Então vá até o quarto dela e confira — disse Alzira, olhando irada para Olívia.

A filha caçula, satisfeita com a confusão, baixou a cabeça para que a mãe não visse seu rosto corado de prazer por mais uma vez vingar-se dela e da irmã, que a tinham rejeitado desde pequena, sabe Deus por qual motivo.

No quarto, Laura rezava, pedindo a intercessão dos amigos espirituais. Enquanto isso, Salomão queria explicações da esposa:

— Que negócio é esse, Alzira, de você, na minha ausência, permitir que a Laura receba o filho do macumbeiro aqui em casa?

— A Olívia foi maldosa colocando minhoca na sua cabeça. Não houve nada de errado aqui durante a sua ausência, meu bem.

— Não seja falsa, me chamando de meu bem. A verdade é que você e a Laura não gostam da Olívia só porque ela não é fingida como vocês. Na minha presença, falam com mansidão na voz, se passando por pessoas verdadeiras, mas estão sempre me apunhalando pelas costas.

— Eu e a Laura não somos pessoas fingidas. Apenas aprendemos a nos relacionar de maneira harmoniosa com as pessoas que pensam diferente de nós — defendeu-se Alzira.

— Vocês não me enganam mais. Eu sinto que você rejeita a Olívia desde que ela nasceu — disse Salomão com a voz alterada e com um olhar julgador.

— Essa é uma acusação incabível que você está levantando contra mim. Isso que disse não tem o menor fundamento. Eu amo todos os meus filhos da mesma maneira — declarou Alzira.

Olívia interveio:

— Fala logo a verdade, mãe. O que o meu pai falou é a mais pura realidade. A senhora só gosta mesmo é da Laura. Desde que eu me entendo por gente, nunca vi a senhora se dirigindo a mim com o mesmo carinho que dispensa a Laura.

— Eu não vou negar que tenho mesmo mais afinidade com a Laura, Olívia. Mas isso não quer dizer que eu não te amo da mesma maneira. Pare com esse drama de pessoa carente e dependente, minha filha. O meu amor de mãe é igual para com todos os meus filhos.

— O senhor percebeu, pai, que nas entrelinhas das palavras da mamãe há, sim, algo oculto que contradiz o que ela fala da boca pra fora?

— Percebi sim, minha filha. Infelizmente você terá de aprender a lidar com esse sentimento de rejeição. Entretanto, não vamos debater esse assunto agora. O que me interessa neste momento é saber o que aprontou aqui na minha ausência o filhote de frango da macumba — bradou ele.

— Por que essa tempestade toda, meu Deus do céu? O rapaz nem pôs o pé dentro da nossa casa! — exclamou Alzira.

— E ai dele se tivesse invadido a intimidade do meu lar.

Laura surgiu na porta do quarto e, com sarcasmo, perguntou para a irmã:

— Você está satisfeita, Olívia, com os momentos de harmonia que o seu coração bondoso sempre promove entre seus familiares?

Quando Olívia viu a irmã toda arrumada, ironizou:

— Nossa! O amor realmente transforma as pessoas! Veja a elegância da Laura, pai. Antes de o príncipe encantado reaparecer, ela quase nem se arrumava, e agora, de um instante para o outro, já está toda perfumada, com o cabelo penteado... Aconteceu um milagre, minha irmãzinha? — cutucou Olívia.

Laura mordeu os lábios de raiva ao ouvir a provocação da irmã. Salomão interrogou:

— É verdade que o filho do macumbeiro teve a petulância de aparecer aqui na minha ausência para galantear você?

— Ele esteve aqui sim, pai — confessou Laura, um tanto quanto sem vontade.

— Pois, se aquele projeto de homem vier aqui mais uma vez, eu darei a ele uma boa lição para que aprenda a respeitar o meu bigode — avisou Salomão.

Nesse instante, o mentor espiritual de Laura se aproximou dela e disse:

— Diga que você não tem interesse em se relacionar com o rapaz.

Ela acatou a orientação de seu guia e declarou:

— Pai, eu não tenho o menor interesse em namorar o Eduardo. Aliás, jamais vou me envolver com alguém que não seja de seu agrado — garantiu ela, fazendo com que o pai pensasse que ele tinha vencido a batalha.

Salomão deu-se por satisfeito e foi lavar as mãos para almoçar.

Naquela noite, Laura não conseguiu conciliar o sono, ficou até altas horas da madrugada virando-se na cama e imaginando-se nos braços de seu amado. Aproveitou a insônia e escreveu uma longa carta para Dolores, relatando o que sentia por Eduardo. Ao terminar de escrever, sentiu-se mais calma e adormeceu.

Na manhã seguinte, Rosana a procurou e marcaram o encontro. Ao receber a boa notícia, Eduardo agarrou a irmã e rodopiou com ela nos braços comemorando, deu-lhe um carinhoso beijo no rosto e falou:

— Você é a melhor irmã do mundo! Eu não conhecia esse seu lado cupido.

Contente com a alegria do irmão, Rosana disse:

— A minha parte eu já fiz, agora o resto é com você.

Eduardo novamente abraçou a irmã, expressando a sua gratidão pela força que recebera dela. Determinado a conquistar o coração de Laura, passou o dia ensaiando o que iria falar quando estivesse diante de sua amada no fim da tarde.

Antes do horário combinado, ansiosamente o apaixonado já estava no local do encontro aguardando a chegada da desejada moça. Inquieto e com os lábios sedentos de desejo por um beijo de sua amada, Eduardo caminhava de um lado para o outro e, a todo instante, lançava um olhar na direção da curva da estrada de onde Laura iria surgir. Mas, frustrando a sua expectativa, passadas mais de duas horas do horário combinado, nada de Laura aparecer. Desencantado, Eduardo se questionava:

— Será que confundi o horário do encontro? Ou será que ela desistiu de vir?

Entristecido, ele resolveu deixar o local. Porém, após dar alguns passos, olhou mais uma vez na direção da estrada e não acreditou no que viu surgindo ao longe. Era Laura que vinha a passos rápidos, com seus cabelos longos soltos ao vento e acenando com a mão, pedindo que ele esperasse. Eduardo sentiu-se premiado ao vê-la se aproximando. Quando Laura chegou perto, ele foi ao seu encontro e rapidamente disse:

— Pensei que você tivesse desistido de vir ao nosso encontro.

— Perdoe-me pela demora. É que foi uma tarefa muito difícil me livrar do olhar vigilante da minha irmã, que segue os meus passos a todo instante — explicou Laura, ofegante.

— Sinto que nosso encontro não poderá ser demorado — observou Eduardo.

— Ainda bem que você já entendeu a minha situação.

Naquele tempo, o primeiro beijo só acontecia depois que os pais da donzela consentiam o namoro. Respeitando essa regra, Eduardo tomou as mãos da moça, levou-as aos lábios, beijou-as delicadamente e, olhando-a com amor, disse:

— Minha querida, nós já perdemos tempo demais por causa de seu pai. A partir de agora, se depender de mim, nada mais vai nos separar.

Diante do olhar penetrante de Eduardo declarando o seu amor, Laura sentiu o coração batendo acelerado, um fogo subir intimamente e o fôlego encurtar. Definitivamente, Eduardo havia reconquistado a sua confiança.

— A única coisa que me interessa agora é saber... Você quer ficar comigo?

Envolvida, ela baixou a cabeça em silêncio por um instante, depois levantou o rosto com os olhos cheios de lágrimas e respondeu:

— Tudo que eu mais quero é ficar ao seu lado para sempre. Mas existe uma barreira entre nós que não sei como vamos superar.

— Qual é o obstáculo? — perguntou ele, já sabendo a resposta.

— O problema é o meu pai. Ele é tão preconceituoso que, mesmo tendo sido beneficiado pelo trabalho mediúnico de seu pai, continua odiando as práticas espirituais que o seu Juca desenvolve e, por isso, jamais vai permitir que as nossas famílias se misturem.

— E você vai deixar de ser feliz por causa dos preconceitos de seu pai? Você vai anular as suas escolhas para viver as vontades dele? Você conhece alguma pessoa que foi feliz agindo contra o próprio coração?

Aquelas indagações enfáticas de Eduardo tocaram fundo na alma de Laura. Ele, inconformado com a sua submissão, prosseguiu:

— Acorde para a vida, Laura. Eu não creio que você vai viver para sempre de cabeça baixa, dizendo sim para tudo que o seu pai deseja e fazendo só o que ele quer.

Ficou uma longa pausa na conversa.

Laura refletiu, porém em sua mente não surgiram respostas para os questionamentos de Eduardo, que continuou indagando:

— Será que o seu Salomão não entende que a gente nasceu um para o outro?

Laura novamente tentou encontrar argumento, mas diante do olhar penetrante de Eduardo, seu coração batia acelerado, seu corpo queimava de desejo e a vontade de se entregar já estava vencendo a sua postura de moça difícil.

Decidido a conquistá-la de uma vez por todas, Eduardo lhe deu um apertado abraço para que ela sentisse a chama intensa que ardia em seu corpo também.

Quando Laura encostou o corpo no rapaz, sentiu um calor repentino tomando conta de todo o seu ser. Para que Eduardo não pensasse que ela era uma mulher fácil, distanciou-se dele por um instante e, fingindo-se irritada com a ousadia dele, disse em tom bravo:

— Ei, rapaz, você está sendo muito abusado comigo. Vá com calma. Trate-me com mais respeito e delicadeza. Com que tipo de mulher você pensa que está lidando, hein? Eu não dei liberdade para você se esfregar em mim desse jeito não, viu?

Desconcertado, Eduardo defendeu-se da bronca:

— Calma, Laura. Eu apenas a abracei. Não consigo mais conter o desejo de ter você nos meus braços.

Embora estivesse louca de vontade de ser agarrada, beijada e acariciada sem pudor, Laura manteve sua postura. Afastou-se dele um pouco mais e disse:

— Eu sei quais são as suas intenções, meu querido. Acho melhor você não ter tanta pressa assim! Espere eu pedir o consentimento dos meus pais primeiro.

Eduardo novamente pegou em suas mãos, mas ela, percebendo seu jogo de sedução, outra vez esquivou-se, negando o contato físico:

— Agora não, Eduardo. No momento certo nós teremos o que desejamos um do outro. Vou pedir à minha mãe que converse com o meu pai sobre nosso interesse. Porém, já posso até imaginar qual será a reação dele quando souber que estamos querendo o consentimento dele para namorar.

— O bicho vai ficar tão bravo que irá soltar fogo pelas ventas.

— Confio na lábia da minha mãe. Ela saberá como amansar a fera e, com certeza, marcará um encontro lá em casa pra você ir me pedir em namoro.

Eduardo fez cara de homem destemido, mas sentiu um frio na barriga só de se imaginar pedindo para namorar Laura diante do bravo pai dela.

Fingindo-se irritada com a ousadia do rapaz, Laura ordenou:

— Agora, solte as minhas mãos porque eu preciso ir embora daqui antes que a minha irmã venha no meu rastro, igual a um cão farejador, e encontre a gente.

Diante do comportamento arisco da moça, Eduardo entendeu que a melhor atitude seria não insistir em agarrá-la para não assustá-la. Então, contra a própria vontade, ele soltou as mãos dela lentamente. Assim que se viu livre, ela deixou o local do encontro a passos rápidos.

A encantadora moça, antes de sumir na curva da estradinha, parou por um instante, olhou para trás e acenou com a mão, pedindo-lhe que tivesse calma. Eduardo deu um sorriso de menino levado e consentiu. Laura jogou um beijo como recompensa e ele pulou no ar para pegá-lo.

Divertindo-se com a cena, ela disse a si mesma:

— É impressionante como esse danado sabe me cativar!

Quando Laura chegou em casa, Alzira logo notou algo diferente em seu olhar e, preocupada, chamou a filha para uma conversa em particular. Como sempre faziam, as duas seguiram até o quarto e, sentadas na cama, a mãe indagou:

— Filha, o que está acontecendo com você?

Laura fez um charminho e respondeu:

— Não está acontecendo nada comigo, mãe.

— Como não está acontecendo nada, menina?

— É que eu estou nos meus dias cíclicos e a senhora sabe que, nesse período de alteração íntima, a gente fica com a alma abalada — mentiu ela.

— Minha filha, eu sou experiente. Nem venha com essa desculpa achando que vai me enganar.

— Juro por Deus que estou falando a verdade, minha mãe.

— Filha, não use Deus para sustentar as suas mentiras. Fale logo o que está acontecendo com você.

— Fique despreocupada, mãezinha, está tudo bem comigo, já lhe disse.

— Filha, eu não vou deixá-la sossegada enquanto não me contar o verdadeiro motivo que a deixou com essa cara de quem viu passarinho verde.

— Acredite em mim, minha mãe. Está tudo ótimo, não insista com esse interrogatório. Pare de me amolar com essa investigação. Que coisa, meu Deus do céu! — disse Laura, fingindo-se irritada.

— Vamos, menina. Deixe de segredo, se abra comigo. Você sabe muito bem que pode confiar em mim e que entre nós não há segredos — afirmou Alzira, criando laços de cumplicidade com a filha.

Vendo que não tinha outra saída, Laura disse:

— Eu sei que posso contar com a senhora, mãezinha. Não se preocupe, não, eu estou bem.

— Filha, você não vai me convencer de que tudo está bem com você. Eu sinto que algo a está deixando aflita. Vamos, desembuche logo!

— Está bem, eu vou falar! Preciso mesmo abrir esse meu coraçãozinho apaixonado.

— Por mais que alguém tente me esconder alguma coisa, a minha intuição não me deixa enganar — falou Alzira, gabando-se de sua percepção apurada.

— Nem sei por onde começo — disse Laura, meio sem graça.

— Fale logo, criatura! — a ansiedade era nítida no rosto da mãe. — Pare de fazer charminho.

Laura tomou coragem e abriu o jogo:

— Eu até que tentei resistir, mas não teve jeito... A coisa foi esquentando e aconteceu algo comigo e com o Eduardo que o meu pai não vai aceitar.

— Filha, pelo amor de Deus, não vai me dizer que o Eduardo...

Antes que Alzira completasse, Laura, com os olhos brilhando, interveio:

— Sim, mãe, o Eduardo conseguiu mexer comigo de um jeito que nenhum outro homem conseguiu até hoje. Depois disso, nunca mais voltei das estrelas para onde ele me levou.

Chocada, Alzira gelou quando escutou a expressão “mexeu comigo” e, já imaginando o que teria acontecido com a filha, algo jamais permitido para uma jovem solteira de seu tempo, indagou, preocupada:

— Laura, não venha me dizer que aquele abusado do Eduardo fez com você o que eu estou pensando... antes do casamento.

Laura nem teve tempo de responder e Alzira disparou:

— Você quer me matar de desgosto, menina?

— Calma, mãe! — pediu Laura, esperando uma pausa para se explicar melhor.

— Como vou ficar calma depois de uma notícia dessas?

— Na verdade, não é bem isso que a senhora está pensando não, mãe. Quando eu disse que ele mexeu comigo, foi só em meu coração e não em minha pureza. Isso só depois do casamento — esclareceu Laura.

— Ai, meu pai do céu, que susto que você me deu — disse Alzira, aliviada e com as mãos trêmulas de tanto pavor que sentiu.

Alzira, ainda nervosa, mostrou as mãos trêmulas para a filha e disse:

— Veja o estado em que você me deixou, minha filha.

Laura se divertiu com a cara de assustada da mãe, que continuou:

— Nem quero pensar numa desgraça dessas, Laura. Se o Eduardo tivesse tirado a sua pureza, o seu pai acabaria com a vida dele em praça pública para lavar a honra da família desrespeitada. Mesmo você já sendo uma mulher pronta para se casar e seguir a sua vida, para o seu pai você ainda é uma menininha pura e indefesa.

— Indefesa eu não sou, mãe. Mas pura, sim. E vou continuar intacta até o dia do meu casamento.

— Acho bom mesmo você pensar e agir assim, porque não sabe o preço que é cobrado de quem decide viver fora dessa regra.

— A senhora pode ficar tranquila quanto a isso — garantiu Laura.

Capítulo 11

Na manhã seguinte, Alzira, preocupada com o fogo da juventude, chamou a filha para conversar e indagou:

— Laura, você e o Eduardo já se envolveram como namorados?

— Infelizmente, ainda não — respondeu ela, jogando os cabelos para trás. — Contudo, sinto-me preparada para algo sério, pois sei que o destino da mulher é se casar jovem!

— Concordo com você que o curso natural da vida da mulher seja assumir as responsabilidades de um lar ainda cedo — disse Alzira, disfarçando o seu apego.

— Eu sei que o meu pai tem uma mente atrasada e que vive no passado, sem querer acompanhar a evolução do mundo. Porém, está chegando a hora de ele entender que os filhos crescem e se casam. Querendo ou não, os pais terão de aceitar que todos deixarão o ninho da família para cuidar de seus próprios interesses.

Com essa declaração da filha, Alzira sentiu um nó na garganta só de imaginar um dia ter que se acostumar a viver longe dos filhos.

— Eu sei que não devemos julgar todas as pessoas como iguais, mas lembre-se de que esse rapaz já experimentou o gosto da liberdade vivendo na cidade grande, onde o homem de mente moderna não quer nada sério com uma mulher. O homem de hoje se aproxima com falsas promessas, satisfaz seus desejos promíscuos e depois descarta aquelas ingênuas que caem em sua conversa. Por isso, eu a aconselho a, antes de se envolver com o Eduardo, agir com cautela para conhecer melhor o caráter e os interesses dele. Porque o homem, quando consegue conquistar o coração de uma mulher com muita facilidade, acaba não a valorizando.

— Mãe, eu já me sinto pronta para cuidar da minha própria vida, assim como a senhora fez ainda cedo, e posso lhe garantir uma coisa: com os segredinhos que eu aprendi observando a sua relação com o meu pai, eu vou fazer o Eduardo comer aqui na palma da minha mão.

Alzira, resistindo a essa possibilidade, retrucou:

— As coisas não são bem assim como você está pensando, filha. O comportamento das pessoas hoje é muito diferente de antigamente. O jovem moderno não tem limites e faz tudo que lhe vem à cabeça sem medir as consequências de seus atos.

Laura interveio no discurso da mãe:

— Antes que a senhora repita pela milésima vez a sua sofrida história de amor, eu já quero avisar que, se o meu pai tentar me impedir de viver a escolha do meu coração, farei o mesmo que a senhora fez para ficar ao lado de quem eu amo.

Alzira refletiu e concluiu que o seu relacionamento com Salomão foi uma experiência muito turbulenta por causa da postura machista do marido, mas, por amá-lo muito, valeu a pena tudo por que passou. Acuada após essa reflexão, disse:

— Tudo bem, filha, se é isso o que você realmente quer... E, eu só peço que você tenha um pouco de paciência até eu encontrar o momento certo de conversar com o seu pai sobre a sua decisão de namorar o Eduardo.

Mas é bom que você saiba que não será uma tarefa fácil convencer o Salomão a concordar com o relacionamento de vocês.

— Será que o meu pai vai precisar passar pela mesma experiência que os pais da senhora passaram para entender que eu não nasci para viver as escolhas dele? — questionou Laura, deixando claro que fugiria de casa como a mãe fizera.

Alzira ficou pensativa por um instante e ponderou:

— Você tem que lembrar que o seu pai é uma pessoa muito preconceituosa e, quando souber que você e o Eduardo voltaram a se relacionar, vai preferir morrer crucificado a aceitar o namoro de vocês.

— Eu sinto muito se para o meu pai é preferível morrer na cruz a aceitar a minha felicidade... Que ele se prepare logo para sentir a dor dos pregos perfurando a inflexibilidade dele, porque eu não vou deixar de buscar a minha realização só para agradar a seus caprichos preconceituosos — declarou Laura, determinada.

— Calma, filha, tudo tem o momento certo para acontecer.

— Conhecendo o meu pai, eu até já sei qual será a reação dele. Vai gritar com a senhora até ficar rouco dizendo não — avaliou Laura.

— Eu concordo que a primeira reação de seu pai será essa mesmo. Mas fique tranquila e deixe esse assunto comigo que eu sei como lidar com a braveza dele e amansá-lo — amenizou e se incumbiu Alzira.

Salomão pressentiu que a esposa estava se aproximando com alguma notícia desagradável para lhe contar e, evitando que Alzira tocasse em assuntos que o deixassem irritado, passou os dias que se seguiram agindo de maneira fechada, cara amarrada e falando apenas o necessário com os membros da família.

Alzira, já sabendo como funcionava a cabeça do marido, mais uma vez procurou manter distância do companheiro, deixando-o em seu mundo solitário.

Cansada de esperar a mãe encontrar o momento certo para falar de seu interesse em namorar Eduardo, Laura chamou-a para conversar e desabafou:

— Mãe, está na cara que o meu pai vai tentar me impedir de ser feliz com o homem que eu amo, assim como os pais da senhora fizeram com vocês.

Desejando orientar a filha, Alzira pegou sua mão e disse:

— Fique calma. Vamos nos sentar um pouco e conversar. Tudo vai dar certo.

As duas sentaram-se frente a frente e, de mãos dadas, olhando-se nos olhos, iniciaram uma enriquecedora conversa. A mãe começou a falar, demonstrando cumplicidade entre ambas:

— Filha, eu já passei por essa experiência que você está vivenciando, entendo a sua situação e acho normal que uma jovem que descobriu o amor queira que as coisas aconteçam rapidamente.

Sentindo-se acolhida e tocada pelas palavras de apoio, Laura, com os olhos cheios de lágrimas, saiu da postura de revolta e atirou-se nos braços de Alzira, que, tocando ainda mais a alma da filha, lhe fez um carinhoso afago na cabeça. Com isso, a moça soluçou no ombro amigo de sua genitora.

— Obrigada, mãe, por me escutar — disse aliviada e enxugando o rosto.

— Essa cumplicidade que há entre nós é o que deveria existir entre todos os pais e filhos, assim as relações teriam laços inquebráveis.

Desejando aprender com a experiência da mãe, Laura perguntou:

— O que a senhora recomenda que eu desenvolva para construir um relacionamento duradouro como o seu?

Alzira, com a segurança de quem já vivera o que ensinava, disse:

— Não existe uma receita pronta que sirva para todos os casais, querida. Eu acredito que, quando uma história de amor perdura, é porque há sinceridade, respeito, paciência, amor, fidelidade e cumplicidade entre o casal. Sem esses quesitos, nenhuma relação sobreviverá.

— Que palavras lindas! — admirou-se Laura, emocionada.

— Por mais que uma mãe seja cuidadosa, repassando boas dicas para seus filhos, ensinando-os como devem agir para ter um relacionamento pacífico e realizador, nada é mais construtivo que os desafios de uma convivência a dois, isso quando compreendemos que a pessoa que amamos não é aquilo que imaginamos e nem tem a obrigação de ser o tipo que nós idealizamos, preenchendo as ilusões de nossa imaturidade.

— Senti em suas palavras que há no seu coração certa desilusão e muito remorso querendo vir à tona. A senhora perdeu a esperança de que um dia o meu pai mude, tornando-se uma pessoa mais fácil de lidar na convivência familiar?

— Depois de tantos anos de convivência com seu pai, tentando transformá-lo em alguém melhor, cheguei à conclusão de que ninguém muda ninguém. Resumindo, filha, devemos aceitar as pessoas como elas realmente são, com suas qualidades e defeitos, sem julgá-las como certas ou erradas.

Emocionada, Laura apertou as mãos da mãe, olhando em seus olhos com ternura e gratidão pelo aprendizado que acabara de receber.

— Poxa vida, mãe! Que lição de vida a senhora me deu neste instante.

Alzira emendou:

— O homem é preparado desde pequeno pela sociedade machista para provar a sua masculinidade através da força bruta, e a mulher que não souber agir com sabedoria para contornar essa barreira vai se machucar por besteira. A mulher precisa usar a sensibilidade para saber o momento certo de falar aquilo que deseja e, de forma leve, sem assumir a postura de comando dentro do relacionamento, pois o homem machista não aceita isso em hipótese alguma, viver na condição de submissão, coisa que ele exige de nós, mulheres. Muita gente critica a minha forma de agir diante da postura autoritária de seu pai, dizendo que sou submissa e que eu deveria enfrentá-lo com mais firmeza. Ao contrário disso, eu sou é muito ativa e me relaciono muito bem com as pessoas conforme elas funcionam e não como eu gostaria que elas fossem. Ninguém conhece mais sobre o meu marido do que eu, que durmo com ele. O seu pai é um homem honesto, trabalhador, não me deixa faltar nada. Apesar de seu jeito turrão, ele me ama ao seu modo e me satisfaz como mulher.

Alzira soltou um longo suspiro e prosseguiu:

— Homem é igual a burro bravo, é difícil domá-lo. Por isso, antes de montar em suas costas, devemos primeiro oferecer-lhe uma boa alimentação como agrado, amansá-lo com muito carinho e, depois, aos poucos, como quem não quer nada, colocar o cabresto no bicho sem que ele perceba que sua vida será controlada por nós. Agindo assim, quando o machão vier acordar para pensar, já será tarde demais para mudar de ideia, pois já concordou com o que a mulher quer sem notar que foi induzido por ela — concluiu Alzira aos risos.

Laura reconheceu que a mãe estava coberta de razão porque, na prática, Alzira era um exemplo vivo de que era assim mesmo que funcionava a cabeça de muitos homens. A sua própria história de vida, na convivência com o temperamento difícil de Salomão desde o namoro, revelava que, agindo com sabedoria, ela fazia com que o marido pensasse que ele era o comandante da relação. No entanto, quando os ânimos estavam calmos, Alzira estrategicamente se colocava usando um tom de voz delicado e respeitando a limitação do companheiro, e assim tirava de Salomão só o melhor dele, dentro da mais perfeita harmonia.

Desejando aprender um pouco mais, Laura quis saber:

— Como devo agir para que meu casamento dure como o seu?

— No casamento é natural o homem assumir a liderança da relação, porém é importante que a mulher aprenda a ocupar o seu espaço, saiba manifestar aquilo que sente, mostrando ao companheiro, de maneira equilibrada no jeito de falar, que ela é a metade da peça que forma a união. Quando casamos, só estamos buscando uma coisa: a felicidade na companhia de alguém. Para que haja harmonia entre o casal, é preciso que aprendamos a ceder e deixemos passar as coisas que nos desagradam no comportamento da pessoa que nós escolhemos como parceira.

Novamente Laura abraçou a mãe e beijou seu rosto, de maneira carinhosa.

— Outra coisa, minha filha... Não podemos levar a sério tudo que a pessoa nos fala quando ela está com raiva, porque, na hora da fúria, não medimos as consequências de nossas palavras, agimos pelo impulso e falamos o que não é a verdade do nosso coração. Aliás, as brigas que ocorrem entre casais geralmente são por coisas bobas, todavia, é no calor de uma discussão que se iniciam guerras intermináveis em que cada um, defendendo o seu ponto de vista, ataca o outro só para provar que tem razão.

Laura fez um sinal afirmativo com a cabeça e comentou:

— Ainda mais nós, mulheres, que sempre achamos que estamos com a razão em tudo, não é mesmo, mãe?

— Realmente, filha, a mulher é um bichinho muito complicado de se lidar! Mas na maioria das vezes nós estamos mesmo com a razão — acrescentou Alzira, ressaltando a percepção intuitiva da alma feminina.

— Acho que é por medo de se sentir inferior que o homem não abre espaço para a mulher opinar nas decisões que ele deve tomar.

— Com certeza, filha. Qual machão terá a coragem de agir seguindo a orientação de uma mulher sem se sentir incapaz de resolver tudo sozinho?

— É verdade, mãe. Os homens de nossa terra, então!

— Vixe Maria, filha, nem me fale. Os cabras-machos do sertão nem sob tortura vão perder a pose de coronel dentro do casamento. Graças a Deus, eu acordei para a vida e parei com aquela velha fantasia que muitas mulheres imaturas têm de que o homem ideal para casar é um rapaz romântico, atencioso, companheiro, fiel e bem-sucedido, que as entenda e que fique sentado ao lado delas nos momentos de angústia, só ouvindo as suas queixas, igual a um cachorrinho obediente sob os comandos de sua dona... — ironizou Alzira, que emendou:
— Isso é coisa de mulher avoada que vive com a cabeça no mundo da lua, sonhando com um príncipe encantado que a faça feliz para sempre.

— É — Laura balançou a cabeça.

— Algumas até conseguiram se casar com um príncipe encantado como sempre sonharam encontrar, mas, mesmo morando em um lindo castelo e tendo todas as mordomias que a realeza oferece, não foram felizes! Porque a vida não é feita de ilusões, ou seja, quem vive de fantasia acaba recebendo uma visitinha da verdade para crescer e amadurecer espiritualmente.

— Isso é, mãe.

— Se eu pudesse, diria a todas as mulheres que vivem fora da realidade: "Não percam o seu precioso tempo esperando um príncipe encantando que vai chegar em sua casa montado num cavalo branco, até mesmo porque isso é preconceito contra os cavalos pretos" — definiu Alzira aos risos.

Laura riu gostosamente com o comentário da mãe e, emocionada com a bela lição que estava recebendo, abraçou Alzira e agradeceu:

— Reconheço que tenho muita coisa boa para aprender com a senhora.

Alzira suspirou profundamente e exprimiu:

— A vida criará as situações necessárias para que você possa desenvolver as suas habilidades e descobrir soluções para as dificuldades que encontrará na convivência a dois quando se casar.

— Eu vou seguir os seus passos como mulher — disse Laura, evidenciando a sua admiração pela postura equilibrada da mãe.

— Eu prefiro que você siga só o que pede o seu coração, minha filha. Dessa maneira, você vai fazer escolhas mais acertadas. Aliás, o caminho mais certo que existe nesta vida para quem deseja alcançar a realização de seus sonhos é seguir sempre o próprio instinto, ou seja, a alma — considerou Alzira, devolvendo a responsabilidade à filha.

— O meu amigo espiritual Alaor tem me dito isso sempre, mãe.

— E você já consultou o seu mentor sobre este assunto?

— Já, mas o Alaor disse que, em certas situações, a espiritualidade não pode interferir porque isso anularia o nosso livre-arbítrio e a gente estaria pulando etapas da vida importantes para o nosso amadurecimento.

— Ele realmente é um espírito muito sensato — elogiou Alzira.

— Eu me sinto a pessoa mais sortuda do mundo por Deus ter me presenteado colocando a senhora no meu caminho como minha colaboradora nessa difícil jornada rumo ao crescimento do meu espírito.

— A pessoa mais beneficiada aqui sou eu, minha filha, que tive a bênção de receber da graça divina em meu lar uma alma tão nobre como você — disse Alzira, emocionada, tocando as mãos de sua filha amorosamente.

Laura, sentindo-se aliviada por ter encontrado apoio na mãe, disse:

— Como é importante ter alguém que saiba ouvir, para conversar e desabafar... Essa nossa conversa tirou um peso das minhas costas!

Alzira suspirou profundamente e, com o olhar distante, disse:

— Durante anos de convivência com o seu pai, aprendi a duras penas que devemos deixar entrar por um ouvido e sair pelo outro as coisas desagradáveis que ouvimos de quem amamos, para não encher o coração de mágoa e, por consequência, adoecer.

Naquele instante, Laura percebeu a presença de Alaor, que acompanhava a conversa dela com a mãe. O espírito, tocado com aquela cena das duas trocando carinhos, pediu que a moça não revelasse a Alzira que ele estava ali.

Alzira sentiu um arrepio subindo por todo o corpo e perguntou:

— Filha, o seu mentor está aqui entre nós ou é impressão minha?

Alaor fez sinal com o dedo pedindo que Laura não confirmasse.

— Ele está pedindo para eu dizer que não, mãe.

Alzira riu da resposta bem-humorada da filha e disse:

— Você não guarda segredo nem de um espírito amigo?

— Alaor não precisa se esconder de ninguém, mãe. Afinal, para a maioria das pessoas, ele é imperceptível.

— Ah, é verdade. Eu me esqueci de que ele é uma presença invisível... — caçoou Alzira.

— Invisível para quem não tem clarividência — defendeu Laura.

— Vamos voltar ao nosso assunto, porque discutir a sua capacidade de enxergar e se comunicar com os espíritos faz eu me sentir uma pessoa menos favorecida pela criação divina.

— Nossa! Que exagero, mãe! Depois de tanta sabedoria que a senhora acabou de me passar? Quanto drama em cima de uma coisa tão simples! — contestou Laura.

— Não é drama, não, filha. É a mais pura verdade. Conviver com alguém que é médium, uma pessoa que nasceu com a capacidade de ver, ouvir e sentir o que nós, pessoas "normais", não percebemos, faz a gente se sentir um ser inferior sim — reafirmou Alzira.

— Ninguém é superior a ninguém só porque tem mediunidade.

— Mas se coloque no lugar de quem não tem a mesma visão que você e observe como é estranho encontrar alguém conversando com o invisível como se estivesse batendo um papo de comadre — contrapôs Alzira.

— Eu sei que é difícil aceitar algo que não vemos e que alguém diz existir. Aliás, por causa das minhas visões, sempre fui chamada de louca pelo meu pai, que não entendia a minha sensibilidade mediúnica e achava que eu tinha alucinações.

Alzira ficou com o semblante entristecido, e Laura entendeu que já era o momento de encerrar o assunto que estava trazendo recordações ruins à mãe. Abraçaram-se e, piscando para seu mentor por cima do ombro de Alzira, Laura disse:

— Fique bem, minha mãe, pois nas travessias desafiadoras da vida sempre estamos amparados pelos nossos amigos espirituais, que por Deus são colocados em nosso destino para nos inspirar na escolha do melhor caminho.

— Eu sei disso, filha. Eu sei disso. E os pais que tiverem a mesma sorte que eu e o Salomão de receber um ser como você terão muito mais a aprender do que a ensinar.

Alaor fez um gesto com as mãos como se estivesse batendo palmas para o relacionamento das duas, depois deixou mãe e filha à vontade. As duas saíram do quarto e, alegremente, seguiram para a cozinha.

Capítulo 12

Naquele mesmo dia, Alzira, arquitetando abrandar o coração do marido, decidiu preparar um jantar especial para agradá-lo, pois sabia que, quando Salomão estava feliz, ela conseguia arrancar dele tudo que queria e muito mais.

Assim feito mais uma vez, ela foi assertiva na sua estratégia. Salomão ficou com água na boca ao chegar à mesa para jantar e constatar que a esposa havia preparado o seu prato predileto, a saborosa galinhada ao leite de coco babaçu, comida que havia tempos não era servida na casa.

— Hum! que delícia está este jantar de hoje! — disse Salomão, levantando a tampa da panela e apreciando o irresistível cheiro do tempero que subia pelo ar.

Todos os membros da família ficaram muito felizes com a surpresa e, sem demora, logo cada um se apressou a fazer o seu prato. Serviram-se à vontade e muitos foram os elogios que Alzira ouviu.

Mais tarde, já no quarto, deitados para dormir, o casal conversava animadamente, e Alzira, sentindo que aquele era o momento apropriado para revelar o que estava se passando entre Laura e Eduardo, colocando-se como se não estivesse defendendo uma causa, disse:

— Meu bem, quero lhe contar uma coisa muito importante sobre a Laura.

Antes de Alzira concluir a sua frase, Salomão, revoltado, cortou a esposa:

— Eu sentia no ar que você estava armando alguma coisa!

— Mas eu nem acabei de falar... Você já vem com quatro pedras nas mãos antes mesmo de ouvir o que eu tenho para dizer, homem de Deus? — defendeu-se Alzira.

Indignado, Salomão disse:

— Olha, Alzira, quero que você saiba de uma coisa: eu demorei muito tempo para descobrir os truques que vocês, mulheres, aparentemente obedientes ao marido, usam para levar os homens desatentos no papo, mas agora já estou com os olhos bem abertos, viu?

— Calma, me ouça primeiro — pediu Alzira.

— Uma coisa é certa... Quando uma mulher está muito boazinha e concordando com tudo que um homem fala, com certeza ela está igual a uma cobra venenosa, só esperando o momento exato para dar um bote certeiro — disse ele, cismado.

— Meu bem, mais cedo ou mais tarde isso iria acontecer.

— E o que tem a menina? — perguntou ele, irritado e apreensivo.

— A nossa filha cresceu e descobriu o amor — revelou Alzira.

— Com quem a Laura está se envolvendo?

— Ela e o filho do seu Juca querem a nossa permissão para namorar.

Como era esperado, Salomão ficou furioso quando ouviu a esposa anunciar com naturalidade o envolvimento de Laura com o filho do médium.

— Bem que eu desconfiei. O dia de hoje estava bom demais para ser verdade. Eu senti que você estragaria a minha noite com uma notícia ruim. Estava na cara que o jantar especial que você preparou foi motivado por algum pretexto traiçoeiro.

Alzira não retrucou às acusações do esposo, e Salomão, muito zangado, jogou o lençol longe, sentou-se na cama e questionou:

— Por que será que a mulher, quando percebe que o marido está feliz, e o motivo não é ela, sempre dá um jeito de acabar com a alegria dele?

Alzira ignorou a indagação ofensiva de Salomão, fingiu-se submissa ao autoritarismo do marido, baixou ainda mais o tom de voz e, já tirando a importância do que tinha falado, para mais uma vez chegar ao seu objetivo, contrapôs:

— Eu só estou cumprindo o meu papel de mãe, trazendo ao seu conhecimento o que a nossa filha está sentindo por um rapaz livre e trabalhador, que deseja receber a nossa aprovação para se amarem livremente. Mas se você não quer autorizar o namoro, não tem problema. Ela vai ter que se conformar e aceitar a sua decisão.

— Você ficou louca? — questionou ele, mais exaltado.

— Meu bem, você precisa entender que a nossa filha já é uma moça com maturidade para viver livremente as vontades dela.

— Eu sei que a Laura já é uma mulher com maturidade para assumir os rumos da vida dela, e tudo que eu mais quero é que a minha filha siga um bom caminho. Porém, o que me incomoda nessa história é que, entre tantos rapazes trabalhadores e de boa família que existem neste lugar querendo se casar com a Laura, ela foi justamente se apaixonar pelo filho do macumbeiro!

Alzira ponderou:

— Você sabe muito bem que ninguém manda no coração, querido. Basta lembrar o que aconteceu com a gente.

Ouvindo a esposa falar em um tom afável, Salomão rebateu:

— O que mais me irrita em você, Alzira, é esse seu jeitinho de falar manso comigo quando quer me dobrar na conversa!

Alzira, mostrando de qual lado estava o equilíbrio, calmamente disse:

— Quer saber de uma coisa, Salomão? Se eu não tivesse aprendido a lidar com o seu temperamento e agisse da mesma maneira que você, não teríamos ficado juntos por muito tempo. Porque dentro de um casamento não pode existir duas pessoas explosivas, senão o casal vai viver sempre em pé de guerra ou acabar separado.

Salomão desconsiderou a observação da esposa e bradou:

— Não perca o seu tempo filosofando. Filosofia é fuga da realidade. O assunto aqui é a escolha errada que a nossa filha quer fazer. Já não foi o bastante pra você as perturbações dela desde criança? Em vez de manter a filha distante dessa gente que mexe com macumba, você quer é empurrar a menina pra dentro de uma família de feiticeiros?

Acostumada com o preconceito e o ceticismo do marido, ela ficou calada como se estivesse dando razão para ele, que continuou a esbravejar:

— Nada vai me fazer acreditar nos absurdos que esses macumbeiros dizem. Para mim, eles não passam de estelionatários que se aproveitam da fé de pessoas manipuláveis como você e a Laura, que vivem buscando a solução para problemas irreais que vocês mesmas criam em terreiro de macumba. Essa gente, esperta como é, leva uma vida boa, porque ganha dinheiro fácil enganando pessoas de mente fraca com essa conversa fiada de que solucionam histórias mal resolvidas de pessoas mortas que voltam para atazanar as vivas.

Alzira meneou a cabeça numa negativa, e ele continuou:

— Ah, faça-me o favor. Isso é a coisa mais absurda que eu já vi na minha vida. Onde já se viu resolver o problema de alguém que está morto? A verdade é que, quando morremos, nossos problemas estão todos resolvidos. Olhe aqui na minha cara, Alzira.

Ela o encarou, e Salomão disse, colérico:

— Veja aqui se está escrito na minha testa a palavra otário? Debaixo de sete palmos de terra ninguém tem mais problemas, querida. Bateu as botas, acabou-se, escafedeu-se e fim de papo. Essa é que é a grande verdade da vida. Só uma pessoa imatura vai acreditar nesse papo de vida após a morte. Não tem coerência a gente morrer e continuar vivo do lado de lá. Não faz sentido causar tanto sofrimento para os que ficam do lado de cá. Será possível que você não raciocina, mulher? Pare de influenciar a nossa filha a seguir o caminho da burrice.

Quando Salomão silenciou, Alzira agiu como se não tivesse sido agredida verbalmente pelo esposo e tornou:

— Meu bem, a nossa filha não é mais essa menininha sem conhecimento e desprotegida que você pensa que é, não.

Salomão, exaltado, retrucou:

— Só falta agora você me dizer que a Laura perdeu a pureza com aquele filhote de macumbeiro e engravidou do vagabundo.

Alzira seguramente defendeu a filha, dizendo:

— Laura nunca teve contato com o rapaz. Deixe de ser dramático, homem de Deus.

— Eu acho bom mesmo que aquele projeto de homem não tenha sido tão ousado a ponto de desrespeitar a honra da minha filha. Porque se ele tiver feito qualquer coisa com a Laura, você pode ter certeza de que os dias dele aqui na Terra estão contados. Quer saber de uma coisa? Eu vou ter uma conversa com a Laura agora mesmo, para colocar um ponto final nesse assunto — vociferou ele, levantando-se da cama.

Laura, que já tinha escutado a discussão dos pais, começou a rezar. Nervoso, Salomão bateu à porta e a chamou com a voz alterada:

— Laura, Laura, abra essa porta agora!

— Já vai, pai — disse a jovem, levantando-se.

Quando Salomão se deparou com a filha, disse, tentando intimidá-la:

— Você prometeu que nunca teria como namorado alguém que não fosse do meu agrado. Mas acabei de concluir que, assim como a sua mãe, que mente de cara limpa, você é outra dissimulada e fingida que não merece crédito ao que fala.

Corajosamente, Laura olhou firme para o pai e, como se não soubesse do que ele estava falando, perguntou:

— O que eu fiz de tão grave para o senhor estar me ofendendo desse jeito?

— Não se faça de inocente. Chega de fingimento. Você sabe muito bem do que eu estou falando.

Laura permaneceu calada, segurando a porta entreaberta.

— Que história é essa que a sua mãe me contou de que você está apaixonada pelo filho do macumbeiro? — inquiriu Salomão.

Laura tomou coragem e, de forma assertiva, respondeu:

— Pai, o que eu sinto pelo Eduardo é o mesmo tipo de sentimento que a minha mãe sentiu quando conheceu o senhor. É uma força incontrolável que brota da minha alma, me deixa leve como uma pena, me faz perder o medo de tudo e sonhar bem alto. E uma coisa eu quero que o senhor saiba: esse genuíno sentimento me diz que somente quem tem a coragem de seguir o próprio coração consegue abrir todas as portas.

A resposta de Laura levou o pai aos momentos mais difíceis de sua vida afetiva, em que ele e a esposa, ainda menores de idade, tiveram de enfrentar a opinião contrária dos familiares de Alzira e, apaixonados, bravamente vencer esse obstáculo fugindo de casa.

Enfraquecido por aquela lembrança, Salomão disse:

— O filho do macumbeiro não é o homem certo para se casar com você.

Notando que o pai estava sem argumento para lhe fazer desistir da vontade de seu coração, Laura aproveitou para colocar em prática as dicas que aprendera com a mãe, de como uma mulher, naquela época em que o machismo reinava, deveria agir para dobrar um homem autoritário na conversa. Então, ela respirou profundamente, encheu o peito de coragem e contrapôs:

— Pai, eu e o Eduardo descobrimos que nascemos um para o outro. Isso está claro para nós desde quando nos encontramos ainda na adolescência, ou melhor, quando nos reencontramos. Mas se não tivermos a sua aprovação, o nosso relacionamento vai terminar mais uma vez antes mesmo de ter começado, só para não lhe causar desgosto.

— Eu não acredito mais em suas promessas, Laura — bradou. — Você age igual à sua mãe, finge concordar comigo, se prontifica a seguir as minhas ordens de chefe da casa, mas, quando eu dou as costas, vocês fazem exatamente o contrário do que eu determino e traem a minha confiança.

Laura pensou: "Ele está ficando esperto. Meu paizinho descobriu o nosso segredo!".

Salomão retornou ao comando da conversa:

— Para o seu próprio bem, trate logo de esquecer esse rapaz. Pela última vez vou lhe avisar que jamais vou permitir que você se envolva com esse tal de Eduardo, filho do macumbeiro. Não sei explicar. Não gosto dele. Ele não vai fazer você feliz.

Laura arregalou os olhos. Nunca vira o pai falar com tanto sentimento. Salomão falou com a voz meio embargada e não tinha percebido, mas a filha notou. No entanto, como estava apaixonada, logo a observação do pai caiu por terra.

Usando o mesmo truque da mãe, deixou o pai achando que tinha vencido mais uma batalha e, da boca pra fora, concordou:

— Tudo bem, pai, eu vou respeitar a sua decisão.

Salomão saiu falando alto e gesticulando com as mãos. Laura ficou sentada na cama chorando. Alzira foi ao encontro da filha, acolheu-a nos braços, afagando-lhe os cabelos, e disse:

— Não fique assim, não, querida.

Logo escutaram a porta da frente batendo com força, indicando que Salomão estava saindo de casa para ir dar um chega-pra-lá no rapaz. As duas correram até a janela e viram que ele seguia na direção da casa de Eduardo, certamente para transmitir o mesmo aviso nada amigável ao jovem.

— Aonde você vai, Salomão? — perguntou Alzira, do parapeito.

— Vou ter uma conversa com aquele cabra, para que ele entenda de uma vez por todas a minha mensagem — respondeu Salomão com um facão afiado na mão.

Alzira e Laura correram para tentar impedi-lo, porém a fúria o deixara completamente incontrolável. Percebendo que a esposa e a filha estavam seguindo os seus passos, Salomão parou por um instante e ordenou com braveza:

— Voltem imediatamente para dentro de casa, porque em conversa de macho não cabe presença frágil de mulher indefesa.

Obedientes, elas desistiram de segui-lo e voltaram para dentro de casa, preocupadas com o que poderia acontecer com Eduardo, caso ele tivesse alguma reação contrária diante dos insultos que iria ouvir de Salomão. Alzira e Laura começaram a rezar pedindo aos benfeitores espirituais que intercedessem, evitando que o encontro terminasse em tragédia.

Salomão, pisando firme como um soldado destemido, rapidamente chegou à casa de Eduardo e o encontrou na calçada em um divertido bate-papo com os amigos. De maneira nada amigável, o pai da moça apontou o facão para o jovem e bramiu:

— Precisamos ter uma conversa de homem pra homem, se é que posso chamá-lo de homem, seu projeto de feiticeiro!

Pego de surpresa, o rapaz ficou tremendo de medo com a agressividade da inesperada abordagem, e, já querendo se proteger, perguntou:

— Aconteceu alguma coisa, seu Salomão?

— Quero avisá-lo pela última vez que vai acontecer algo muito ruim com as suas partes íntimas se você insistir em se aproximar da minha filha. Entendeu bem?

— Eu não fiz nada com a sua filha, seu Salomão.

— Prefiro acreditar que você não tenha mesmo ousado! — gesticulando com o facão na mão como se fosse atacá-lo, Salomão continuou: — E antes de pensar em tirar a honra da minha filha, eu quero que você saiba o formigueiro que está bolinando.

Eduardo tentou dialogar, mas o pai da moça o deixou falando sozinho.

Alcides, um dos amigos do rapaz, levantou-se da cadeira e perguntou:

— O que você aprontou, Eduardo, que o seu Salomão chegou aqui demarcando território igual a um leão alfa se impondo como o rei do pedaço?

— Eu não fiz nada — respondeu Eduardo, tentando ainda digerir o desacato.

— Como nada, se o homem chegou aqui babando de ódio feito um cachorro louco e o atacou com palavras tão duras? — insistiu Alcides.

Juca estava conversando com a esposa na sala e, ao escutar os berros ameaçando seu filho, foi até a porta conferir o que estava acontecendo lá fora. Fingindo não ter escutado nada, questionou:

— O que houve aqui, pessoal? Escutei uma voz alterada fazendo ameaças. Foi isso mesmo?

— É o seguinte, seu Juca, estávamos aqui na calçada, como fazemos todas as noites, batendo um papinho, quando de repente chegou o seu Salomão bufando de raiva igual a um touro bravo, com um facão na mão. Falou um monte de desaforos para o Eduardo e depois foi embora.

Juca olhou para Eduardo como quem perguntava: "O que você fez para causar essa revolta no pai da moça?".

Diante do olhar indagador do pai, Eduardo tratou de explicar:

— Pai, o seu Salomão é um homem muito ciumento.

— E por que ele veio aqui em casa ameaçar você?

— Na verdade, ele não me ameaçou. Ele me avisou, claro que daquele jeitão bruto dele, para eu ficar longe da Laura porque não é do agrado dele que a gente namore.

— E por que você não colocou o velho para correr de sua porta, mostrando qual é o leão que manda nesse território que ele invadiu, filho?

— Eu agi como o senhor sempre me aconselhou, pai. No momento do insulto, procurei manter a calma e não devolver na mesma moeda. O valentão encheu o peito de razão e foi embora levando de volta a energia pesada que ele mesmo trouxe... e eu fiquei com a minha paz de espírito.

Orgulhoso da atitude positiva do filho, Juca disse:

— Muito bem, Eduardo. Você fez a coisa certa. Parabéns pela sua postura. É dessa maneira mesmo que devemos sempre agir quando somos ofendidos e atacados injustamente por alguém amargo e desequilibrado — e, virando para os amigos do filho, tornou: — E vocês, rapazes, façam o mesmo quando alguém vier com pedras na mão. Nunca devolvam na mesma moeda, nem ajam com agressividade. É melhor deixar que o outro "ache" que tem razão do que perder a saúde se desgastando em conflitos... — E, voltando-se para Eduardo, disse: — Novamente quero parabenizá-lo, filho. Você agiu como uma pessoa sensata diante de uma provocação de alguém guiado pelas forças do ódio.

Sem clima para continuar conversando, os amigos do rapaz, coagidos pelo medo de o homem bravo retornar, decidiram encerrar o bate-papo e foram embora.

Juca abraçou o filho amorosamente e aconselhou:

— Afaste-se dessa moça e evite forçar a ordem dos acontecimentos.

O rapaz agradeceu ao pai pelo amor e ensinamento e foi se deitar.

Capítulo 13

Eduardo, apesar de não demonstrar que Salomão tinha ferido o seu orgulho, intimamente sentia-se muito humilhado.

"A Laura será minha e nada nesta vida vai nos impedir de ficar juntos", pensou, após uns instantes sonhando acordado.

Assim que deixou a residência de Juca, Salomão continuou tomado pela fúria, e, ao entrar em casa, reforçou para a filha a sua opinião contrária à vontade dela de namorar o filho do médium.

Porém, a reprovação do pai despertou no coração de Laura uma vontade ainda maior de se entregar a Eduardo. Essa vontade era muito maior que o medo de ser punida e, dominada por aquele desejo ardente, ficou dias se imaginando nos braços do homem proibido.

Como Salomão estava decidido a dificultar a reaproximação dos apaixonados, não teve dúvida: colocou Olívia como um cão de guarda vinte e quatro horas por dia para vigiar os passos da irmã mais velha, tornando impossível um contato entre os pombinhos.

Passados alguns dias, Eduardo, não conseguindo mais ficar longe da amada, outra vez recorreu à irmã para ajudá-lo na difícil tarefa de promover um encontro entre ele e Laura para tomarem uma decisão definitiva. Desejando a felicidade do irmão, Rosana concordou em interceder no caso.

Como quem não queria nada, com muita discrição, ela foi se aproximando de Laura, até que conseguiram conversar, e a irmã do rapaz propôs que eles se encontrassem às escondidas em dias, horários e lugares secretos diferentes.

Sem mais resistir ao desejo de estar nos braços de Eduardo, Laura marcou um encontro à beira do riacho, onde ela costumava lavar roupas.

Rosana sabia do risco que Eduardo estava correndo por insistir em se encontrar com a moça contra a vontade do pai dela, e avisou ao irmão:

— Eu só espero que vocês tenham juízo e saibam o risco que estarão correndo com esses encontros proibidos. Portanto, não passem dos limites.

— Pode ficar tranquila, minha irmã, pois eu tomarei todos os cuidados para que ninguém descubra que estamos juntos — assegurou Eduardo.

No dia combinado, Laura acordou muito disposta, como nunca estivera antes, e logo cedo colocou em uma bacia as peças de roupas que iria lavar.

Ao ver aquela cena, Alzira desconfiou de que, por trás da boa vontade da filha, na verdade havia outro interesse, pois a moça demonstrava no olhar uma nítida inquietação, e na expressão de seu rosto, muita ansiedade. Curiosa, questionou o que estava acontecendo com a filha, mas Laura não revelou o segredo de seu coração.

Alzira pôs-se a pensar: "Ela deve estar planejando aprontar alguma coisa".

Contra a sua vontade, Laura foi ao riacho acompanhada de Olívia, que, obedecendo à determinação do pai, prazerosamente seguia cada passo que a irmã mais velha dava.

Ao chegarem ao riacho, as duas irmãs encontraram outras mulheres lavando suas roupas, mas, desejando se livrar do olhar vigilante da caçula, Laura sugeriu:

— Olívia, vá se divertir com suas amigas. Pode deixar que eu lavo as roupas sozinha. Quando eu terminar, chamo você para irmos embora.

Como Olívia não gostava mesmo daquele serviço, nem desconfiou da intenção da irmã e, antes que Laura pudesse mudar de ideia, ela saiu correndo na direção das colegas que brincavam na água falando todas ao mesmo tempo.

Laura colocou as roupas de molho no sabão para amolecer a sujeira e, vendo que a irmã estava distraída, seguiu por uma trilha na direção em que estava Eduardo. Ele disfarçadamente pescava na margem do riacho, à espera da amada, conforme haviam combinado por intermédio de Rosana.

Laura aproximou-se de Eduardo com o coração batendo acelerado. Ao vê-la chegar, ele soltou o anzol no chão e correu ao seu encontro.

— Mais uma vez pensei que você tivesse desistido de aparecer — disse ele.

— Pois você pensou errado — devolveu Laura, com um olhar penetrante.

— Sei que o nosso encontro não pode ser demorado porque sua irmã logo sentirá a sua falta e desconfiará de seu sumiço — afirmou Eduardo, preocupado com o risco que estavam correndo. — Mas depois que o seu Salomão proibiu o nosso namoro, uma chama intensa desabrochou dentro do meu coração e eu repito: nada neste mundo vai nos separar. Eu disse *nada* — enfatizou. — Você entendeu?

— Sim, meu amor — respondeu ela, emocionada. — Faço minhas as suas palavras. Nós ficaremos juntos, nem que para isso tenhamos que fugir daqui para bem longe, como os meus pais fizeram quando descobriram que se amavam e os pais da minha mãe não aceitavam o amor deles.

Eduardo estendeu as mãos para pegar em seu rosto com a intenção de beijá-la, mas ela virou o rosto e saiu como se estivesse indo embora. Porém, após dar alguns fingidos passos de fuga, ela ficou parada de costas, esperando que ele a impedisse de partir.

Entrando naquele jogo de sedução, Eduardo se aproximou por trás dela, levantou os cabelos longos da moça com delicadeza, encostou os lábios em seu pescoço, deu uma mordida sensual perto da nuca dela e sussurrou ao pé de seu ouvido:

— Só de olhar para você, meu amor, eu fico louco de desejo.

A estratégia do rapaz foi fatal, pois, quando Laura sentiu o toque daqueles lábios quentes encostando em seu pescoço, mordendo sua pele suavemente, e a voz sussurrante se declarando ao pé de seu ouvido, ela perdeu completamente o controle da situação e se deixou envolver.

A cada toque de Eduardo, um delirante arrepio lhe subia pelo corpo todo. Ele continuou com as carícias, deixando-a mais enlouquecida.

Laura virou de frente para ele e, dominada pelo fogo da paixão, pegou no rosto de Eduardo com as duas mãos, puxando-o com força para beijá-lo ardentemente.

— Eu te quero muito — balbuciou ela, enquanto beijava-o com loucura.

— Eu também — disse ele, emocionado por ter conseguido o seu intento.

Bocas coladas pelo calor do desejo intenso, beijaram-se repetidas vezes com muita paixão ali mesmo, sem tomar cuidado para não serem vistos. Ficaram abraçados e trocando carinhos durante alguns minutos, e quanto mais se beijavam, mais sentiam vontade de se curtir.

Saíram da beira do riacho e foram para a sombra de uma árvore, onde existia uma camada de folhas secas em que fizeram um ninho de amor.

Quando a coisa já estava seguindo para algo concreto, ouviram os gritos de Olívia, que sentira falta da irmã e começara a chamá-la aos berros. Deitados sobre as folhas barulhentas, ouvindo o chamado de Olívia, sentiram o clima despertar, trazendo-lhes uma sensação de prazer indescritível por estarem vivendo um romance proibido. Um sobreposto ao outro, o casal trocou mais alguns calorosos beijos.

Eduardo ia falar, mas novamente escutaram os gritos de Olívia chamando por Laura. Então deram mais um demorado beijo e decidiram encerrar o encontro.

Laura voltou com a alma realizada, imaginando-se para sempre nos braços de seu amado, recebendo aqueles beijos quentes. Ela não conseguia conter o pensamento, que trazia de volta à sua memória a imagem de Eduardo abraçando-a por trás, acariciando-a e seduzindo-a. O seu corpo, ainda estimulado pelas sensações do toque que recebera, vibrava de prazer e clamava por mais um pouco daquela emoção proibida.

Mentalmente, ela afirmava para si mesma: "Agora sim eu senti o gosto do amor. Eduardo, além de ser um homem muito atraente, tem um beijo quente de enlouquecer e um toque tão forte que, só de imaginar, a minha vontade é de repetir tudo de novo, e dessa vez deixar acontecer o que o meu corpo me pede".

Seguindo por uma trilha na margem do riacho, Laura levou um susto quando se deparou com Olívia, que vinha em seu rastro igual a um cão farejador, Fingindo estar aborrecida, a moça apaixonada deu uma bronca na irmã caçula por ter lhe chamado tanto, alardeando o seu sumiço.

— Olívia, que gritaria era aquela? Morreu alguém?

— Eu não sabia onde você estava — justificou a caçula.

— Eu fui dar um mergulho lá na cachoeira — mentiu Laura.

— Pensei que você tivesse ido embora — falou Olívia, dando uma volta em torno de Laura e olhando-a dos pés à cabeça.

— O que foi, que você está me olhando de cima abaixo com essa cara desconfiada? — perguntou Laura, incomodada com a marcação da irmã.

— Nada não, Laura — dissimulou a mais nova.

— E se eu tivesse mesmo ido embora? Você não sabe o caminho de casa, não, diacho?

— É claro que eu sei.

— E por que você ficou alardeando feito galinha quando bota ovo?

— O papai me pediu para não desgrudar de você um só instante.

Laura pegou no braço da irmã com força e, encarando-a, disse:

— Escuta aqui, garota! Se você inventar alguma história para encher a cabeça do papai de minhoca, vai se arrepender de ter nascido. Ouviu bem o que eu disse, sua peste?

— Ai, me solta, Laura. Você está me machucando — reclamou Olívia.

Laura soltou o braço da irmã, dando-lhe um chega-pra-lá, e as duas seguiram em direção ao local onde estavam as outras mulheres na margem do riacho, sentadas sobre as imensas pedras, ensaboando e esfregando as peças de roupas, enquanto falavam todas ao mesmo tempo em um divertido papo de comadres.

De volta ao grupo, Olívia foi se divertir com as amigas, mergulhando na refrescante água, enquanto Laura foi concluir a lavagem das roupas.

Quando as colegas viram Laura chegando com os cabelos cheios de folhas e aquele brilho no olhar, logo desconfiaram de seu sumiço.

Rebeca, não suportando a curiosidade, maliciosamente perguntou:

— Onde você foi, Laura? Ficamos todas preocupadas com o seu sumiço repentino, achando que você tinha sido engolida por uma sucuri gigante. Conta pra gente! Que bicho pegou você? Você saiu daqui com esse seu cabelão de índia brilhando até a cintura e voltou com ele todo encolhido, amassado, cheio de restos de folhas secas e com essa cara de espantalho...

Diante da avaliação irônica de Rebeca, todas caíram na gargalhada, menos Laura, que, desconcertada com a brincadeira da colega, respondeu:

— Como você é maldosa, Rebeca! Eu fui apenas relaxar um pouco, apreciando a queda da cachoeira.

— Pelo visto você gostou tanto da queda da cachoeira que resolveu cair também, não foi? — insistiu Rebeca, novamente provocando risadas.

— Vão cuidar da vida de vocês — rebateu Laura, impaciente.

Procurando consertar o mal-estar que havia criado, Rebeca parou o seu serviço por um instante e foi até Laura para se desculpar pela situação constrangedora na qual havia colocado a amiga.

Laura, ainda demonstrando estar muito chateada por ter sido exposta ao ridículo, aceitou o pedido de desculpa só para encerrar o assunto. Calou-se, terminou de lavar as roupas, chamou Olívia e foram embora.

No quintal de casa, enquanto colocava as peças de roupa para secar, Laura começou a cantar. Esse fato não passou desapercebido por Alzira, que, ouvindo a filha cantarolar feito um sabiá, ficou intrigada com aquela alegria.

Curiosa para saber qual era o motivo de tanta felicidade, a mãe apareceu na janela discretamente, acenou com a mão chamando Olívia, sem que Laura percebesse a sua presença, e perguntou:

— Olívia, o que aconteceu de tão especial com a sua irmã lá no riacho? Ela saiu de casa tão pensativa e voltou assim, feliz da vida...

— Não aconteceu nada — respondeu Olívia com um sorriso irônico, deixando transparecer que a alegria da irmã tinha sim um motivo.

Notando que a resposta da caçula não transmitia segurança, Alzira fez cara de autoridade e, com olhar intimidador, novamente perguntou:

— Você tem certeza de que não houve nada com a sua irmã lá no riacho?

Olívia novamente foi cínica e, com um riso de deboche, disse:

— Não houve nada, minha mãe... Eu acho — insinuou ela, em seguida.

Alzira se irritou com a ironia da filha caçula, que se aproveitava de sua desconfiança para se divertir à sua custa. Restava-lhe tirar a dúvida diretamente com a filha mais velha. Alzira dispensou Olívia, que foi para o quarto se trocar.

Laura percebeu a mãe se aproximando e sentiu que seria investigada. Alzira decidiu questioná-la de forma amorosa, mas querendo saber a verdade:

— Nossa, filha! Quanta alegria nesse teu coração! — exclamou a mãe, admirada. — Conta para a mamãe o que aconteceu de tão bom lá no riacho... Você saiu daqui calada e voltou transformada e cantando essa música tão romântica!

Com a pergunta da mãe, Laura voltou mentalmente às picantes cenas de paixão e loucura que viveu sobre as folhas secas à beira do riacho, ao som da cachoeira que se misturava ao canto dos pássaros.

A jovem apaixonada, com a alma leve, suspirou profundamente e respondeu:

— Ah, mãe, eu deixei a correnteza do riacho levar embora toda aquela tristeza que estava apagando a luz da minha alma quando acordei hoje de manhã.

— Laura, pelo amor de Deus, não faça coisa errada, filha. O seu pai está atento a você — alertou Alzira.

— Ué, por que o meu pai está me vigiando?

— Para você não fazer besteira, menina.

— Como é que eu vou fazer besteira, mãe, se eu vivo o dia todo em casa? E, quando saio, a Olívia gruda em mim feito um carrapato?

— Filha, não se faça de inocente pensando que vai me ludibriar... Eu já fui jovem e sei quando uma mulher está aprontando alguma coisa errada.

Laura terminou de colocar as peças de roupa para secar e, enquanto se dirigia para dentro de casa, seguida pelos passos investigativos da mãe, declarou:

— A senhora é a melhor mãe do mundo! É por isso que eu a amo mais do que tudo nesta vida, minha flor.

Já conhecendo a esperteza da filha, Alzira disse:

— Nem pense que, com esse jeitinho sedutor, você vai conseguir me enrolar e escapar de me contar o que andou aprontando, não, viu?

— Não se avexe, não, minha mãe — devolveu Laura, colocando a bacia vazia no chão e se dirigindo à cozinha em busca de algo para matar a fome.

Ainda seguindo os passos da filha, Alzira exprimiu:

— Olha, minha filha, eu não quero lhe aporrinhar pegando no seu pé, não. É natural que eu queira saber o que se passa em sua vida.

Laura parou um instante, voltou-se para a mãe, deu-lhe um carinhoso abraço e, puxando o seu dengoso sotaque nordestino, disse:

— Ô, mãezinha, não se torture assim. Está tudo bem comigo. Deixe o seu coração em paz, deixe.

Tocada pelo chamego da filha, Alzira disse:

— Você é terrível mesmo, Laura! Com esse seu jeitinho afetuoso e ligeiro de se comunicar, dobra qualquer pessoa na conversa para conseguir o que quer.

— Aprendi com a senhora, mãe, que, se a gente não colocar o amor na frente de nossas ações, não teremos êxito em nossas relações.

Orgulhosa pela esperteza da filha, Alzira encerrou, dizendo:

— Vou deixar você almoçar, senão vamos ficar filosofando de barriga vazia.

— E o que a senhora preparou de gostoso para o almoço de hoje, mãe?

— Fiz uma suculenta galinha caipira ao molho de óleo de coco babaçu que, de tão cozida, está derretendo na boca.

— Nem me fale isso, minha mãe. Eu já estou é com água na boca só de ouvir a senhora falar da minha comidinha predileta.

Laura estava com tanta fome e vontade de provar a comida preparada com carinho pelas mãos afetuosas de sua mãe que, enquanto fazia o prato, lambeu os dedos, degustando o irresistível sabor do tempero de Alzira.

Quando Olívia chegou à cozinha e destampou a panela, como fizera Laura, também ficou com água na boca só de olhar a suculenta galinhada. Enquanto degustava aquela comidinha caseira, Laura concluiu que, apesar das dificuldades que sua família enfrentava, a vida que levavam dentro daquela simplicidade era muito prazerosa e feliz.

Capítulo 14

O tempo passou, e o casal de apaixonados continuava se encontrando às escondidas. Um dia, Eduardo, disposto a pagar o preço do amor que sentia por Laura, decidiu colocar um fim naquela desconfortável situação e propôs a ela assumirem o relacionamento.

A moça, vibrando de alegria, concordou com a ideia. O jovem revelou a seu pai que estava mantendo um relacionamento às escondidas com a filha do sistemático Salomão.

— Você perdeu o juízo? — perguntou Juca, revoltado com a ousadia do filho.

— E qual é o problema, pai? Nós somos solteiros e nos amamos — justificou o jovem apaixonado.

— Você não tem medo de morrer, não?

— Fique tranquilo, meu pai.

— Como vou ficar tranquilo, Eduardo?

— O senhor está preocupado à toa.

— Meu filho, você perdeu a noção do risco que está correndo?

Eduardo, divertindo-se com a aflição do pai, informou:

— Ninguém sabe de nada que está acontecendo entre mim e Laura. Os nossos encontros ocorrem de forma muito discreta. Por incrível que pareça, nunca houve nada de mais entre nós. A gente se encontra apenas para namorar.

— Você deve estar brincando comigo, filho. Não é possível que um homem na sua idade consiga manter encontros com uma mulher dentro do mato e se contente apenas com beijinhos inocentes. Só pode ter sido um milagre você não ter embuchado a filha do Salomão. Você deve ser infértil — contestou Juca, inconformado.

— Pai, o senhor precisa acreditar na minha palavra. Eu lhe garanto que a pureza da Laura continua intacta.

— Ah, meu filho, faça-me o favor, rapaz, conte outra história, vai! Eu não nasci ontem.

Eduardo saiu em defesa da honra da amada:

— Estou falando sério. A Laura é uma moça direita e, mesmo a gente se encontrando no meio do mato, eu respeito a vontade dela de se casar pura.

— Nada vai me fazer acreditar nessa conversa, meu filho.

— Creia em minha palavra. O que estou lhe falando é a mais pura verdade — insistiu Eduardo.

— Você está me deixando preocupado.

Irritado com a descrença do pai, o rapaz indagou:

— O senhor está duvidando da minha masculinidade só porque eu respeitei a escolha da mulher que amo, que optou por se casar pura?

— Você vai me desculpar pela minha descrença em sua palavra, mas, se essa história que está me contando for mesmo verdadeira, de duas, uma: ou você ama muito essa moça ou não é macho — aventou Juca.

— Eu sou macho, sim, pai. E quero que o senhor saiba que esse seu comentário me ofende muito. Eu amo a Laura mais do que tudo nesta vida — afirmou Eduardo.

— E como você tem conseguido se segurar por tanto tempo?

— O amor que eu sinto pela Laura é tão grande que serei capaz de suportar qualquer coisa para que ela seja feliz.

— Vamos resolver essa encrenca o mais rápido possível. Afinal de contas, de nada vai adiantar a gente ficar discutindo a intimidade de vocês.

— Quero pedir ao senhor que vá procurar o seu Salomão para a gente acertar de uma vez por todas essa questão.

Juca estava consciente de que aquele relacionamento estava pondo a vida do filho em risco e achou mais sensato ir logo procurar o pai da moça para revelar o romance entre os dois, já que Salomão havia se mostrado contra desde o início.

Quando o pai do rapaz chegou à casa do pai da moça e anunciou que o motivo de sua visita era tratar da felicidade de seus filhos, Salomão, irredutível, nem o esperou concluir e foi logo avisando:

— Seu Juca, eu sinto muito em informá-lo, mas o seu filho não é bem-vindo como membro da minha família. Esse rapaz precisa colocar em sua cabecinha de minhoca que a minha filha não nasceu para o bico dele. Ela merece coisa muito melhor.

Juca, de maneira pausada, quis saber:

— E o que você tem contra o meu filho, se ele é um rapaz de caráter, honrado e trabalhador?

— Eu não tenho nada contra a pessoa de seu filho. Sou contra a vontade dele de querer entrar na minha família a todo custo com essa conversa de grande amor — explicou Salomão de maneira enfática.

— Então me diga: o que você observou de errado na postura do meu filho que lhe deixou com tanta raiva e repulsa dele?

— Não gostei da atitude dele de ter aproveitado a minha ausência para vir até a minha casa assediar a minha filha — esclareceu o pai da moça, magoado.

Juca sabia que, desde que Laura e Eduardo se apaixonaram, ainda na adolescência, o verdadeiro motivo pelo qual Salomão rejeitava Eduardo era outro, e ditou:

— Eu sei que essa sua reprovação à união deles não é de agora. Lembro muito bem que isso vem desde que eles eram adolescentes.

Salomão não disse nada, apenas fez cara de pouco caso, e Juca continuou:

— Eu até que tentei manter o meu filho longe da sua filha. Porém, quando duas almas afins se encontram e dois corações se querem, não há nada que possa deter a força de um amor verdadeiro.

Ainda se mostrando irredutível, Salomão ficou de cara fechada, negando-se a continuar discutindo com o pai do rapaz sobre o relacionamento de seus filhos.

Embora o pai da moça não declarasse abertamente a razão pela qual rejeitava a família de Juca, deixava transparecer que a sua reprovação tinha origem preconceituosa, referente ao trabalho que ele desenvolvia como médium.

Juca, por ser uma pessoa esclarecida e tendo compaixão pela ignorância do preconceituoso homem, defendeu a atitude do filho, dizendo:

— Salomão, você já foi jovem e sabe que um rapaz sem experiência, na idade do meu filho, por medo de não ser aprovado, está sujeito a agir errado.

Salomão apenas coçou a cabeça, demonstrando inquietude por não desejar mais prosseguir com o assunto, e Juca, desgastado por não conseguir convencer o pai da moça a ceder, despediu-se e partiu com a certeza de que o melhor seria aconselhar o filho a colocar um ponto final naquele relacionamento.

Quando Eduardo viu o pai chegando, notou, pela expressão de seu rosto desanimado, que Salomão novamente o tinha rejeitado.

Juca deu um carinhoso abraço no filho e relatou como sucedeu a conversa com Salomão. Com a negativa do pai de Laura, o jovem sentiu-se mais uma vez frustrado.

Mesmo sabendo que Eduardo e Laura se amavam muito, Juca aconselhou o filho a terminar o namoro com a moça e seguir a sua vida.

A princípio Eduardo concordou em desistir de Laura. Mas só na teoria, porque na prática continuaram se encontrando às escondidas como já vinham fazendo antes, e com mais frequência agora.

Durante o oculto namoro, uma coisa chamava a atenção de Eduardo: o olhar cobiçador de Olívia que, sem saber que ele e Laura estavam mantendo um relacionamento, se insinuava, interessada nele também.

Com o decorrer do tempo, Olívia, sentindo um desejo incontrolável por Eduardo, foi se aproximando do namorado da irmã e, a cada chance que tinha, aumentava ainda mais as jogadas de sedução, numa tentativa de conquistá-lo.

Oscar, o irmão da moça, várias vezes a observou abanando o calorão que sentia quando via Eduardo passar em frente à sua casa. Preocupado, o irmão comentou com a mãe:

— Tenho a sensação de que a Olívia vai trazer dor de cabeça para a senhora e para meu pai, aprontando alguma coisa errada.

— Por que você diz isso de sua irmã?

— Sempre que o Eduardo passa aqui na porta de casa, ela fica toda assanhada, como uma cachorra no cio.

— Talvez ela esteja apaixonada pelo Eduardo — comentou Alzira.

— Tenho certeza disso — afirmou Oscar.

— Nessa idade isso é normal — considerou Alzira, e prosseguiu: — Ainda mais em se tratando de um rapaz bonito como é o Eduardo.

— Nem tanto assim, né, mãe? — discordou Oscar, enciumado.

— Espero que ele não se aproveite dela — disse Alzira, preocupada.

— É o que vai acabar acontecendo.

— Tomara Deus que não — relutou Alzira, apreensiva.

— Só não vai acontecer nada se o Eduardo não for macho de verdade. Eu acho impossível um homem dispensar um brotinho como a Olívia. Ainda mais oferecida de bandeja como ela está. É melhor a senhora ficar atenta e prender a cabrita — concluiu Oscar.

— Você fez muito bem em ter me alertado — encerrou Alzira.

Não vendo outra saída, Eduardo decidiu recorrer a uma prática muito utilizada pelos apaixonados naquela época: quando os familiares de uma moça não aprovavam o seu escolhido, o rejeitado apaixonado ia até a casa da donzela na calada da noite montado em um cavalo e carregava a amada para bem longe.

Para evitar que os parentes fossem atrás e resgatassem o fruto do roubo durante a fuga, o corajoso ladrão de moça pura era premiado pela donzela com a sua virgindade, tornando assim a romântica aventura em algo muito mais atraente.

Quando os familiares descobriam o paradeiro da foragida, iam imediatamente ao seu encontro, não para levá-la de volta para casa, mas com o desejo de realizarem o casamento o mais breve possível. Perante a sociedade moralista, a moça sem virgindade perdia o valor, e seus pais, evitando ter uma filha desonrada dentro de casa, mesmo que o futuro genro não fosse do gosto de todos, acabavam concordando com a união.

Quando Eduardo falou com Laura sobre o seu romântico plano de roubá-la da casa de seus pais na garupa de um cavalo, ela concordou na hora com a ideia do amado. Marcaram o dia da aventura e assim o fizeram.

Amanheceu e Alzira notou que Laura estava demorando para acordar. Preocupada, a mãe foi até o quarto verificar o que estava acontecendo e lá encontrou apenas um bilhete deixado pela filha em cima da cama e a janela encostada, dando indícios de que Laura tinha fugido durante a noite.

Na folha de papel estava escrito:

> *Mamãe, obrigada pelo bom exemplo de mulher que a senhora representa, principalmente pelos seus conselhos e orações nos momentos difíceis, que tanto me fortalecem nesta minha árdua caminhada em busca da minha felicidade.*
>
> *Papai, sei que a minha atitude não vai lhe agradar nem um pouco. Mas quero que o senhor saiba que tenho muito orgulho de ser sua filha. Entendo que, por trás desse seu jeito bravo, na verdade existe um homem zeloso defendendo a honra de sua amada família com unhas e dentes!*
>
> *Como o senhor não aprova o meu relacionamento com Eduardo, decidi seguir os meus sentimentos e pagar o preço da vontade do meu coração.*
>
> *Espero em breve poder voltar para receber as bênçãos dos senhores.*

Um abraço da filha rebelde que os ama mais do que tudo nesta vida.

Laura Cristina de Carvalho

Quando Alzira terminou de ler o bilhete, já estava com o rosto banhado em lágrimas e, sem demora, foi até o quintal, onde estavam Salomão e Oscar. Ela entregou o bilhete para o esposo e disse:

— Leia isso aqui, Salomão.

— Que bilhete é esse? E que cara de choro é essa? — perguntou ele, apreensivo.

— Leia e descubra o que a nossa filha fez — disse Alzira, emocionada.

Salomão leu o conteúdo do bilhete e ficou furioso. Amassou a folha de papel com força e a jogou no chão, encarando a esposa:

— Você sabia que a Laura continuava se encontrando com o filho do macumbeiro e que ela estava planejando fugir com aquela praga?

— Eu não sabia de nada, meu bem. Na verdade, eu desconfiava de que ela estava aprontando alguma coisa. Mas eu nunca imaginei que planejavam fugir.

— E você não fez nada para evitar que acontecesse esta desgraça? Você se esqueceu de que o papel de uma mãe é orientar os filhos?

Alzira contrapôs:

— Existem coisas que fogem do nosso controle. E manter duas pessoas que se amam afastadas é algo praticamente impossível. Lembre-se de nossa própria história de amor. Quase ninguém da minha família aprovava você como meu companheiro e, mesmo assim, eu me fiz de surda para o que os outros diziam, me entreguei de corpo e alma ao nosso amor e nada nos impediu de ficar juntos.

Revoltado, Salomão desconsiderou a observação da esposa:

— Fale a verdade. Essa fuga foi facilitada por você, Alzira?

— Eu jamais faria qualquer coisa contra a sua vontade — rebateu ela.

— Como as aparências enganam! — interveio Oscar.

— Por quê, filho? — indagou Alzira.

— Eu jurava por Deus que a qualquer momento o Eduardo teria um envolvimento com a Olívia, não mais com a Laura.

— De onde você tirou essa suposição? — questionou Salomão.

— Olha, pai, várias vezes presenciei a Olívia jogando charme para cima do Eduardo igual a uma quenga oferecida. Inclusive eu até comentei isso com a mãe.

Salomão devolveu:

— Não fale uma besteira dessas, rapaz. A Olívia nunca se interessaria pelo filho do macumbeiro. Ao contrário, ela sempre se demonstrou contra ele, desde adolescente, quando a sua mãe teve a infeliz ideia de levar a Laura para frequentar as sessões de macumba na casa do pai dele. Naquela época, para o meu desgosto, a Laura, certamente induzida pelo velho, começou com essa história idiota de que ela e o filho dele são almas afins que voltaram para viver um reencontro amoroso! Portanto, não tem o menor fundamento essa sua desconfiança de que a Olívia, assim como a Laura, é apaixonada pelo filho do macumbeiro.

— É aí que você se engana, Salomão — aventou Alzira, que prosseguiu: — Em casos como este, o ódio da pessoa que vive fazendo intrigas é, na verdade, uma paixão não correspondida que ela nutre por quem vive perseguindo.

— Então, se a Olívia é apaixonada pelo futuro marido da irmã, agora ela vai ter que tirar esse amor do coração e aceitar essa desilusão — concluiu Salomão.

— É melhor a gente ir procurar logo os pais do Eduardo para resolver essa situação, antes que o seu futuro genro, depois de ter provado o fruto proibido, desista de se casar com a moça desvirginada — propôs Oscar.

— Ele não é nem louco de se atrever a abandonar a sua irmã desonrada — bradou Salomão. — Se ele fizer uma palhaçada dessas, eu capo aquele cabra da peste para que ele nunca mais desonre a família de ninguém.

Após tomarem o café, Salomão e Oscar, ainda sem saber o paradeiro do casal de pombinhos, foram até a casa de Eduardo com o propósito de acertarem a união dos apaixonados.

Depois de uma rápida conversa, os pais se dirigiram à cidade, onde procuraram o padre e marcaram a data do casamento para dali a alguns dias.

Enquanto aguardavam a data da união dos filhos, os pais dos noivos reuniram os amigos das duas famílias, como era comum quando alguém ia se casar, e fizeram uma modesta casa de sapé para o futuro casal.

Enfim, depois de certo tempo, chegou o tão esperado dia do sim para Laura e Eduardo. Olívia se recusou a ir à igreja assistir ao casamento da irmã. Chateada, Laura procurou saber o motivo de Olívia não querer participar da cerimônia de sua união com Eduardo, mas a justificativa que Olívia deu não foi convincente. Com isso, Alzira sentiu que Olívia realmente mantinha uma paixão não correspondida pelo futuro marido da irmã, como Oscar já havia comentado.

O dia do casamento foi de muita alegria para os convidados dos noivos, que partiram rumo à cidade montados em cavalos, formando uma escolta que seguia os passos galopantes da paixão que existia nos corações de Eduardo e Laura.

Depois de tantos desafios vencidos, estavam fazendo prevalecer o amor que os unia, abrindo com isso todas as portas.

A noiva usava um vestido simples, mas que trazia em si algo especial, pois fora confeccionado pela própria mãe da moça, que costurava muito bem.

Laura, ao ser escoltada pela cavalaria rumo ao altar, estava se sentindo uma verdadeira rainha. Depois de mais de uma hora galopando, chamando a atenção de todos por onde passavam, chegaram à capela da cidade.

Eduardo, que chegara antes da noiva como manda a regra, estava à sua espera, com as mãos suando de ansiedade diante do altar e dos olhares atentos de seus convidados, aguardando para ouvir o sim da mulher amada.

O padre abençoou aquela união. Laura e Eduardo, muito emocionados após a assinatura dos papéis do casamento, sentindo-se aprovados pela sociedade, saíram da igreja de cabeça erguida. Felizes com a conquista, voltaram para casa festejando o enlace que definitivamente selava o direito de viverem um para o outro livremente.

Aos poucos, Olívia foi se reaproximando de Laura, que, realizada com a vida de casada e acreditando que a irmã ficaria contente com a sua felicidade, ingenuamente aguçava a curiosidade dela lhe confidenciando alguns segredos de sua convivência com o marido nos momentos de intimidade.

Olívia ficava subindo pelas paredes cada vez que ouvia os picantes relatos da irmã sobre as qualidades de Eduardo quando iam para a cama viver os intensos momentos a dois que o romântico casal mantinha.

Olívia, tomada por um desejo intenso, ficava horas relembrando as cenas de amor descritas por Laura e, apaixonada pelo cunhado, via-se nos braços dele, ocupando o lugar de Laura e vivendo loucamente tudo aquilo que ouvia a outra lhe contar.

Laura, esclarecida e sensível o suficiente para se precaver das armadilhas que ela mesma estava criando, não se dava conta do erro que estava cometendo e, por muito tempo, seguiu revelando as suas intimidades e novidades que o marido inventava para satisfazê-la como mulher.

Os anos se passaram. Laura e Eduardo tiveram dois filhos, Augusto e Açucena, que se tornaram a felicidade da família.

A convivência com o sogro médium fez com que Laura se aprofundasse no assunto que sempre fora motivo de tormento em sua vida.

— Só não entendi o porquê de ter sofrido tanto desde pequena. A mediunidade me atrapalhou bastante. Eu quase fui internada num hospício.

— A mediunidade é o dom mais precioso que o ser humano pode ter — rebateu Juca. — Ela é uma aliada, porque é a intuição pura. Conforme você a educa, mais fácil fica perceber as energias ao redor, se as energias do ambiente são boas ou não, e até as intenções dos outros.

— Sim, seu Juca. Esse é o lado bom. Mas sofri muito.

— Sofreu porque precisava aprender a ser forte.

Ela espantou-se com o comentário. Estava acostumada a ser adulada, tratada como vítima. Juca não deixava por menos:

— Você nasceu com uma missão: ajudar as pessoas por intermédio da sua mediunidade, ou seja, ajudar os vivos fazendo uma grande parceria com os mortos. Mas para ser um bom médium, realizar um bom trabalho, é necessário vencer a vaidade, ser modesto.

— Eu era pequena. Como uma criança pode se defender? — perguntou, irritada.

— Ninguém é vítima no mundo. Cada um atrai para si as situações que precisa para burilar o espírito, não importa se recém-nascido ou com noventa anos de idade. Você era obsediada porque precisou aprender a tomar posse de si. Quem toma posse de si não sofre influência dos outros, seja encarnado ou desencarnado.

Assim, Juca ia orientando, explicando, ensinando Laura. Desejando oferecer uma oportunidade para a nora colocar em prática a sua mediunidade, convidou-a a participar dos trabalhos espirituais que desenvolvia no centro que dirigia fazendo consultas, dando passes e orientações.

Laura aceitou o convite do sogro e, para trabalhar como voluntária nas sessões de assistência espiritual, aprofundou-se nos estudos. Ela aprendeu a tratar de casos de desequilíbrio energético de muitas pessoas e passou a psicografar. Desencarnados se aproximavam e ditavam-lhe mensagens de conforto e esperança aos familiares tocados pela dor da perda de um ente querido.

Diante da melhora de inúmeras pessoas que recebiam o seu auxílio espiritual, Laura acabou tomando confiança no trabalho que desenvolvia, e Juca, contente por tê-la como sua sucessora, aos poucos ia lhe repassando todos os conhecimentos que adquirira durante décadas de atuação como médium.

Laura sentia-se lisonjeada com tamanha responsabilidade que o sogro depositava nela e, a cada nova descoberta, ficava mais encantada com a sabedoria daquele homem simples, mas que, ao mesmo tempo, se mostrava um profundo conhecedor das causas que provocam os sofrimentos da alma humana.

Juca não media esforços para ensinar à nora os tipos de ervas naturais que possuem potenciais de cura capazes de dizimar doenças físicas crônicas. E, para os casos de interferência espiritual, o médium recomendava que Laura fizesse os infalíveis rituais de libertação — mistura de orações e passes — que ele ministrava com muito êxito.

Capítulo 15

Alguns anos tinham se passado, e Juca, como experiente médium, sentia que a nora já estava pronta para assumir a sua independência. O veterano não teve dúvida ao aconselhar Laura a montar seu próprio centro, para que ela pudesse fazer os atendimentos em um ambiente adequado para lidar com a energia dos espíritos.

Laura concordou com a sugestão do sogro e, mesmo sem muitas condições financeiras, construiu uma modesta casa de apoio espiritual, na qual passou a receber as pessoas que surgiam de todas as partes em busca de ajuda e consolo.

A médium não cobrava pelo trabalho que desenvolvia. Mesmo assim, alguns fazendeiros que recorriam aos seus serviços faziam questão de retribuir a sua dedicação dando-lhe gratificações em dinheiro. Com as recompensas que recebia, Laura acumulou uma boa quantia, que usou para construir uma casa de apoio mais confortável para acomodar melhor as pessoas que vinham de longe e não tinham onde se hospedar durante o tratamento, que, em alguns casos, levava semanas para ser concluído.

A fama de boa curandeira de Laura se espalhou e tomou uma dimensão tão relevante que ganhou uma data comemorativa anual, período em que o seu centro espírita era transformado em uma grande concentração de fé. Era a época em que a médium abria as portas de sua casa de apoio para receber centenas de pessoas que vinham até de outros estados para lhe agradecer as graças alcançadas por meio dos eficazes tratamentos que a médium realizava.

Mesmo diante do sucesso da filha, que atuava como médium e ajudava inúmeras pessoas, Salomão continuou evitando aproximação com a espiritualidade.

Juca acompanhava tudo de perto e percebeu o deslumbramento da nora com o destaque que o seu nome havia conquistado na opinião pública. Incontáveis vezes, ele tentou alertá-la para não se deixar levar pela fama.

No entanto, Laura, com o ego inflado pelos elogios que recebia, acreditava que o sogro estava na verdade com ciúme de seu sucesso. Sentindo-se superior a Juca, Laura já não pedia mais a opinião do experiente médium que lhe passara os conhecimentos que a tornaram conhecida.

Dolores, bem idosa, alertava a amiga sobre esse deslumbramento. Laura deixou de lhe escrever, dando como desculpa a quantidade de gente que necessitava de seu atendimento. Dessa forma, aquela linda amizade, mantida durante anos por meio de inúmeras cartas, foi minguando. E um dia as cartas pararam de chegar. Não demorou muito para Laura se esquecer da amiga.

Além disso, Laura já não citava mais o seu mentor espiritual como parceiro na resolução dos casos, para não ofuscar a sua imagem de boa curandeira que as pessoas tanto exaltavam nas sessões de cura que promovia.

Eis que mais uma vez chegou o dia da tão esperada festa que ocorria na primeira semana do mês de dezembro, oportunidade em que a médium dava início à reunião de mãos dadas com os convidados, fazendo um emocionante ritual e agradecendo à espiritualidade as graças conquistadas. De maneira alegre, atravessavam a noite comemorando e fazendo novos pedidos para o ano vindouro, degustando deliciosas comidas típicas e, por fim, acontecia o momento mais esperado do encontro: Laura incorporava o seu guia espiritual, que vinha especialmente transmitir uma mensagem de encorajamento aos já agraciados que ali se faziam presentes.

A noite estava apenas começando e o casarão estava apinhado de gente. Os voluntários que auxiliavam com boa vontade a espiritualista na organização da festa corriam alegremente de um lado para o outro, colocando em ordem os últimos detalhes para a realização do concorrido evento.

Enquanto isso, a médium estava reclusa em seus aposentos, concentrando-se e preparando-se espiritualmente para dirigir a emocionante celebração.

Concluído o trabalho de organização da festa, Eduardo dirigiu-se ao quarto onde estava a esposa. Devagar, ele empurrou a porta e entrou pisando macio para não desconcentrá-la. Ao vê-la sentada diante de seu altar com um terço na mão e de olhos fechados em profunda prece, tocou em seu ombro suavemente e comunicou que já estava tudo pronto. Laura disse:

— Vá recepcionar as pessoas que, dentro de instantes, iniciarei o evento.

Eduardo deixou o quarto e saiu para cumprimentar os convidados que estavam do lado de fora, proseando alegremente na frente do casarão.

Depois de dar as boas-vindas, Eduardo sentou-se para conversar com Salete, uma amiga de infância, quando Olívia surgiu com uma expressão de surpresa, como se estivesse dando um flagrante no cunhado ao encontrá-lo sorridente batendo papo com uma mulher solteira.

Enciumada, Olívia o censurou:

— Olha, Eduardo, quem vê você assim, se divertindo na companhia de uma mulher solteira, nem imagina que você é um homem compromissado.

Incomodado com a postura da cunhada, ele retrucou:

— O que deu em você, Olívia? Eu e a Salete estamos apenas conversando como amigos.

Olívia olhou para Salete rangendo os dentes como uma fera em ponto de ataque e, fuzilando a outra com os olhos raivosos, avisou em forma de ameaça:

— Eu estou de olho em você, viu, sua sirigaita? Acho melhor você ficar longe do marido da minha irmã, senão eu acabo com a sua raça aqui mesmo, na presença de todo mundo.

Salete se despediu de Eduardo fingindo que não tinha escutado aquelas palavras ofensivas, e Olívia ficou mordendo os lábios de raiva por ter sido ignorada pela moça.

Com esse mal-estar, Eduardo chamou a cunhada em um canto, longe das visitas, e questionou a atitude da jovem, que, chorando de ciúme, revelou:

— Eu só fiz isso porque você me traiu! Eu guardei a minha pureza para me descobrir mulher em seus braços... Mas você não me esperou para se casar comigo.

Com aquela inesperada revelação, Eduardo teve noção da encrenca que estava prestes a se formar em torno de sua vida e, contrariando o desejo da cunhada, se aproximou da moça para que ninguém ouvisse o que ele ia dizer:

— Olívia, você enlouqueceu de vez, menina? Coloca uma coisa na sua cabeça, garota... Eu amo a sua irmã. Você ouviu o que eu disse? Vou repetir: eu amo a sua irmã e ela será a única mulher da minha vida.

— Pelo amor de Deus, Eduardo, não me fale que você ama a Laura, não. Isso me machuca muito — suplicou Olívia, aos prantos.

Com firmeza e clareza, ele bradou:

— Falo, sim. Esta é a mais pura verdade. E deixe de fazer drama, porque as pessoas estão observando e vão acabar ficando curiosas com o que está acontecendo entre nós aqui fora.

— Não estou nem aí para o que os outros vão pensar — desafiou ela.

— Se você não tem medo de ser malvista, isso é problema seu. Eu tenho o meu casamento a zelar — alertou ele.

— Eu não vou desistir de você por nada neste mundo. Lutarei pelo meu sonho de ter você ao meu lado até o último dia de minha vida — determinou Olívia, chorando.

— Desista dessa loucura! Não perca o seu tempo com essa ilusão. Eu sou muito bem casado com a sua irmã e serei fiel ao meu compromisso com a Laura para sempre. Ouça bem... Eu disse *para sempre*. Você ouviu? *Para sempre* — repetiu ele, com mais ênfase ainda.

Olívia, convicta de que convenceria o cunhado a mudar de ideia, falou:

— Não adianta você dizer que não sente nada por mim. Eu vi nos seus olhos outro dia que a sua alma me deseja.

— Isso que você está dizendo é um absurdo! — discordou ele, revoltado.

Mostrando-se obcecada pelo cunhado, Olívia argumentou:

— Você não vai conseguir fugir da vontade do seu coração. Está na cara que nós ficaremos juntos e eu vou continuar pacientemente esperando você tomar coragem de me transformar em sua mulher.

— Deixe disso, garota. Você está fantasiando. Se você continuar com essa ideia maluca, eu vou ser obrigado a chamar a sua irmã aqui e contar tudo para ela — ameaçou Eduardo.

— Se você fizer isso comigo, vai se arrepender amargamente.

— Só não farei por respeito aos convidados — ponderou Eduardo.

— Vamos, seja homem! Cumpra a sua ameaça. Chame a Laura e conte para ela que eu o amo. Só assim eu terei a oportunidade de escancarar meu coração e arrancar de dentro de mim esse sofrimento que está me destruindo aos poucos.

— Pois fique você sabendo, minha querida, que eu não tenho medo de suas chantagens e nem vou me arrepender de nada, porque não tenho o rabo preso com você em nada — defendeu-se Eduardo, com segurança.

— Então vamos ver se você se banca mesmo. Contarei em detalhes aos meus pais, na frente de todos aqui, que desde que eu era pequena você vem me seduzindo, e agora, depois que você conseguiu o que queria de mim, fica bancando o maridinho fiel — disse Olívia com voz rancorosa.

— Isso é uma calúnia! Eu nunca aliciei você, sua mentirosa.

— Aliciou sim. E se você tentar colocar a minha família contra mim, eu vou revelar toda a verdade sobre o que houve entre nós — tornou a ameaçar Olívia.

Chocado com o desequilíbrio da cunhada, Eduardo disse:

— Mas nunca houve nada entre nós, Olívia! Você enlouqueceu?

— Não importa se houve ou não, Eduardo. E eu acho melhor você não me desafiar. Porque a minha palavra vale mais que a sua. Tenho certeza de que, se eu abrir a boca aqui e fizer um escândalo revelando que você tem um caso comigo, todo mundo vai acreditar em mim.

— As coisas não podem ser conquistadas dessa maneira. Para um relacionamento acontecer, é preciso que seja a vontade de duas pessoas que se gostam reciprocamente, e não a escolha de uma só por meio de chantagens, como você está fazendo comigo.

— Você está com medo do meu pai, é? — perguntou ela com prazer.

Ele não respondeu a essa indagação e, voltando no tempo, questionou:

— Foi por isso que você não quis assistir ao meu casamento com a Laura?

— Não fui assistir ao casamento de vocês porque não suportaria vê-lo se casando com outra sem fazer um escândalo na igreja — confessou ela, soluçando.

— Mas será que você não entende que a sua irmã é a mulher que eu amo? Me esqueça — suplicou ele, tentando livrar-se dela.

— Não tenho mais força para lutar contra o meu coração — insistiu Olívia.

— Então você vai perder o seu tempo com essa ideia, porque eu não vou cair na sua armadilha por nada — avisou Eduardo.

— Eu não tenho mais nada a perder — afirmou Olívia.

— Tem, sim. E a sua vida?

— Sem você, eu lá tenho vida?

Eduardo deixou a cunhada falando sozinha e voltou para o meio da multidão. Frustrada, Olívia deixou a festa antes da cerimônia de abertura. Ela chegou em casa bufando de raiva, jogou-se na cama, esmurrou o colchão e se debateu como um peixe fora da água, desabafando a sua revolta.

Enquanto a jovem apaixonada sofria a dor do desprezo, o clima na festa esquentava entre as pessoas que, alegremente, proseavam aguardando a entrada da médium e líder espiritual Mãe Laura, como era carinhosamente conhecida.

No horário marcado, um voluntário da casa avisou que iria começar a reunião. Depois o jovem olhou para outro voluntário que controlava o acesso à área reservada onde a dirigente ficava e consentiu que ele abrisse o portão em que havia um lindo desenho de uma estrela de cinco pontas.

Todos olharam na direção do portão. A médium surgiu trazendo na mão uma vela acesa e, nesse instante, os convidados mais sensíveis já estavam emocionados com a energia positiva que sentiam vibrando no ambiente.

Laura caminhou até o centro do salão, girou o corpo se apresentando a todos e fez um gesto de gratidão com as mãos juntas, reverenciando a presença dos convidados. Foi nesse instante que uma coisa lhe chamou a atenção. Ela notou, pela expressão do rosto de seu marido no meio do aglomerado de pessoas, que ele era o único a não demonstrar alegria na festa.

O olhar distante do companheiro mostrava que a alma dele não estava ali presente na animada reunião, como esteve em outras ocasiões.

Entretanto, como se não tivesse percebido nada de estranho, a médium se ocupou de seu propósito, dando início aos trabalhos, como estava programado.

Feito o ritual, Laura incorporou o seu guia espiritual, abriu espaço para que as pessoas fizessem perguntas e, após a sessão de atendimento ao público, o espírito deixou uma acalentadora mensagem sobre a continuação da vida após a morte, arrancando das pessoas lágrimas de conforto e esperança. Depois da etapa ritualística, foi servido o jantar e, no encerramento, entoaram emocionantes cânticos de evocação, clamando a proteção dos espíritos da natureza.

Ao acordar no dia seguinte, Laura sondou o marido sobre o motivo que o deixara introspectivo durante a festa. Eduardo, esquecendo-se de que a esposa, com sua clarividência e sensibilidade apurada, captava qualquer situação no ar, alegou que os preparativos para o evento tinham lhe consumido toda a energia e que na hora de festejar já estava esgotado.

Laura sentiu que o companheiro estava lhe escondendo algo e, decidida a fazê-lo dizer a verdade, demonstrando-se irritada, taxativamente o indagou:

— Eduardo, você se esqueceu de que eu sou clarividente?

— Por que você está me perguntando isso? — desconversou ele, impaciente.

— Não se faça de desentendido. Você sabe muito bem do que eu estou falando. Diga logo o que está acontecendo com você — pressionou-o a esposa.

— Não está acontecendo nada comigo — disse ele, saindo do quarto.

— Volte aqui. Vamos conversar como duas pessoas adultas.

Eduardo bateu a porta e seguiu para o quintal. Com a evasiva do marido, Laura foi preparar o café da manhã.

Como era esperado, a partir daquele dia, Eduardo passou a manter distância da cunhada. Porém, quanto mais ele a rejeitava, mais a moça se sentia atraída pelo cunhado. Determinada a alcançar o seu objetivo, Olívia passou a assediá-lo de todas as maneiras possíveis.

Completamente apaixonada — na verdade, obcecada —, a jovem usava os mais arrebatadores apelos sensuais para persuadi-lo. E, por mais que Eduardo evitasse se envolver com a cunhada, quando a olhava, reconhecia que Olívia tinha o que mais o atraía em uma mulher: Olívia era dona de um belo corpo e, acima de tudo, ainda era virgem, atributos que acabaram despertando nele a curiosidade de descobrir os segredos da insistente cunhada. Ela, percebendo que o peixe estava mordendo a isca, não lhe dava trégua nem um dia sequer.

A cada dia que passava, vendo as tentadoras curvas do corpo daquela moça pura e sendo coagido pelos seus jogos de sedução, Eduardo sentia-se mais próximo de um abismo.

Dominado pelo desejo ardente de tê-la em seus braços, ele já não dormia direito e, quando conseguia pegar no sono, tinha repetidos sonhos eróticos, cometendo as mais loucas fantasias com a cunhada. Quando acordava, as imagens dos picantes sonhos continuavam em sua mente como um filme, trazendo a sensação de que tudo aquilo tinha sido real.

Eduardo sentia-se tão mal que, ao conversar com a esposa, não conseguia nem encará-la. Para disfarçar o desconforto íntimo que lhe roubava a paz de espírito, tentava mostrar alegria com um sorriso da boca para fora.

Porém, isso não diminuía o estranhamento de Laura a respeito do comportamento diferente do marido. Por isso, ela questionou-o mais uma vez sobre o que estava acontecendo com ele e novamente não obteve resposta do companheiro.

De um lado, Eduardo evitava conflitos em seu casamento e também com a família da esposa. De outro, Laura começava a ter a nítida desconfiança de que estava sendo traída e, por essa razão, passou a investigar os passos do companheiro, na tentativa de descobrir o que ele guardava em segredo.

Como não descobriu nada de errado no dia a dia de Eduardo, Laura fez o que mais a acalentava: procurou consolo no colo da mãe.

Alzira, por sua vez, tentava compreender o que se passava:

— Filha, o que aconteceu entre vocês antes dessa mudança de seu marido?

— Não aconteceu nada de anormal entre nós, mãe.

— Como não houve nada de anormal, filha? Ninguém muda de uma hora para outra sem motivo. Ainda mais o Eduardo, que sempre foi um homem tão apaixonado por você e responsável com as obrigações de seu casamento.

— É justamente isso que está me deixando mais preocupada.

— Quando ele começou a se comportar com indiferença? — questionou Alzira.

— Isso começou no dia da festa de comemoração anual do nosso centro. Estava tudo bem, mas quando entrei no salão para fazer a abertura da festa, notei que ele estava totalmente fora da realidade. Mesmo no meio da multidão, era a única pessoa que não demonstrava alegria. Como o conheço muito bem, percebi que sua expressão era de preocupação. O comportamento dele denunciava claramente que alguma coisa estava levando a sua mente para longe dali.

— Pode ser que ele esteja sentindo ciúme de você — supôs Alzira.

— Ele não tem motivos para sentir ciúme de mim.

— Aconteceu alguma coisa desagradável durante os preparativos do evento que deixou seu marido chateado, minha filha.

— Não tenho dúvida disso, mãe. Com certeza aconteceu alguma coisa com o Eduardo naquele dia. Mas o quê? — questionou mais uma vez. — Eu já perguntei várias vezes o que houve, mas o homem vive isolado e não se abre por nada. Quando tento conversar, ele fica muito irritado e, como se não me devesse nenhuma satisfação, simplesmente diz que o estou incomodando com essas investigações, parecendo uma mulher insegura que fica vigiando até os pensamentos do marido.

— Filha, a coisa que mais deixa um homem nervoso é quando ele está passando por algum problema e a mulher fica em sua orelha tentando descobrir o que é.

Embora estivesse angustiada, Laura se divertiu com a observação da mãe.

— O homem tem um jeito de agir diferente da mulher — explicou Alzira. — Quando nós estamos passando por algum problema, conversamos com uma amiga, desabafamos e colocamos pra fora tudo aquilo que está nos afligindo. Já o homem, diante da mesma situação, age igual à tartaruga, ou seja, se esconde dentro de si mesmo tentando fugir do problema. Lembra-se de que sempre conversamos sobre isso?

Diante da resposta positiva de Laura, a mãe sugeriu:

— Pare de cobrar explicações dele. Dê tempo ao tempo.

— A pior coisa do mundo é conviver com a dúvida — disse Laura, insegura.

— Não há de ser nada — aditou Alzira.

— Posso até estar enganada, mãe, mas a minha sensibilidade me alerta que algo estranho está acontecendo com o meu marido. Não sei dizer com clareza o que de fato ocorre com o Eduardo. Porém, sinto que existe a presença de alguém manipulando energias perversas contra nós dois, colocando o nosso casamento em crise.

— Deixe o seu marido quieto no canto dele o tempo que for preciso. Somente vibrando energia positiva você conseguirá afastar essa nuvem escura que circunda a relação de vocês e trazer de volta a harmonia.

— Vou colocar suas dicas em prática — disse Laura, sentindo-se mais calma.

Alzira deu um carinhoso abraço na filha e despediram-se.

Capítulo 16

Dias depois, Laura procurou a mãe para contar-lhe que Eduardo continuava indiferente e apresentando um comportamento cada vez mais evasivo.

— Peça esclarecimento ao seu mentor espiritual — sugeriu Alzira, achando que a filha já deveria ter feito isso.

— Eu já pensei em fazer isso, mãe. Entretanto, uma vez, durante uma conversa, o Alaor me falou que não é porque eu trabalho como médium que serei poupada dos desafios da vida. Ele foi taxativo quando me disse que mediunidade não serve como atalho para nos desviar dos aprendizados de nosso desconhecido caminho. Ele explicou que a espiritualidade não pode interferir em certas situações para livrar alguém de coisas desagradáveis, porque os acontecimentos que atraímos fazem parte do nosso crescimento e desenvolvimento.

— Então, se é assim que a vida funciona, não adianta a gente sofrer se preocupando com coisas que não temos poder para mudar — concluiu Alzira.

Sem argumento para contestar, Laura suspirou fundo e ficou calada.

— E o que você sente que está acontecendo? — tornou a falar a mãe.

— Sinto que há uma interferência muito ruim nos distanciando.

— Ele tem procurado você como mulher, mantendo a intimidade de casal?

— Isso sim, mãe. Mas não com aquela mesma intensidade do início. A sensação que eu tenho quando estamos em nossa intimidade de casal é de que ele está apenas cumprindo a sua obrigação de marido. Isso faz eu me sentir péssima — desabafou Laura, com voz chorosa.

— Filha, o casamento é feito de fases boas e de outras desafiadoras. É normal que o apetite sexual do casal diminua com o passar do tempo. E, para que uma união seja duradoura, é preciso que haja entre o casal muita compreensão, tolerância e, principalmente, paciência.

— A senhora já me ensinou esses segredos, mas é muito difícil colocar em prática qualidades que nós ainda não desenvolvemos.

— Não fique assim, filha. Isso é mais uma fase de adaptação do casamento. Eu, que já vivi momentos quase insuportáveis com o seu pai, posso lhe garantir que logo essa nuvem escura vai passar e tudo ficará bem entre vocês. Esse tipo de turbulência faz a relação se fortalecer.

— Como pode uma pessoa espiritualizada como eu, que vive orientando os outros, estar nessa condição, igual a uma menininha indefesa, chorando pelos cantos e pedindo consolo da mamãe? — questionou-se Laura, aflita.

— Filha, você não pode misturar as coisas desse jeito. Na convivência com o seu esposo, você precisa se esquecer de que é uma famosa médium e ter a consciência de que, para ele, você é apenas a esposa.

Reconheça as suas limitações. Você não é capaz de salvar o mundo. Lembre-se de que, antes de ser uma líder espiritual, você é um ser humano como qualquer outro, vivendo nas mesmas condições de aprendizado. Problemas, até o papa os têm... — tornou Alzira, enfática.

— Eu tenho consciência disso, mãe.

— Laura, eu sei que você é uma pessoa espiritualmente esclarecida. E longe de mim querer lhe ensinar alguma coisa. Mas quero lhe dizer algo muito importante, minha filha: precisamos confiar as coisas que não conseguimos resolver aos benfeitores espirituais, porque eles estão no mundo como guias para nos ajudar, orientar.

— Concordo com a senhora. É exatamente isso que eu recomendo às pessoas que me procuram. Falar é uma coisa, colocar em prática é outra.

Laura, muito angustiada e chorando, abraçou a mãe e pressupôs:

— Será que o Eduardo está gostando de outra mulher?

— Calma, filha! Deixe de ser dramática. Confesso que conviver com a dúvida é uma tortura, mas também não vamos baixar a autoestima com pensamentos negativos. Vamos procurar manter sentimentos elevados — propôs Alzira.

Laura, consumida pela insegurança com o que estava por vir, disse:

— Uma traição seria o meu fim.

— O que a leva a crer que seu marido a está traindo? Ele lhe deu motivos claros de que realmente está se envolvendo com outra pessoa?

— Não, mãe. Isso não. Já fiz de tudo para descobrir um deslize dele e nada. A senhora sabe que a coisa mais comum, principalmente em nossa terra, é encontrar homem que não tem condições nem para bancar uma mulher e, por fantasia, arruma um harém para se divertir, enquanto a honrada esposa se mata de trabalhar cuidando dos filhos e da casa.

— Infelizmente, essa é a realidade de muitos homens, só que não podemos ser radicais julgando que todos são assim, e muito menos o seu marido — devolveu Alzira, numa tentativa de acalmar a filha. — Há os que se contentam com o que é familiar, mas também há os machistas, que querem uma boa esposa e mãe, mas necessitam de mulheres fáceis para satisfazer suas fantasias.

As duas não notaram que, enquanto conversavam, Olívia, como sempre, estava com o ouvido colado atrás da porta, escutando tudo. Ela ficou muito contente ao descobrir que o cunhado estava se comportando de maneira diferente nos últimos dias.

A crise no casamento da irmã significava que Eduardo tinha caído em seu jogo de sedução e que conquistá-lo era só uma questão de tempo. Olívia foi para o quarto. Ficou se olhando diante do espelho e imaginando como seria o seu primeiro momento íntimo com o cunhado. Embalada pelas cenas que surgiam em sua mente, cometendo as mais quentes fantasias com Eduardo, sentia tanto desejo em se entregar para ele que mordiscava os lábios enquanto se divertia com a própria loucura.

— Me aguarde, bonitão. Vou presenteá-lo com algo inesquecível, para que você nunca mais diga que o seu coração está compromissado para sempre com a tonta da Laura. Ufa! Nem quero pensar na loucura que será — disse ela, abanando-se como se tivesse apagando o fogo que subia pelo corpo inteiro.

Ainda se olhando diante do espelho, exaltando-se, disse à imagem refletida:

— Você é muito mais linda que a sua concorrente. A Laura só se casou com o seu homem porque você não agiu rápido. Mas quando seu cunhadinho metido a homem fiel tiver a oportunidade de sentir o calor de seu lindo corpo nu nos braços dele, o coitado vai até perder o fôlego de paixão e, de maneira selvagem, irá lhe possuir, tirando sua virgindade.

De repente, ela teve a sensação de que alguém tinha entrado no quarto e a flagrado falando sozinha. Trazida de volta à realidade, girou rapidamente para trás e suspirou aliviada por ter sido apenas uma impressão.

— Ainda bem que foi só um susto — sussurrou e continuou: — Preciso tomar mais cuidado para não revelar os meus segredos e intenções com o meu cunhadinho, porque, se o meu pai descobrir que eu e o Eduardo estamos tendo um caso, mesmo antes do fato ser consumado, nossas vidas serão aniquiladas.

Após o seu diálogo solitário, Olívia deixou o quarto e, sentindo-se seguida por alguém, foi até a cozinha, pegou uma bacia, uma faca, e foi para o quintal, onde colheu algumas laranjas e as cortou ao meio, consumindo os frutos com bagaço e tudo.

Alzira, com muito esforço, conseguiu amparar e reanimar Laura.

— Vamos dar tempo ao tempo e, se o seu marido estiver traindo você, quem vai perder o moral é ele, por não honrar a promessa que lhe fez quando se casaram. Você é uma mulher decente. Se a sua desconfiança vier a se confirmar, uma coisa eu lhe digo: uma pessoa qualificada e honrada como você não deve se rebaixar, ficando deprimida por causa de um homem que não a respeita.

As palavras de Alzira fortaleceram e levantaram a autoestima de Laura. Muito emocionada, abraçou a mãe e, cheia de coragem, levantou o astral.

— Nem sei o que seria de mim se eu não tivesse a senhora ao meu lado. Acho que as mulheres seriam muito mais fortes e felizes se tivessem uma mãe tão maravilhosa como eu tenho — declarou ela, secando as lágrimas.

— Laura, eu acredito que cada um de nós tem aquilo que cultiva.

Depois da conversa, as duas seguiram para seus afazeres.

Laura recebeu o chamado de uma família que morava na cidade para atender uma moça que vivia sendo assediada por um espírito em desequilíbrio, que incorporava na jovem nos momentos mais inusitados, gerando muito constrangimento em sua vida.

Sem desconfiar de que a irmã estava armando para seduzir o seu marido, Laura pediu que Olívia ficasse cuidando de sua casa e de seus filhos.

Olívia, fingindo-se de prestativa, prontamente aceitou o convite e, em pensamento, agradeceu pela oportunidade de colocar o seu plano em ação: "Até que enfim o meu grande dia chegou".

Antes de seguir viagem, Laura recomendou que os filhos se comportassem bem durante sua ausência, agradeceu a irmã pela ajuda, pegou as suas coisas e partiu rumo à cidade, informando que só voltaria para casa no outro dia.

Quando começou a anoitecer, Olívia preparou o jantar e, antes que o cunhado chegasse do trabalho, serviu as crianças para se livrar logo deles. Depois foi com os sobrinhos para a casa dos avós maternos, onde dormiriam naquela noite.

Eduardo chegou, jantou, foi até a casa dos sogros, deu um beijo nos filhos, agradeceu a cunhada pela ajuda, desejou boa noite aos sogros e saiu para se distrair um pouco, conversando com os amigos da vizinhança. Uma coisa chamou a atenção de Eduardo quando ele se despediu: de maneira discreta, Olívia expressou sensualidade, encarando-o como quem queria devorá-lo com os olhos.

Atordoado com a investida da cunhada, Eduardo murmurou:

— Preciso manter distância dessa menina. Ela é um perigo.

Alguns minutos após da saída do cunhado, Olívia inventou que estava sentindo uma forte dor de cabeça, e Alzira, preocupada, perguntou:

— Você quer que eu pegue um remedinho para afastar esse mal-estar, filha?

— Não precisa se preocupar não, mãe. Não é nada de mais.

— Então vá descansar e deixe que eu termino de arrumar a cozinha.

Olívia foi para o quarto, trancou a porta e, em seguida, saltou pela janela, correndo em direção à casa da irmã com um único objetivo: seduzir o cunhado.

— É hoje que Eduardo será meu. Só meu! — dizia Olívia para si mesma.

Já era tarde da noite quando Eduardo retornou para casa e, ao se deitar, levou um susto ao tocar o corpo de uma mulher completamente nua em sua cama.

Imediatamente lhe veio à mente a imagem de Olívia encarando-o de maneira sensual e provocativa quando ele esteve na casa dos sogros horas antes.

"Essa louca só pode ser a Olívia", pensou. Ainda assustado, e ao mesmo tempo curioso, perguntou no escuro:

— Olívia, é você?

Ela, de maneira silenciosa, pegou as mãos do cunhado e as levou a seus seios. Quando ele tocou aqueles mamilos durinhos, foi dominado pelo calor do momento e deslizou as mãos sobre o corpo dela, tocando intimamente as suas curvas pecadoras. E assim como Olívia imaginava que seria a reação de Eduardo, por um instante ele pareceu ter perdido o fôlego, tamanha fora a emoção que sentiu ao encontrá-la completamente nua em sua cama, no lugar que até então só fora de sua amada esposa.

Olívia, certa de que o peixe havia mordido a isca, não perdeu mais tempo. Rolou na cama jogando o corpo nu sobre o cunhado, sussurrando palavras eróticas no ouvido dele e, fatalmente, enlouquecendo-o de desejo.

Eduardo, que já andava distante de Deus, ficou ainda mais longe dEle. Deixou-se envolver pelos encantos da cunhada e beijaram-se ardorosamente.

As suas mãos atrevidas estavam incontroláveis naquele momento e, movido por uma chama intensa, tocou as intimidades da cunhada como nunca tocara a própria esposa, acariciando-a loucamente sem o menor pudor.

Olívia, completamente entregue àquela gostosa sensação de estar vivendo um romance proibido, sentiu um prazer indescritível tomando conta de todo o seu ser.

Eduardo, tomado pela vontade de possuí-la, perdeu o medo da morte, colocou seu casamento em risco e, no fogo do momento, se entregou à paixão que o consumia.

Olívia o agarrou pela cintura e o puxou para cima dela, permitindo que ele tirasse a sua virgindade de uma vez por todas e libertasse a sua alma daquela vontade avassaladora que tinha de senti-lo invadindo a sua intimidade de maneira selvagem, possuindo-a e transformando-a em sua mulher, como ela desejava fervorosamente desde a adolescência.

Agora, na mente de Olívia, ela finalmente ocupava o lugar da irmã.

Enquanto isso, na cidade, Laura estava dormindo e, por ser uma pessoa extremamente sensível, naquele exato momento em que o marido e a irmã cometiam a traição, ela despertou sentindo uma forte tontura e uma pontada no peito, como se tivesse levado uma punhalada no coração. Sentou-se na cama, fechou os olhos e começou a rezar pedindo ajuda ao plano espiritual. Logo o seu mentor apareceu ao seu lado e lhe disse:

— Filha, conte comigo, pois eu estarei sempre presente nas travessias difíceis que terá que superar durante a experiência desta encarnação.

Emocionada, Laura agradeceu ao amigo espiritual pelo apoio.

Alaor despediu-se e Laura novamente se deitou, mas não conseguiu se desligar daquela estranha sensação que lhe sufocava a garganta e ardia o peito.

Eduardo e Olívia, dominados pelo desejo ardente, viveram intensamente as mais loucas fantasias até altas horas da madrugada.

Já satisfeita com a noitada, Olívia deixou o cunhado dormindo e foi embora para a casa dos pais, pisando leve para que ninguém percebesse a sua chegada.

No dia seguinte, quando Laura chegou em casa, o marido já havia saído para trabalhar e os filhos permaneciam na casa dos avós.

No entanto, assim que ela entrou no quarto do casal, sentiu uma energia muito densa vibrando no ambiente. De repente foi acometida pela mesma sensação de angústia que havia lhe interrompido o sono durante a noite.

Laura se trocou, abriu as janelas da casa para afastar aquele ar pesado, foi até a cozinha, tomou um copo de água, retornou ao quarto, sentou-se na cama, fechou os olhos e fez uma sentida prece, pedindo o amparo dos amigos espirituais. Em seguida, fez uma limpeza energética na casa, com oração e defumação, afastando a companhia indesejada que ali se manifestava. Depois foi buscar os filhos.

Quando se aproximou da casa de seus pais e viu Augusto e Açucena brincando, sentiu um alívio reconfortante no peito.

— Mamãezinha! — gritou Açucena, correndo em sua direção para abraçá-la.

— Oi, querida! — respondeu ela amorosamente, apressando o passo, indo ao encontro da filha.

Com a garotinha nos braços, Laura apertou-a com força e beijou o seu lindo rostinho várias vezes, matando a saudade, enquanto Augusto se aproximava para abraçá-la também. Laura colocou delicadamente Açucena no chão e repetiu o mesmo gesto de carinho com o filho mais novo.

— Que saudade de vocês, meus amores — disse ela, emocionada.

— A gente também estava morrendo de saudade da senhora, mamãezinha — retribuiu a menina, com meiguice no seu jeitinho de falar.

— Comportaram-se bem? — perguntou ela, de mãos dadas com os filhos.

— Sim — responderam os dois de uma vez só.

— Então vão ganhar mais beijos da mamãe — devolveu ela, dando mais um beijo estalado no rostinho de cada um dos filhos.

— A vovó contou as nossas histórias preferidas antes de dormirmos — contou Açucena, demonstrando o seu prazer em ouvir suas irresistíveis histórias.

— Assim você vai deixar a mamãe com ciúme e com inveja da vovó — tornou Laura, novamente beijando o rostinho corado de sua pequena e amada Açucena.

Augusto, com a autoestima elevada por ter ouvido elogios da avó, falou:

— O vovô disse que me ama do tamanho de todo o universo.

Ao escutar o filho comentando com orgulho que o avô havia lhe feito uma declaração de amor, Laura aproveitou a oportunidade para reforçar aquela imagem positiva na mente do filho de que ele realmente era muito amado:

— Não só o vovô, mas todos nós da família amamos muito vocês dois — disse ela, abrindo os braços como se estivesse mensurando o tamanho do amor.

Contentes, Augusto e Açucena entreolharam-se, olhos brilhando de alegria por saberem que eram queridos pelos membros de sua família. Com isso, Laura notou que aquela declaração de amor lançada no coração das crianças tinha alcançado o mais profundo da alma dos pequenos, deixando internalizada a certeza de que eram pessoas importantes e muito queridas.

Alzira estava colocando a casa em ordem quando escutou a voz da filha conversando com as crianças. Imediatamente deixou os seus afazeres e foi ter com Laura. Assim como fez com os filhos, Laura deu um afetuoso abraço na mãe e perguntou por Olívia. Ela queria agradecer a irmã por ter cuidado das crianças, mas foi informada de que Olívia tinha ido até a casa de uma amiga que ficava distante dali. Mãe e filha conversaram um pouco e Laura voltou para casa levando os filhos.

Enquanto Laura preparava o almoço, as crianças foram brincar. Aparentemente, as energias no interior da residência já estavam melhores. Contudo, ela tinha a nítida certeza de que acontecera algo muito grave e que gerara desarmonia em seu lar.

Eduardo chegou do serviço com a aparência abatida. Não conseguia encarar a esposa, pois um sentimento de culpa destruidor corroía sua alma. Laura, notando seu olhar aflito, perguntou:

— Aconteceu algo estranho aqui em casa durante a minha ausência?

— Nem comece com as suas investigações, porque não aconteceu nada durante a sua ausência — respondeu ele, dando as costas para a esposa.

— E por que você está com essa cara?

— Estou com essa cara porque é a única que eu tenho — rebateu Eduardo, demonstrando-se muito irritado com a segunda pergunta.

— Qual é o real motivo de você estar me tratando com esse desprezo?

— Eu só falei desse jeito porque você, às vezes, me tira do sério com essas suas perguntas chatas que só enchem o meu saco.

— Tem certeza de que você não está me escondendo nada? — insistiu ela.

Completamente descontrolado, Eduardo esbravejou:

— Não sei onde eu estava com a cabeça quando decidi me casar. Troquei a minha liberdade de solteiro por uma prisão. Jesus amado, o que eu fiz com a minha liberdade? Não posso sequer pensar na vida que logo já vem a chata da mulher me torrar a paciência com perguntas investigativas, meu pai do céu!

Laura aproximou-se dele e quis saber:

— Por que está arrependido de ter se casado? Encontrou outra mulher mais interessante que eu?

Rangendo os dentes de raiva, Eduardo novamente bradou:

— Olha, Laura, vou falar uma coisa... Você parece uma investigadora de polícia que fica perguntando a mesma coisa várias vezes, tentando colocar a pessoa acusada em contradição para arrancar dela algum segredo.

Laura cobrou, com firmeza na voz:

— Não sei se você se lembra do compromisso que assumiu comigo. Eu sou sua mulher e tenho o direito de saber o que está se passando com você.

Eduardo, mais uma vez, deixou a esposa falando sozinha. Foi até o quarto, pegou uma toalha e saiu rumo ao riacho. Precisava tomar um banho para esfriar a cabeça.

Capítulo 17

Angustiada, Laura chamou os filhos, que brincavam no quintal, e lhes serviu o almoço. Enquanto eles comiam, ela foi até o quarto. Precisava rezar.

Eduardo retornou do riacho, almoçou e, em seguida, saiu de casa sem dizer para onde ia, postura típica de um cabra-macho do sertão naquele tempo.

Laura, reconhecendo que o marido não abriria o jogo, resolveu dar tempo ao tempo. Mas o que ela começou a achar estranho foi que, além de o marido ter se tornado indiferente, Olívia também passou a apresentar um comportamento suspeito. Sua irmã vivia dentro de sua casa ouvindo as suas secretas confidências e, de uma hora para outra, simplesmente adotou uma postura de reclusão, ficando a maior parte do tempo trancada na casa dos pais, coisa que antes ela odiava.

Os dias foram se passando e, cada vez que Eduardo se deparava com Laura, o peso na sua consciência o oprimia e rebaixava a sua autoconfiança, fazendo-o se sentir o pior dos cafajestes.

Algumas semanas após a traição, Eduardo saiu pela manhã para comprar alguns mantimentos e, enquanto voltava para casa, Olívia surgiu do nada em um trecho da estrada. Desesperada, atirou-se nos braços dele, dizendo:

— Preciso ter uma conversa urgente com você.

Assustado com a surpresa, ele se benzeu. Desprendeu-se dela e, prosseguindo a viagem, falou:

— Eu quero é distância de você, Olívia. Você acabou com a minha paz de espírito. Estou há dias sem conseguir dormir direito. Se arrependimento matasse, eu já tinha morrido de remorso por causa da besteira que nós fizemos.

— Espere um pouco — pediu ela, parando em sua frente.

— Sai do meu caminho, praga — determinou ele, esquivando-se.

— Só vou deixar você ir embora depois de me ouvir — tornou ela, seguindo-o.

Com medo de ser flagrado em lugar inadequado na companhia da sedutora cunhada, Eduardo, alterado com a insistência da jovem, mais uma vez gritou:

— Sai da minha cola, tentação do demônio!

Olívia não se deixou intimidar:

— Eduardo, por obra do destino, naquela noite de loucura que nós tivemos aconteceu algo que nos uniu para sempre — tornou ela, com a voz embargada.

— O que houve entre nós naquela maldita noite não foi obra do destino. Aquilo foi fruto da sua falta de caráter, que premeditou e armou contra a felicidade da própria irmã — rebateu ele, indignado.

Ignorando o comentário ofensivo do cunhado, Olívia disse:

— Eu sei que você está com raiva de mim. Mas é sério. A gente precisa conversar com urgência. Tenho uma revelação bombástica para lhe fazer.

Mais uma vez ele se benzeu e falou:

— Deus me livre e guarde da sua maldade, Olívia. Coloque uma coisa na cabeça, menina... O que houve entre nós não se repetirá nunca mais.

Nesse instante, Olívia tentou pegar nas mãos do cunhado, dando a entender que lhe faria a revelação, porém Eduardo deu as costas à moça e seguiu viagem.

Percebendo que ele ia embora, Olívia, com voz chorosa, suplicou:

— Eduardo, pelo amor de Deus, ouça o que eu tenho para lhe falar... no que resultou aquela inesquecível noite de loucura que nós tivemos.

Ao ouvir a cunhada fazendo aquele dramático suspense sobre o caso que tiveram, Eduardo sentiu um frio na barriga, parou um instante, voltou-se para Olívia e, já tremendo de medo do que viria pela frente, tornou:

— Conta logo o que aconteceu. Por que você está apavorada assim?

— Você não vai acreditar no que tenho para lhe falar — alertou ela, oprimida.

— Alguém a viu saindo lá de casa naquela noite? — questionou ele, ansioso.

— Aconteceu algo muito pior que isso.

Eduardo, com o olhar aflito, apenas coçou a cabeça. Aguçando a curiosidade do cunhado, Olívia avisou:

— Você vai desmaiar quando receber a notícia que eu tenho para lhe dar.

Sabendo como a cunhada era dominadora, ele adiantou:

— Se você estiver armando mais um truque para me seduzir, pode ter certeza de que eu vou deixá-la aqui falando sozinha. E digo mais... — tornou ele com o dedo indicador apontado rispidamente para a cara da cunhada: — Fique sabendo que nem por todo dinheiro do mundo eu vou trocar uma mulher maravilhosa como a Laura por uma irresponsável como você.

Olívia sentiu muito ódio quando ouviu Eduardo exaltando a esposa e desclassificando-a, mas, para não demonstrar a sua insatisfação, ficou calada.

— Vamos direto ao assunto — pediu ele, desejando encurtar a conversa. — Eu não quero que ninguém me veja aqui de papo contigo. Diga logo... o que você quer de mim?

Ela tentou conter a vontade de chorar, baixou a cabeça, passou a mão na barriga acariciando-a e, em seguida, levantou o rosto desesperadamente.

Apavorado, Eduardo olhou nos olhos da cunhada e disse, trêmulo:

— Não pode ser verdade o que eu estou pensando, Olívia.

— É verdade, sim, Eduardo, o que você está pensando. Infelizmente, nós fizemos uma burrada irreparável e eu engravidei de você naquela noite — confirmou ela, novamente acariciando a barriga.

Ainda duvidando da palavra da cunhada, ele rebateu:

— Olívia, isso só pode ser um pesadelo.

— Você disse muito bem, Eduardo. Realmente nós vamos viver um terrível pesadelo a partir de agora.

— Eu não acredito que essa história seja verdadeira.

— Pois, então, espere. Daqui a nove meses você vai tirar essa dúvida, quando o nosso filho nascer — declarou ela, com o olhar perdido.

— Você tem certeza de que está grávida?

— É claro que tenho. Nos últimos dias sinto enjoos, desejos, meus seios incharam, fiquei muito sensível, choro sem motivo e o meu corpo está se modificando diariamente. Esses sintomas só podem ser sinais de gravidez — concluiu ela.

Chocado, como quem tinha recebido a notícia de uma tragédia, Eduardo pôs as mãos na cabeça. Desesperado, andou de um lado para o outro sem querer aceitar aquela informação como verdadeira.

Ele voltou-se para Olívia e questionou:

— E agora, o que vamos fazer?

Sem argumento, Olívia desabou a chorar e, buscando apoio no cunhado, tentou abraçá-lo, mas ele, como se não quisesse se sujar, não permitiu o contato. Afastou-se dela e, colocando-se como inocente na situação, disse:

— Bem que eu lhe avisei que esse negócio não ia terminar bem. Mas você é muito teimosa e não pensa nas consequências de seus atos. Você é tão imatura que só aprende com o sofrimento. Vive procurando sarna pra se coçar! Então agora aguente o tranco, diabo! — explodiu ele. — Pessoas irresponsáveis como você pagam um preço muito alto pelas escolhas erradas que fazem, achando que são mais espertas do que as outras. É como diz o ditado: "A mentira tem pernas curtas". Essa é a lei de causa e efeito trazendo o resultado de sua atitude errada. Ninguém se esconde do passado nem fica impune de suas trapaças. Mais cedo ou mais tarde, você vai colher os frutos do que plantou. Você agiu desonestamente e ainda me levou para o caminho do erro.

— Não... — ela tentou se defender.

Ele fez um sinal com as mãos e prosseguiu:

— Infelizmente eu fui um fraco, me deixei levar pelo seu jogo de sedução e agora vou colher o sofrimento como consequência do seu ato irresponsável. É como diz o meu pai: "A vida sempre nos mostra que viver na ilegalidade não compensa". Essa gravidez aconteceu para que você tivesse uma dura lição.

Enquanto escutava Eduardo usando aquelas palavras filosóficas e agressivas para julgá-la como única responsável pela gravidez, Olívia pensou: "Olha só quem está me desclassificando! Coitado, ele não aprendeu nada". Depois, em uma reflexão honesta consigo mesma, Olívia teve a noção da gravidade da situação na qual se metera levando junto o cunhado. Mentalmente a jovem se questionava: "Como levarei essa desagradável notícia ao conhecimento dos meus familiares, se em casos como este a honra da família é lavada com o sangue de quem ousa desrespeitar as regras?".

Ciente de que tinha escolhido um caminho sem volta, Olívia concluiu que os seus familiares, machistas como eram, não aceitariam o fato ao serem informados de que ela estava grávida do cunhado, e com certeza isso terminaria na morte dele.

Só de imaginar que ela seria a culpada pela morte do cunhado e pai de seu filho, Olívia se sentiu apedrejada pela opinião pública, que fatalmente também lhe condenaria à morte por ser uma destruidora de lares.

Eduardo, esperançoso de que seria perdoado, disse:

— Eu repito... Nem perca seu tempo com a ilusão de que vou deixar a minha amada esposa para assumir um relacionamento com você. Aconteça o que acontecer, eu vou lutar para salvar o meu casamento.

Ironizando a falta de bom senso do cunhado, Olívia rebateu:

— Querido, você não entendeu a gravidade da nossa situação. Não há o que salvar depois do que você aprontou comigo.

— É isso que nós vamos ver — apostou ele, confiante.

— Deixe de ser burro, rapaz! Aliás, homem com cabeça de vento como você é o que mais existe neste mundo... Não pode ver um rabo de saia que já se esquece do compromisso com a esposa e acaba perdendo aquilo que tem dentro de casa, ou seja, a família, *para sempre* — disse ela, dando ênfase às últimas palavras.

— Vire essa boca venenosa pra lá, sua cobra traiçoeira dos infernos! Eu não perdi a minha mulher e nem vou perdê-la por nada — rebateu ele, se benzendo.

— Como você é ingênuo, Eduardo! Será que você ainda não percebeu que não restou nem os caquinhos daquela sua moral de homem exemplar?

Ele refletiu e não encontrou argumento para contestar os fatos! Mas não entendia o real motivo de Olívia querer o seu mal.

Olívia colocou as duas mãos sobre a barriga como se estivesse protegendo a criança que carregava em seu ventre e, usando de apelos paternais, lastimou-se:

— Você quer me dizer que esse ser inocente que carrego dentro de mim terá a infeliz sorte de ser abandonado pelo próprio pai antes de nascer? O que essa criança vai pensar quando descobrir que seu pai é um covarde?

Ofendido com a acusação da cunhada, Eduardo retrucou:

— Eu não estou abandonando ninguém e também não sou covarde. Você está colocando palavras em minha boca. Estou dizendo que não vou largar a minha família para ficar com você.

— Seja homem e assuma o seu erro! — redarguiu ela com força.

— Eu sei que tenho a minha parcela de culpa e nunca vou negar isso. Contudo, você não precisa repetir mil vezes a bobagem que nós fizemos.

— E o que você pensa em fazer agora? — questionou Olívia.

— Nós só temos duas opções para resolver essa questão: ou você some daqui para sempre, ou vamos revelar para a sua família o que aconteceu entre nós, contando com o perdão deles — propôs Eduardo, fantasiando que conseguiriam a compreensão da família.

Olívia gargalhou, ironizando o jeito otimista do cunhado.

— Você não tem mesmo a mínima noção do perigo que a sua vida está correndo. Vou ser bem realista com você, Eduardo... Prepare-se para enfrentar o pior.

— Coisa pior não poderá mais me acontecer — lastimou-se ele.

Ela aproximou-se do cunhado, zombando da cara de assustado dele.

— Você não tem noção da enrascada em que se meteu, meu querido. Eu conheço o temperamento do meu pai e dos meus irmãos, e, se você tiver a ousadia de confessar para eles que me engravidou, primeiro eles vão fazer picadinho de você com um facão e depois vão me expulsar de casa.

— Será que eles teriam coragem de colocar uma mulher grávida para fora de casa e matar o pai de um inocente? — questionou ele, sentindo piedade por si mesmo.

— Essa é a coisa mais comum em nossa cultura conservadora aqui do sertão. Não me diga que você não sabe disso? Em que mundo você vive, rapaz? Eu vou tentar clarear um pouco a sua mente inocente: os homens de nossa terra são ensinados desde pequenos a lavarem a honra de sua família com o sangue do invasor safado como você.

— Deixe de bancar a santinha do pau oco e de me julgar como um imprestável. Você sabe muito bem que as coisas só chegaram a esse ponto por causa da sua falta de vergonha na cara, que insistiu nessa loucura até conseguir destruir as nossas vidas — defendeu-se Eduardo. — Você agiu de caso pensado. É um espírito maldoso. Você tem espírito de porco, joga lama na felicidade dos outros.

Ela fingiu não escutar a ofensa e disse:

— Mesmo se acontecesse um milagre e os meus familiares fossem tocados em seus corações machistas e aceitassem a canalhice que você aprontou comigo, coisa que eu acho impossível acontecer, você ainda teria outro desafio: salvar o seu casamentinho do naufrágio.

— E qual é o outro grande problema?

— Conquistar o perdão da Laura — respondeu Olívia, que emendou: — Ela nunca vai perdoá-lo pela cachorrada que você fez.

— Mas foi você quem premeditou e causou tudo isso! — retrucou ele.

— Até quando você vai mentir para si mesmo, Eduardo? — indagou ela, tentando convencê-lo da própria culpa. — Lembre-se de que ninguém faz filho sozinho. Só falta você dizer agora que essa criança veio parar no meu ventre por meio do meu pensamento de mulher iludida que viveu uma fantasia a distância e engravidou psicologicamente do cunhadinho fiel — zombou Olívia.

— Eu não estou negando a minha participação nesta loucura. O que eu quero é que, na hora que a bomba estourar, você diga a verdade. Só isso.

— Ah, que bonitinha essa sua conversa de pessoa moderna da cidade! Faça-me um favor, pare com esse papo mole de pessoa espiritualizada, porque aqui no sertão quem comete um erro grave como o que você aprontou, engravidando a cunhada, acaba é pagando com a própria vida.

Desesperado e sentindo piedade de si mesmo, ele indagou:

— Até quando as pessoas irão corrigir erros cometendo outros erros?

— Entenda uma coisa, meu querido: aquela sua moral de homem fiel vai ficar manchada para sempre. Isso é fato!

— É assim que você se realiza? Destruindo a vida dos outros?

— Eu não destruí nada.

— Destruiu sim — repetiu ele, nervoso.

Ela novamente passou a mão na barriga e, com cara de quem estava esnobando um adversário desatento, troçando da cara de aflição dele, afirmou:

— Eu o avisei do que eu seria capaz para ficar ao seu lado.

— Quem lhe garante que você vai ficar comigo?

— Eu me garanto — respondeu ela, confiante.

— Me esquece de vez, por favor. Eu nunca mais lhe darei o prazer de ficar comigo.

— É isso que veremos a seguir nesta história — apostou Olívia, que continuou: — Você só está me rejeitando porque ficou nervoso com a notícia da gravidez, que o pegou de surpresa e o deixou apavorado pelo medo de machucar Laura.

— Eu não estou apavorado com nada — discordou Eduardo, com raiva.

— Está sim. Seja honesto com os seus sentimentos e admita logo que você só não me assume porque morre de medo de enfrentar a minha família e o julgamento das pessoas, que, aliás, são infelizes por viverem de aparência, mantendo relacionamentos falidos e condenando quem tem a coragem de se bancar e viver livremente o que sente! — ficou uma pausa no ar e depois ela concluiu: — Por mais que você diga que a Laura é a mulher de sua vida, eu vejo estampado na sua cara quando me olha que você me deseja loucamente.

— Você está completamente equivocada, Olívia. Acorde para a realidade e pare de viver de fantasia. Desista dessa ideia doentia — rebateu ele, afastando-se.

— Você nunca me valorizou — reclamou a cunhada, seguindo-o.

— Não correspondi porque amo sua irmã — retorquiu Eduardo, choramingando.

Sentindo-se vingada pelo desprezo que sofrera desde a adolescência, Olívia, vendo o desespero do cunhado, ironizou o seu pavor:

— Nossa! Estou surpresa com você, Eduardo! Quando você estava se aproveitando da cunhadinha virgem, parecia ser um macho tão destemido, e agora se revela esse menino frágil e indefeso?

Recompondo a postura de cabra-macho, ele rapidamente limpou as lágrimas do rosto, mas não retrucou a provocação.

Olívia prosseguiu:

— Se você não morrer, quem sabe, com o tempo, cresça e vire homem, repense e decida me assumir como sua esposa.

— Chega! Cansei de ouvir as suas ironias! Você é uma mente muito perigosa, que se alegra com a desgraça dos outros — bradou, ameaçando esmurrá-la. — Como você é contraditória! Acabou de dizer que sua família me matará e, mesmo assim, quer que eu abandone a sua irmã e a assuma? Você é realmente louca.

— Antes de me agredir, lembre-se de que estará ferindo o seu filho também. Aliás, homem com agá maiúsculo sabe que não se deve bater em uma mulher nem com uma flor, muito menos se ela estiver grávida. Isso será terrível para a saúde da mãe e de seu filho.

Nesse instante, ele baixou a mão, se corroendo de raiva.

Olívia, ainda na provocação, continuou:

— A minha mãe diz que, durante a gestação, a mulher deve ser poupada ao máximo de passar por desgastes emocionais ou situações de estresse, porque nesse período o bebê absorve todas as sensações que a mãe sente. O feto grava na memória todos os acontecimentos e emoções por que passa enquanto está na barriga da mãe, como as agressões, que afetam o seu desenvolvimento.

Diante da ironia da cunhada, Eduardo teve dificuldade para manter a calma, mas conseguiu controlar a raiva que sentia ao ouvir as suas provocações.

Capítulo 18

Depois de caminharem um bom tempo em silêncio, Olívia atravessou a frente de Eduardo e lhe propôs:

— Vamos pagar o preço do que sentimos um pelo outro. Podemos fugir daqui pra bem longe, e que se dane a opinião das pessoas hipócritas e fingidas que não têm coragem viver aquilo que lhes pede o coração.

Irritado com aquela proposta indecente, Eduardo disse:

— Nem venha com esse joguinho de sedução barato, porque eu já estou vacinado contra os seus truques e não caio mais na sua conversa doce. Essa gravidez é coisa sua. Agora se vira que o problema é seu. Jamais vou abandonar a minha família, fugindo da responsabilidade que assumi com a minha amada esposa diante de Deus, para assumir um relacionamento com uma pessoa devassa como você.

Olívia mais uma vez fingiu que não foi ofendida e sutilmente rebateu:

— Essa gravidez é nossa.

— Mas foi você quem buscou isso — contrapôs ele, frustrado. — Eu não busquei nada. A gente teve uma relação e infelizmente aconteceu.

Os dois voltaram a ficar em silêncio. Depois de um tempo, Eduardo propôs:

— Eu tenho um conselho para lhe dar.

— Então fala — consentiu Olívia.

— Já que você é boa em inventar histórias para se livrar das encrencas, use a sua imaginação e criatividade e faça o seguinte...

— O quê?

— Revele para a sua família que você está grávida, mas não diga quem é o pai da criança, porque você teve relacionamento com vários homens.

— Que ideia genial essa sua, Eduardo! Como é que eu não pensei nisso antes? — zombou Olívia.

Ele ficou confuso se ela estava falando sério ou gozando de sua proposta.

— Olha que ideia mais bacana essa que você está me sugerindo colocar em prática — continuou ela, ironizando-o. — Então quer dizer que eu assumo sozinha a responsabilidade pela burrada que nós fizemos juntos, dizendo para a minha família que, ao contrário do que eles pensavam, eu não sou uma menina pura, na verdade fui uma quenga usada por tantos machos que nem sei qual deles é o pai do filho que estou esperando? Não me diga que você pensou que eu seria tão idiota de aceitar uma sugestão ordinária dessa só para livrar a sua imagem de pai de família exemplar?

— Essa seria a melhor maneira para evitar uma tragédia — tornou ele.

Irritada com a ideia do cunhado, Olívia disse:

— Não tenho mais nada para conversar com você. Pela sua infeliz sugestão, já deu para perceber que tipo de homem você é. Você é fraco e um covarde da pior espécie, que não tem a coragem de assumir o que sente e muito menos tem cacife para arcar com os erros que comete. Mas, olha, cunhadinho, quer saber de uma coisa? Já que você está mesmo decidido a ficar com a Laura e me rejeitar, então eu vou tomar uma decisão que vai acabar com seu plano. Aguarde que você terá uma surpresa — vociferou ela, já indo embora.

— Olívia, espere um pouco — pediu ele, seguindo-a.

Ela não atendeu e continuou caminhando a passos rápidos.

— Volte aqui, Olívia. Vamos conversar. O que você vai fazer? — perguntou Eduardo, preocupado.

— Eu não vou fazer nada — respondeu ela, apressando os passos. — Quem vai resolver essa situação da forma que você merece é o meu pai quando souber que a filha preferida dele está grávida do cunhado safado.

Eduardo sentiu um frio na barriga ao ver Olívia seguir na direção da casa dos pais, dando a entender que iria revelar-lhes a gravidez.

Decidido a impedi-la de colocar a vida dele em risco, estrategicamente jogando com a situação, Eduardo resolveu fingir que Olívia tinha chances de assumir o lugar da irmã em seu coração e, tentando impedi-la de revelar o segredo, falou:

— Eu realmente sinto algo muito especial por você.

Quando ouviu a suposta declaração de amor do cunhado, Olívia sentiu o coração pulsar forte e, confiando na palavra dele, parou por um instante de costas e ficou esperando que ele corresse atrás dela para impedi-la de partir.

E foi isso que Eduardo fez. Plantou-se na frente dela com as duas mãos juntas e suplicou:

— Pelo amor de Deus, Olívia, vamos achar uma saída para essa situação.

Satisfeita por vê-lo curvado aos seus pés implorando por um minutinho de sua atenção, ela agiu com o mesmo desprezo com que ele a tratara antes:

— É você quem vai escolher qual será o nosso destino. Só existem duas alternativas: ou a gente foge daqui enquanto há tempo, ou ficamos aqui, abrimos o jogo e colocamos as nossas vidas e a do nosso bebê em risco, porque quando o meu pai e o Oscar descobrirem que você abusou de mim, com certeza vão acabar na hora com a sua raça.

Eduardo ficou de cabeça baixa, chorando e se perguntando:

— Onde eu estava com a cabeça quando me deixei levar pela tentação? Por que não saí correndo daquele quarto, meu Deus? Por que não fiquei ao lado da minha esposa naquela noite, lá na cidade?

Botando mais pressão, Olívia disse:

— Agora é tarde demais para você ficar se lamentando. Temos que decidir logo o que vamos fazer.

— Eu preciso de um tempo para pensar direito — disse ele, aflito.

— Então pense rápido, porque o ponteiro do relógio está apressado, trabalhando contra nós. A minha barriga já está começando a crescer e, para disfarçar, inclusive estou tendo que usar as roupas largas da minha mãe. Sem contar que fico a maior parte do tempo trancada no quarto para não chamar a atenção dos olhos curiosos. Só que a minha mãe já está ficando desconfiada do meu comportamento. Ela é muito esperta, capta as coisas no ar. Como observou que ultimamente fico muito tempo isolada no quarto e que passei a usar suas roupas, ela já me perguntou o que está acontecendo comigo.

Eduardo enxugou as lágrimas que banhavam o seu rosto e disse:

— Estou muito abalado com essa história. Não consigo raciocinar com clareza e, por isso, peço a você mais um tempo para estudar melhor como vamos proceder diante dessa situação.

Ela fingiu-se ansiosa para se libertar daquele segredo e perguntou:

— Quanto tempo você precisa para decidir que dia vamos fugir?

Ele suspirou fundo e respondeu:

— Vou conversar com meu pai. Me dê dois dias. Depois de amanhã a gente volta a se encontrar nesse mesmo lugar e horário para resolver de vez este assunto. Pode ser?

— Aqui, nesse mesmo lugar, eu não quero.

— O que você sugere, então? — indagou Eduardo, inquieto.

— Na hora do almoço os meus pais costumam tirar um cochilo. Então eu vou dar a desculpa de que irei lavar roupa e a gente aproveita para se encontrar lá na margem do riacho, no mesmo lugar onde você e a Laura se encontravam quando namoravam escondidos.

— Eu não sei do que você falando — negou ele, indignado.

— Você sabe, sim. Não se faça de homem comportado porque eu sei de todos os seus podres. A Laura me contou tudo sobre os encontros picantes que vocês tiveram.

Eduardo ficou revoltado com a ingenuidade da esposa e tornou:

— Eu não acredito que a Laura cometeu a burrice de revelar as nossas intimidades justamente para sua pior inimiga?

Olívia riu de maneira irônica e rebateu:

— Não diga isso de sua amada esposa. A minha irmãzinha não é tão burra assim. Afinal, foi ela quem me ensinou que, para uma mulher dominar um homem, basta provocar suas fantasias e logo o tonto estará comendo em sua mão.

Enquanto Olívia zombava de sua cara, Eduardo sentia-se um idiota. Olívia prosseguiu, debochando do cunhado:

— Já pensou como ficará a sua moral de homem exemplar, e principalmente a da Laura, a famosa médium de cura que este povinho sem cultura tanto idolatra e adora como se fosse Deus? Quais serão os comentários das pessoas quando a bomba estourar? E mais: que idiota ainda vai pedir aconselhamento sobre relacionamento para uma mulher traída, que se diz capaz de prever o futuro dos outros, mas que, na prática, não enxerga nem o que acontece debaixo de seu próprio nariz?

Eduardo perdeu o controle e gritou:

— Chega de me torturar, garota. Chega, chega! Você está passando dos limites. Você quer levar uma surra nesse estado?

Assustada com o olhar furioso do cunhado fitando-a, Olívia decidiu não provocá-lo mais. Retirou-se e foi embora.

Eduardo, preocupado e transtornado, sentou-se em um tronco de madeira por alguns instantes, tentando encontrar uma saída para se livrar de uma tragédia.

Enquanto o arrependido traidor chorava, amargando o preço pela noite de paixão incontrolável, teve a estranha sensação de que alguém havia se aproximado por trás dele e, em seguida, sentiu um forte arrepio que subiu pelo seu corpo inteiro. Com medo de ter sido flagrado discutindo com a cunhada, Eduardo levantou o rosto, girou para trás e, mesmo com a sensação de estar sendo observado, não viu ninguém ao seu redor.

Na verdade, tratava-se de uma presença espiritual que, tentando persuadi-lo, ficou ao seu lado, próximo a seu ouvido, dizendo com muita força e determinação:

— Fale para ela tomar um remédio abortivo caseiro para dispensar esse intruso que se instalou em seu ventre, antes que a barriga dela comece a crescer.

De repente, Eduardo foi acometido por um sentimento de ódio contra aquele filho que não escolhera ter com a cunhada, e essa repulsa projetou em sua mente a ideia de aconselhar Olívia a tomar algum remédio abortivo caseiro, muito comum entre as moças da época quando descobriam estar grávidas antes do casamento.

Eduardo deixou o local e foi para casa se sentindo péssimo após concluir que, abortando a criança, estava era furtando de um ser indefeso o direito à vida.

Naquela noite, mesmo exaurido, Eduardo ficou até altas horas sem conseguir adormecer. As palavras agressivas de Olívia foram proferidas com tanta ênfase que se repetiam em sua mente, acusando-o de maneira torturante.

Laura, incomodada com a insônia do marido, que ficava se revirando de um lado para o outro da cama, levantou-se, acendeu a lamparina e perguntou:

— O que está acontecendo com você, homem de Deus? Há dias você apresenta um comportamento estranho. Se abra comigo, pelo amor de Nosso Senhor Jesus Cristo.

Irritado, ele se virou para o lado e disse:

— Vá dormir, mulher, e não me amole com perguntas repetidas.

Laura já estava no limite de sua paciência com aquela indiferença com a qual o marido vinha lhe tratando.

Evitando piorar a falta de diálogo com o companheiro e ciente de que estava cumprindo a sua parte como esposa, esperou o momento certo para ter uma conversa clara com Eduardo, que permanecia inquieto.

A madrugada ia alta quando Eduardo, enfim, conseguiu pegar no sono. Em vez de relaxar, ele teve um terrível pesadelo, em que se viu correndo dentro de um matagal espinhoso, fugindo de um homem que lhe perseguia com um facão na mão tentando golpeá-lo pelas costas. Ao se distanciar do inimigo, se deparava, lá na frente, com outro opositor que, da mesma maneira, surgia em sua frente tentando atacá-lo com um facão. Em outro momento, deparava-se com uma menina que lhe suplicava desesperadamente, de joelhos:

— Papai, pelo amor de Deus, não me mate.

Laura acordou ouvindo os gritos do marido pedindo por socorro e o acordou. Com o coração quase saindo pela boca e com respiração ofegante, Eduardo sentou-se na cama e disse:

— Graças a Deus, você me acordou.

Assustada, Laura disse:

— Nossa mãe do céu! Você sacolejou tanto e gemeu com tanto desespero que eu até pensei que você estivesse tendo um ataque do coração. Ufa, que alívio!

— Tive um pesadelo horrível — disse ele, levantando-se da cama e indo até a cozinha tomar um pouco de água.

De volta ao quarto, Eduardo novamente deitou-se ao lado da esposa. Para evitar que ela percebesse a sua inquietação, virou-se de costas para a companheira e fingiu que estava dormindo.

Laura estava tão cansada de mais um árduo dia de trabalho que nem notou que o marido estava acordado, velando a própria sorte, ao seu lado na cama.

Pensativo, Eduardo se questionava: "Será que vou ser pai de uma menina e o espírito dela veio me pedir que eu não aconselhe a mãe dela a fazer o aborto? Ou será que esse pesadelo foi um reflexo dos pensamentos negativos que tive antes de dormir e recebi um sinal do que vai me acontecer quando o seu Salomão e Oscar descobrirem que eu engravidei a Olívia?

Sem resposta para suas indagações, Eduardo passou o restante da noite em claro.

No dia seguinte, Alzira e Olívia estavam na cozinha preparando o jantar quando a jovem, de repente, saiu correndo em direção ao quintal de casa.

A mãe, preocupada, seguiu a filha para verificar o que se passava com ela. Chegando atrás da casa, Alzira encontrou Olívia tendo ânsia de vômito. Considerando que a moça ultimamente vinha apresentando um comportando anormal, Alzira, uma mulher experiente, logo suspeitou de que a indisposição da filha só poderia ser sinal de gravidez.

Quando Olívia melhorou do mal-estar, as duas voltaram para dentro de casa e Alzira, desconfiada, questionou a filha:

— Pelo amor de Deus, filha, o que é que está acontecendo com você? Por que você passou a vestir as minhas roupas e quase não sai do quarto? Explique-me qual é o verdadeiro motivo desse desarranjo?

Diante dos questionamentos da mãe, Olívia ficou muda e se lembrou das palavras de Eduardo: "É como diz o ditado: 'A mentira tem pernas curtas'. Essa é a lei de causa e efeito trazendo o resultado da sua atitude errada. Ninguém se esconde do passado nem fica impune de suas trapaças. Mais cedo ou mais tarde, você vai colher os frutos do que plantou... Porque é como diz o meu pai: 'A vida sempre nos mostra que viver na ilegalidade não compensa'. Essa gravidez aconteceu para que você tivesse uma dura lição".

Alzira, irritada com a demora da filha em responder sua pergunta, tornou:

— Vamos, Olívia, me explique o que está se passando com você.

Acuada, ela desabou a chorar, confirmando o que a mãe havia pressentido.

— Perdoe-me, minha mãe. Eu fiz uma grande besteira e engravidei.

Alzira sentiu o coração acelerar só de imaginar que a filha estivesse grávida antes de ter se casado. "Que vergonha", pensou ela, aflita.

Naquele tempo, uma mãe solteira era considerada uma mulher desqualificada, que passava o resto de seus dias com a imagem manchada, apontada como moça imprópria para que um homem pudesse reconhecê-la como legítima esposa diante do altar.

Depois dessa reflexão, com muito desgosto, Alzira sondou:

— Quem foi o desgraçado que fez isso com você?

Pressionada pelo interrogatório da mãe, a jovem parecia que ia derreter-se em lágrimas. Sem outra saída, falando baixo, aos soluços, revelou:

— Foi o Eduardo que me embuchou, mãe.

— Como é que é, Olívia? Eu ouvi bem o que você falou? Você está me dizendo que engravidou do seu cunhado?

— Sim, mãe. Mas a culpa foi toda minha.

Nesse momento, Alzira sentiu-se a pior mãe do mundo e, condenando-se pela desonra da filha, questionou chorando:

— Ó, meu Deus, onde foi que eu errei, meu pai amado? Isso não pode ter acontecido comigo, Senhor.

Olívia interveio:

— Infelizmente, mãe, eu farei a senhora passar por esse desgosto.

— Desde quando vocês têm um caso?

— Nós não temos um caso, mãe. Tivemos apenas uma relação, e eu acabei engravidando.

— E quando foi que isso aconteceu? — gritou Alzira, segurando-se para não bater na filha grávida.

— Foi naquele dia que a Laura me deixou cuidando da casa dela e foi para a outra cidade atender a moça que sofria ataques de espíritos obsessores. Eu fugi daqui de casa à noite, aproveitei que o Eduardo tinha saído para bater papo com os vizinhos, entrei na casa dele pela porta dos fundos e, quando ele voltou para casa e foi se deitar... eu já o esperava — finalizou, rubra de vergonha.

— Você enlouqueceu de vez, Olívia?

Houve uma pausa. Alzira continuou:

— Imagina a cena comigo, filha. Que homem encontraria uma linda moça como você em sua cama e fugiria da tentação? Com um banquete desses, Olívia, é praticamente impossível encontrar um homem honesto a ponto de pensar antes de agir e rejeitar a tentadora oferta.

Olívia permaneceu calada. E a mãe continuou:

— Com tanto homem solteiro neste lugar procurando uma mulher para formar uma família, você foi engravidar justamente do seu cunhado?

Alzira mal completou a última frase e escutou a voz agressiva do marido, que chegava do trabalho no exato instante em que a filha revelava estar grávida do cunhado. Muito nervoso, ele interferiu na conversa:

— Que história é essa de Olívia estar grávida do cunhado?

Alzira gelou de medo da tragédia que poderia acontecer em sua família quando viu o olhar irado de Salomão, já com a espingarda na mão. Ao escutar a voz do pai, Olívia saiu correndo para se esconder no quarto.

Conhecendo o temperamento explosivo do marido, Alzira imediatamente moderou o tom de voz para amenizar a situação e, tentando controlar o nervosismo, disse num tom sofrido:

— É isso mesmo, Salomão! Infelizmente, a nossa filha fez uma bobagem, assediou o marido da irmã, ele não resistiu à tentação, se envolveram e ela acabou embuchando do Eduardo.

Capítulo 19

A notícia deixou Salomão tão desequilibrado que ele nem colocou a arma de caçar no cabide, como sempre fazia. Decidido a lavar a honra de sua família com o sangue de seu malfeitor, foi chamar o filho Oscar, que estava na casa de um amigo, para, juntos, fazerem o acerto de contas com Eduardo.

— Eu sempre soube que esse cabra maldito ia aprontar com a minha filha. Sempre soube que, um dia, ele magoaria a minha Laura — ruminou entre dentes.

Enquanto Salomão fora plantar a energia do ódio no coração do filho, Alzira, mesmo com raiva do genro, nessa hora só pensou em evitar que o esposo e o filho cometessem uma desgraça matando Eduardo.

Tentando impedir a iminente tragédia, ela correu na frente para avisar ao genro que Salomão e Oscar estavam atrás dele para matá-lo. No caminho, Alzira encontrou Dodô, um garoto filho do vizinho, que passeava a cavalo. Desesperada, ela pediu ao menino que corresse até a casa de Laura e avisasse a Eduardo que fugisse porque Salomão e Oscar iriam atrás dele para acabar com a sua vida.

O garoto prontamente atendeu ao pedido e saiu galopando em direção à casa do homem marcado para morrer. Quando o portador chegou à residência de Laura, foi informado por ela de que Eduardo havia saído para tomar banho no riacho ali perto.

Vendo a cara assustada do garoto, Laura perguntou:

— O que você quer com o Eduardo, meu filho?

— É só com ele mesmo, dona — disse Dodô, já puxando o cabresto do cavalo e seguindo rumo ao riacho, para onde saiu galopando sem dar detalhes do que se tratava.

Ao receber a notícia, Oscar ficou indignado com a ousadia do cunhado e, dominado pela raiva, não parou para refletir. Da mesma forma que o pai, também pegou a sua espingarda e, unidos pelo ódio, foram atrás de Eduardo para fazerem o acerto de contas com o desonrador de família.

Na companhia do filho, Salomão caminhava a passos determinados e com desejo assassino. Oscar, tal qual o pai, caminhava a passos duros, irado, com sua arma em punho. Durante o trajeto, Salomão confidenciou:

— Você estava certo, Oscar, quando disse ter percebido alguma coisa entre a Olívia e aquele cabra safado. Mas hoje vamos dar uma lição naquele miserável.

— Vamos sim, pai. Vamos sim...

Laura preparava o jantar enquanto os filhos brincavam no quintal da casa dos avós paternos. De repente, escutou a voz de Salomão gritando na porta:

— Eduardo, Eduardo, Eduardo!

Ela foi atender e levou um susto ao se deparar com o olhar furioso do pai diante de sua porta, com uma potente espingarda de caçador na mão.

Salomão, esbaforido e expressando muito ódio no tom de voz, inquiriu:

— Laura, cadê aquele verme do seu marido?

— Ele saiu, pai.

— Para onde ele foi?

— Não sei — mentiu ela, pressentindo confusão no ar.

— Hoje eu mato aquele infeliz — bradou Salomão.

O medo de Laura aumentou ainda mais ao notar que Oscar estava escondido atrás de um pé de manga, na frente da casa, com outra arma na mão, dando cobertura ao pai.

— O que aconteceu, gente? — sondou ela, tensa.

— Aconteceu uma desgraça e vai acontecer outra maior quando a gente encontrar o maldito do seu marido — devolveu Salomão, decidido.

— E o que ele fez, pai? — novamente perguntou ela, já chorando.

Salomão não respondeu à pergunta da filha e emendou:

— Bem que a avisei para não se envolver com aquele cabra da peste. Desde o começo algo me dizia que aquele sujeito não prestava. Mas você não me deu ouvidos, diacho.

— Pelo amor de Deus, pai, o senhor pode me explicar o que o Eduardo fez de tão grave? — insistiu Laura, tentando entender o que estava acontecendo.

— Minha filha, a única coisa que eu tenho para lhe dizer é: se prepare para ficar viúva, porque de hoje aquele imprestável do seu marido não passa — afirmou Salomão, levantando sua arma de fogo, deixando claro que estava dominado pela raiva.

Laura implorou para saber o que tinha acontecido e, como o pai não respondia, Oscar decidiu sair de trás da mangueira e disse:

— A verdade, Laura, é que o Eduardo embuchou a Olívia.

Quando ouviu o irmão dizendo que o Eduardo tinha embuchado a Olívia, Laura sentiu o chão abrir sob seus pés e o céu desabar sobre a sua cabeça. Uma tontura quase a derrubou. Demorou para ela voltar às ideias.

— O que você disse, Oscar? Escutei direito?

— É isso mesmo que você ouviu, minha irmã. Aquela praga do seu marido embuchou a Olívia.

— Ai, meu Deus do céu, eu não acredito no que estou ouvindo!

Salomão e Oscar sabiam que, naquele horário, Eduardo poderia estar tomando banho no riacho, como todos faziam no fim do dia, ao chegarem do trabalho. Os dois seguiram correndo para lá, com suas armas em punho, para definitivamente fazerem o acerto de contas com o seu malfeitor.

Sentindo-se arrasada, Laura parou na sala diante de um quadro de Jesus Cristo. Ali desabafou sua dor, brigando com a imagem do Messias e reclamando por Ele ter se descuidado de protegê-la daquele sofrimento:

— Onde é que estava, Jesus? Por que permitiu que uma desgraça dessas acontecesse comigo? Eu guardei a minha sorte em suas mãos. Fiz tudo certo, como orientam os seus ensinamentos. Sou uma pessoa tão caridosa, ajudo todo mundo, sempre respeitei o meu marido, vivo só para cuidar dos outros, e em troca do bem que faço recebo como recompensa uma traição de pessoas da minha própria família?

Sem respostas para os seus questionamentos, Laura ficou revoltada com a falta de explicação daquela imagem imóvel que não demonstrou o mínimo de compaixão para com o seu sofrimento.

O que ela não observou foi que, naquela imagem, o mestre Jesus carregava a sua própria cruz nas costas, como a responder:

— Filha, eu também fui traído e crucificado.

Alzira, compartilhando daquele doloroso aprendizado, chegou à casa da filha esbaforida e com os olhos banhados em lágrimas. Quando Laura percebeu a presença da mãe, imediatamente parou de brigar com a imagem de Jesus. Correu ao encontro de Alzira e atirou-se em seus braços, desesperada.

Comovidas, mãe e filha abraçaram-se com força.

— Obrigada, mãe, por ter vindo — disse Laura com a voz entrecortada. — Eu precisava tanto desse abraço!

— Cadê o seu marido, filha? — sondou Alzira.

— Ele saiu para o banho no riacho — informou Laura, soluçando no ombro da mãe.

— O seu pai e o seu irmão estiveram aqui?

— Sim, mãe. Chegaram aqui com as espingardas na mão, perguntando pelo Eduardo. Eu não disse onde ele estava, mas parece que o mal soprou no ouvido deles. Desconfiaram de que o Eduardo está no riacho, me deram a terrível notícia da gravidez de Olívia e seguiram para matá-lo — respondeu Laura, aos prantos.

— Valei-me, minha Nossa Senhora do Perpétuo Socorro. Ó, mãe protetora dos desesperados, interceda por nós — clamou Alzira.

— Antes do meu pai e de Oscar, quem esteve aqui foi o Dodô, que, aliás, parecia mais cansado do que o cavalo que o carregava. O moleque perguntou pelo Eduardo, eu quis saber do que se tratava e ele disse que era um assunto particular. Expliquei para ele que o

Eduardo havia saído para o banho, e o linguarudo saiu disparado em direção ao riacho, me deixando assustada. Afinal, a fama daquele cabeça-chata é de "anunciador de desgraça". Quando escutei aquela voz dramática do Dodô chamando desesperadamente pelo Eduardo, já fiquei com o coração quase saltando pela boca, porque pressenti que coisa boa não ia ouvir. É impressionante como, na mente da gente, a presença daquele menino está associada à desgraça.

— Mas desta vez ele teve utilidade... — defendeu-o Alzira. — O Dodô veio aqui porque eu pedi a ele que avisasse o seu marido que o seu pai e o seu irmão estavam vindo para matá-lo.

— Isso não vai terminar bem — tornou Laura, arrasada.

— Infelizmente, minha filha, os homens de nossa terra ainda são muito atrasados espiritualmente. Fico horrorizada de ver como eles só sabem resolver os problemas dessa natureza com violência, porque têm essa ideia cruel de que estão lavando a honra da família com o sangue de quem cometeu a desonra.

— Se eles matarem o Eduardo, vão acabar com a nossa família — disse Laura.

Alzira, preocupada com os netos, perguntou:

— As crianças viram o avô e o tio chegando aqui com as armas na mão, procurando pelo pai deles para matá-lo?

— Graças a Deus, não. Eles estão brincando lá no quintal da casa do seu Juca. Esse trauma ficaria marcado na mente deles para sempre — aditou Laura.

— Bem que você disse, naquela conversa que nós tivemos, que o seu marido poderia estar se envolvendo com alguma rapariga — relembrou Alzira.

Laura apenas meneou a cabeça, e a mãe tornou:

— O que não cogitamos é que a destruidora de lares seria a sua própria irmã. Realmente não há inteligência masculina capaz de enganar a sensibilidade feminina, muito menos ludibriar alguém sensível como você. O nosso espírito sente quando alguém está tramando contra nós.

Laura, com o olhar perdido, interveio:

— Algo me dizia que aquele jeito frio que o Eduardo adotou ultimamente era porque ele tinha se esquentado nos braços de outra.

— Pois é, mas o que nunca passou pela minha cabeça é que os nossos inimigos estavam dentro da nossa própria casa — concluiu a mãe.

— Eu reconheço que fui muito ingênua, não guardei segredo das minhas intimidades com o Eduardo e revelei para a Olívia mais do que devia, despertando nela a curiosidade em conferir a masculinidade do meu marido — admitiu Laura.

— Esse é um erro que muitas mulheres cometem quando estão felizes e realizadas com o homem que têm... acabam falando demais. A propaganda gera o interesse das outras mulheres — aduziu Alzira.

— E como vocês descobriram a cachorrada deles? — perguntou Laura.

Alzira relatou tudo para a filha traída. Explicou-lhe desde a mudança de comportamento de Olívia, que passou a usar suas roupas largas e a se isolar, até o último acontecimento, que desencadeou na confissão da caçula, admitindo que tinha se envolvido com o cunhado na noite em que Laura esteve ausente.

— E onde está aquela descarada, mãe? — quis saber Laura, indignada.

— Na hora que a bomba estourou, a sua irmã ficou apavorada e, com medo da reação do pai de vocês, correu para o quarto, se trancou lá e não saiu mais. Eu bati na porta várias vezes pedindo para falar com ela, mas ela não abriu. Aliás, a Olívia fez muito bem em não abrir a porta, porque, com a raiva que estou sentindo dela, eu poderia ter perdido o controle e lhe dado uma surra, mesmo sabendo que em seu ventre existe uma criança inocente e indefesa.

Laura suspirou profundamente e disse:

— Essa é a minha vontade também. Mas a criança que ela está esperando não pode pagar pelo erro da mãe.

— Eu sei disso, filha — ponderou Alzira. — É que na hora da raiva a gente cega, age impulsivamente, resolve as coisas com agressividade e, o que é pior, se arrepende depois.

— Graças a Deus a Olívia está longe de mim nesse instante. Se eu me deparasse com ela, não responderia por mim — disse Laura.

— Agindo com agressividade, só atraímos mais desarmonia. Resta-nos esperar que o Dodô tenha conseguido avisar o Eduardo, senão o pior ainda está por vir — aventou Alzira.

— Vamos rezar e pedir a Deus que isso não aconteça — sugeriu Laura.

— Essa é a única coisa que nós podemos fazer, filha: rezar.

— Já basta a desgraça que houve no meu casamento. A morte do Eduardo será terrível para todos nós. Mas tem uma coisa...

— O quê?

— Sei que estamos aqui aflitas, mas, certa vez, antes de me casar, papai disse que não gostava do Eduardo, que achava que ele iria me magoar.

— Seu pai disse isso?

— Mais ou menos. Percebi que ele tinha sido sincero, que, de certa forma, queria me proteger, mas eu, apaixonada, nem quis ouvi-lo. Deu no que deu.

— Não fique mais atormentada do que está — ponderou Alzira. — Seu pai pode ser bronco, mas a ama do jeito dele. Salomão tem uma intuição bem aguçada e, vai saber, talvez o espírito dele previa que Eduardo, de certa forma, aprontaria alguma coisa e machucaria seu coração.

— Agora entendo essa birra do papai com o Eduardo. Meu marido acabou com a nossa família, mãe. Acabou...

— Não vamos ficar mais aflitas. Precisamos de um mínimo de equilíbrio que seja. Me dê suas mãos, filha. Vamos rezar e pedir ajuda a Deus e aos nossos amigos espirituais. Porque nesse caso somente a providência divina poderá nos livrar de mais tristeza e sofrimento daqui por diante. Deus é misericordioso e eu tenho certeza de que o nosso Pai Celestial irá interceder por nós, atendendo ao nosso pedido de socorro.

Elas deram-se as mãos e fizeram uma comovente oração.

Eduardo havia acabado de chegar à beira do riacho. Estava tirando a roupa para se banhar quando, de repente, Dodô chegou correndo e brecou o cavalo quase o atropelando. Todos que ali estavam ficaram em estado de alerta, pois a fama do menino era de disseminador de notícias ruins.

Esbaforido, Dodô saltou do animal e, evitando que os demais escutassem o recado que daria para Eduardo, pediu que ele se abaixasse para dizer-lhe ao ouvido:

— Seu Eduardo, a dona Alzira mandou lhe avisar que o seu Salomão e o seu Oscar estão vindo atrás do senhor para matá-lo pelo que fez com a Olívia.

Consciente do que havia feito, Eduardo nem fechou os botões da calça e saiu correndo para dentro da floresta que cercava o riacho.

Ambrósio, conhecendo a fama de fofoqueiro do menino, perguntou:

— Moleque, o que foi que aconteceu que você deu com a língua nos dentes e o filho do macumbeiro saiu tropeçando nas próprias calças?

Dodô simplesmente lhe deu as costas, acelerou o cavalo fazendo um movimento com os pés e foi embora galopando, sem responder à pergunta do homem.

— Você não vai responder o que eu perguntei, não, moleque mal-educado? — vociferou Ambrósio, irritado por ter sido ignorado pelo garoto.

O informante continuou se fazendo de surdo e nem olhou para trás.

— Ah, se você fosse pelo menos meu sobrinho, moleque desaforado. Eu lhe daria uma surra com cipó de galho seco só pra você aprender a respeitar os mais velhos — disse Ambrósio, bufando de raiva.

— O Dodô é assim mesmo, seu Ambrósio — comentou Ramiro.

— Eu tenho certeza de que o filho do macumbeiro fez alguma coisa errada. Pode guardar o que estou dizendo — previu Ambrósio, salivando veneno.

Alguns minutos depois, Salomão e Oscar chegaram com as espingardas em punho, mas já era tarde demais para fazerem o acerto de contas com Eduardo.

Assim como fez o garoto, Salomão também ignorou a presença de Ambrósio. Dirigiu-se a Ramiro e, friamente, perguntou:

— Você viu o Eduardo por aqui?

Ramiro, evitando se envolver em encrenca, respondeu:

— Acabei de chegar aqui, seu Salomão, e ainda não vi o seu genro hoje.

Mesmo tendo sido ignorado, Ambrósio comentou, voz irônica:

— Pela sua cara, com certeza o filho do macumbeiro aprontou alguma coisa.

Demonstrando-se irritado com a intromissão do outro, Salomão contrapôs:

— O que aquela praga fez não é da sua conta, velho curioso. Vá cuidar da sua vida, porque hoje eu não estou com disposição para perder tempo ouvindo os seus comentários idiotas.

— Com a raiva que estamos daquele ordinário, hoje nós vamos atrás dele até no inferno — determinou Oscar, mudando a espingarda de mão.

— Em breve, ele vai aparecer com a boca cheia de formigas para pagar o mal que fez à nossa família. Pode esperar — declarou Salomão.

Colocando mais lenha na fogueira, Ambrósio saiu da água e disse:

— Eu estava aqui tomando meu banho quando o seu genro chegou... Na hora que ele começou a desabotoar a calça para tomar banho, o Dodô chegou montado a cavalo. O moleque linguarudo brecou o animal quase em cima do Eduardo, saltou no chão igual a uma perereca de brejo, com aquelas pernas finas e compridas, e segredou algo no ouvido do seu genro. O filho do macumbeiro ficou tão apavorado com a informação recebida que nem fechou os botões da roupa. Saiu correndo enquanto subia a calça e sumiu na floresta, arrastando moita no peito igual a boi arisco fugindo de vaqueiro.

Salomão, que já estava com o sangue fervendo de raiva, ao ouvir aquela voz sarcástica de Ambrósio narrando a fuga do genro, ficou mais irritado ainda, e, movido pela força do ódio, o interrompeu, dizendo com desprezo:

— Cala essa sua boca de sapo cururu e para de chamar o Dodô de fofoqueiro, porque você é farinha do mesmo saco e eu não lhe perguntei nada.

Com mais essa rejeitada, Ambrósio sentiu que, se insistisse em provocar a fúria de Salomão, poderia acabar sobrando para ele também. Em silêncio, pegou suas coisas e foi embora.

Já estava começando a escurecer quando Salomão e Oscar, com as armas em punho, saíram em perseguição a Eduardo por uma estrada vicinal.

Enquanto isso, para alívio de Alzira e de Laura, Dodô voltou do riacho e lhes contou que havia conseguido chegar a tempo de avisar Eduardo para que fugisse. Elas se abraçaram e agradeceram a Deus pela graça alcançada.

Laura, conhecendo a fama de fofoqueiro do menino, deu-lhe alguns trocados como recompensa e pediu que guardasse aquele segredo consigo. Mas, ao contrário do que prometera, como era costume, Dodô saiu de porta em porta espalhando a notícia da vergonhosa gravidez de Olívia com o cunhado. Como todo fofoqueiro age da mesma forma e diz a mesma coisa — "Não fala pra ninguém que te contei esse segredo" —, em questão de minutos aquele era o assunto mais comentado da região.

Capítulo 20

Alzira, sentindo-se contente por ter recebido o amparo espiritual, tornou:

— Filha, eu posso imaginar que alguém que passa por um desafio tão doloroso como este tenha a autoestima atirada ao chão e que fatalmente perca a confiança em si por um longo tempo. Então, quero lhe dizer que não pode se esquecer de seu valor ou se culpar por um erro que não foi você que cometeu. Erga a cabeça e lembre-se de que você é uma mulher linda, sensível, inteligente, generosa e honesta.

Laura apertou com força as mãos da mãe e, secando as lágrimas, disse:

— Obrigada, mãe, por ter me lembrado disso! Realmente essa situação deixou a minha autoestima abaixo de zero. Por ter sido trocada por outra, eu estou me sentindo um lixo, não me acho boa o suficiente para preencher o coração do meu homem, e aquela minha fé imbatível não existe mais dentro de mim. Parece que eles roubaram a minha força e a minha luz. Ainda não aceitei o que aconteceu. A sensação é de que estou tendo um pesadelo daqueles terríveis que eu tinha durante a minha infância e, quando eu acordar, tudo vai passar.

Alzira suspirou profundamente e disse:

— É um pesadelo mesmo, filha. Porém, como tudo nesta vida, isso também vai passar. Quando tudo parece estar perdido, nos resta clamar pela intercessão divina, que sempre vem amenizar nosso sofrimento, nos traz amparo, suporte. Vamos continuar em oração, pedindo a Deus que limpe o seu campo espiritual de toda a energia pesada que lhe cerca. E que, da mesma maneira, a luz divina impeça que o seu pai e o seu irmão encontrem o Eduardo.

— Vamos sim, mãe — concordou Laura. Mas, mostrando sua raiva, contrapôs: — Apesar daquele traste não merecer sair com vida depois do que aprontou...

Seguiram de mãos dadas em prece, mentalizando todos os membros da família sendo cobertos por um manto de luz azul e buscando afastar a energia de ódio do coração de Salomão e Oscar.

De repente, Salomão e Oscar entraram no quarto. Embora Laura confiasse fervorosamente em Deus, quando avistou o pai e o irmão com suas armas na mão, tremeu na base. Preocupada, questionou:

— E aí, pai? Vocês conseguiram encontrar aquela lástima do Eduardo?

— Para a sorte daquele safado, não — respondeu Salomão.

— Nós vasculhamos os arredores do riacho, mas nessa escuridão medonha a gente não enxergava um palmo diante do nariz. O miserável conseguiu fugir. Porém, amanhã sairemos cedo atrás do aproveitador e só voltaremos para casa quando lhe aplicar o mais dolorido dos castigos — bradou Oscar.

Laura estava tão magoada que, ao ouvir a declaração do irmão, sentiu vontade de pegar uma arma também, se juntar aos dois para procurar Eduardo e, de uma vez por todas, acabar com aquele sofrimento que devorava a sua alma.

Mas em uma reflexão honesta com os seus sentimentos, ela reavaliou os momentos de amor e trocas afetivas que viveu ao lado do marido, tentando perdoar o ato de fraqueza que ele havia cometido ao se envolver com Olívia. Porém, a mágoa parecia ter apagado as coisas boas de sua memória e só guardado o que dera de errado naquela história de amor.

Laura não foi capaz de desvencilhar-se da raiva e, por conta disso, atraiu e acabou incorporando um espírito revoltado que apontou o dedo para o pai dela e gritou:

— Até que enfim, Salomão, a gente vai ter a oportunidade de voltar os olhos para o seu passado sujo e derrubar essa sua pose de dono da verdade.

Como sempre, Salomão duvidou de que a filha realmente estivesse recebendo um espírito, mas dessa vez fingiu-se interessado em saber de quem se tratava e o motivo da visita inusitada. Com ar zombeteiro, perguntou:

— Quem é você, meu caro defunto? E de que passado sujo você está falando?

Laura levantou a cabeça, rangendo os dentes como um cão feroz, e, assim como fez da outra vez, novamente ameaçou atacá-lo fisicamente.

Salomão sentiu muito medo quando viu aquele olhar raivoso da filha demonstrando que iria avançar em sua direção a qualquer momento. Preocupado com o que poderia lhe acontecer, deixou o quarto e saiu apressadamente em busca da ajuda de seu Juca para libertar Laura da suposta presença intrusa que havia se aproximado de seu corpo.

Ao chegar à casa do médium, mostrando-se muito apavorado, já foi logo relatando o que estava acontecendo com a filha.

Mas Juca o interrompeu dizendo:

— Não me conte nada agora, Salomão. Vamos para lá imediatamente e, no caminho, a gente conversa.

— Tudo bem, seu Juca — assentiu Salomão.

— Espere só um minutinho que eu vou pegar a minha valise com os elementos de trabalho que uso nesses casos.

— Eu espero sim — concordou Salomão, inquieto.

O médium foi até os seus aposentos, pegou a sua inseparável pasta, voltou à sala onde Salomão o esperava ansiosamente, e os dois seguiram para a casa de Laura.

Chegaram ao local e Juca pediu aos familiares de Laura que se unissem a ele em uma oração. Em seguida, o médium se aproximou da nora e se dirigiu ao espírito, buscando identificá-lo e descobrir o motivo de sua manifestação.

— Caro irmão, o meu nome é Juca Morais. Queira, por bondade, se apresentar. E, para que eu possa ajudá-lo, diga o que deseja comunicar a essa família.

Laura levantou a cabeça, chorando e falando com uma voz masculinizada. Apontou o dedo para o pai e, aos berros, disse:

— Eu quero avisar ao Salomão que ele deve aceitar logo esse neto que ele está recebendo como presente, sem reclamar da sorte. Porque isso que o genro dele fez com a cunhadinha assanhada foi o mesmo que ele aprontou com a Lindalva, a prima dele que era casada e que traiu o marido com essa praga. Resultado: ela engravidou do Salomão e matou o marido envenenado.

Angustiado com a revelação de seu passado, Salomão perguntou:

— E quem é você?

Chorando desesperadamente, o espírito respondeu:

— Depois de tudo que falei, você ainda pergunta quem sou eu?

Ficou uma pausa na conversa.

— Você é o Durval, marido da Lindalva? — perguntou Salomão.

— E quem mais poderia ser? — indagou o espírito.

Salomão ficou sem saber o que dizer após a revelação que a suposta entidade fizera sobre o seu secreto passado.

O espírito prosseguiu:

— Eu sou o único homem que verdadeiramente amou a Lindalva. Contudo, aquela ingrata, quando descobriu que estava grávida de você, me matou, acreditando que, se livrando de mim, seria feliz ao seu lado.

Salomão, muito envergonhado por ter sido desmascarado, baixou o tom de voz. Admitindo que tinha mesmo culpa no cartório, justificou-se:

— Durval, eu assumo que tive um caso com a Lindalva, mas eu não participei do maldito plano que resultou em sua morte. Aliás, no momento em que ela me revelou que havia provocado a sua morte para poder ficar comigo, eu fiquei tão decepcionado com a maldade da Lindalva que imediatamente coloquei um fim em nossa relação.

— Você não precisa se justificar — cortou o espírito. — Logo após o enterro do meu corpo, eu ouvi a Lindalva chorando no seu ombro, arrependida do que tinha feito comigo, confessando que a verdadeira causa da minha morte havia sido o veneno que ela tinha colocado na minha comida.

Alzira e Oscar entreolharam-se, incrédulos com aquela revelação.

O espírito, expressando muita dor pelo dano que sofrera, concluiu:

— Eu sei que você não acredita em vida após a morte. Mas já que você quer matar o seu genro, é bom saber que não adianta matar alguém achando que vai se livrar da pessoa, pois a vida não acaba quando o corpo morre. Eu estou aqui para lhe comprovar a continuação da existência.

Oscar, sentindo-se muito decepcionado com o pai, nem esperou o desfecho da história. Deixou a casa da irmã e seguiu para sua casa sem dizer nada.

Alzira ficou com tanta raiva do marido que, se pudesse, teria incorporado o espírito de um lutador de boxe e nocauteado Salomão com bofetadas fatais. Entretanto, teve suficiente presença de espírito para tratar do assunto em outro momento com o marido. Aquele não era o momento apropriado.

Após ser desmoralizado, aquele Salomão autoritário e dono da verdade já não existia mais. Houve uma profunda transformação em sua postura. O que se via agora era um homem cabisbaixo e convencido de que a filha realmente mantinha contato com espíritos desencarnados. Afinal, por intermédio dela, o espírito descreveu com detalhes um segredo seu que ninguém, além de Lindalva, sabia.

Por mais que Salomão quisesse rejeitar a informação passada durante a manifestação espiritual, as provas eram conclusivas e inegáveis, pois o espírito delatou a sua história secreta com exatidão.

Consciente de que sua moral tinha caído por terra, Salomão não queria mais saber de tirar a vida do genro para lavar a honra de sua família. Intimamente, ele se questionava: "Quem sou eu para exigir respeito, se não respeitei a família alheia?".

Juca equilibrou o ambiente, encaminhou o espírito que estava em posse da consciência de Laura e, quando ela se restabeleceu, o médium recomendou que a nora fosse tomar um banho com ervas que ele havia lhe preparado.

Ainda atordoada, Laura perguntou:

— O que aconteceu comigo, seu Juca?

— Nada de mais, minha filha. Apenas tivemos a graça de receber a visita da verdade para que o amor pudesse abrir entre nossas famílias todas as portas. Sobre o que de fato ocorreu aqui, a gente conversa depois. Primeiro, faça o que estou orientando — reforçou Juca.

— Não acredito que incorporei um espírito desequilibrado. De novo!

Alzira pegou a filha pela mão e disse:

— Faça o que seu Juca lhe pediu, minha filha.

Ela olhou para o sogro e ele consentiu. Laura acatou a orientação do médium e foi tomar o banho de ervas.

Enquanto isso, Alzira aguardava na sala. Olhava o marido com tanta raiva que os seus olhos pareciam fuzilar Salomão. Ele, sentindo-se desconfortável diante do olhar julgador da esposa, trocou o jeito de falar arrogante por um discurso pacífico, coisa que nunca fizera parte de sua conduta. Ao menos dentro de casa.

Agindo igual a um cachorrinho submisso, de cabeça baixa, ignorando o olhar reprovador da companheira, ele se dirigiu ao médium:

— Seu Juca, nos textos sagrados está escrito: "Errar é humano". E, cá entre nós, quem nunca errou que atire a primeira pedra, não é mesmo?

Alzira ficou indignada com a justificativa do marido para a própria infidelidade, pois Salomão nunca havia citado a Palavra de Deus em suas falas. "É muita demagogia desse canalha... Depois de tudo que aprontou, usar a palavra sagrada para justificar a sua falta de vergonha na cara!", pensou ela.

Sem paciência para ouvir as blasfêmias do marido, Alzira deixou Juca e Salomão conversando e foi até a casa do sogro da filha buscar os netos. Trouxe as crianças de volta, procurando manter um semblante tranquilo para que elas não percebessem nada, e as colocou para dormir.

Logo que as crianças pegaram no sono, Alzira voltou para a sala, onde Salomão, objetivando encerrar o assunto, propôs ao sogro da filha:

— Pensando bem, seu Juca, acho melhor a gente hastear a bandeira da paz sobre esse assunto desagradável e tocar as nossas vidas para frente.

Juca, gostando da nova postura de Salomão, disse:

— De minha parte, está tudo certo entre nós. Eu também acho que a melhor saída para resolver essa situação delicada é as nossas famílias se aninharem na paz. Afinal, a morte do meu filho não vai trazer a pureza de sua filha de volta.

Salomão, humilde como nunca fora, fez cara de pessoa regenerada e disse:

— Eu reconheço que não tenho sido muito amável com sua família. Mas a partir de hoje serei um novo homem e viveremos em harmonia.

Juca, satisfeito com a proposta e com a promessa, devolveu:

— Então, Salomão, já que você escolhe ter um diálogo maduro, assim que o meu filho aparecer, eu vou dizer a ele que você, em nome do bem de todos nós, deseja conversar sem remorso sobre a gravidez da Olívia.

— Vou aguardar o retorno do Eduardo para conversarmos de homem para homem em nome da paz — devolveu Salomão, despedindo-se de Juca.

Alzira, por sua vez, só esperou Laura voltar do banho. Assim que a filha chegou à sala, Alzira foi embora para que ela pudesse conversar com o sogro.

Juca contou para a nora minuciosamente a história que o espírito havia revelado e, enquanto ouvia os relatos, Laura sentia-se triplamente traída pelos membros de sua família. Inconsolável, levantou-se e, em um ato de desespero, colocou as mãos na cabeça como se não fosse suportar a pressão e pediu:

— Pelo amor de Deus, seu Juca, me belisque e diga que estou sonhando. Isso não pode ser verdade. Que história mais estranha é essa?

— Calma, Laura, muita calma, minha filha. Sente-se um pouco.

Ela se sentou, Juca pôs as mãos sobre as mãos da nora e disse:

— Filha, eu sei que é muito chocante a notícia que lhe dei agora. Mas essa difícil provação que você está atravessando faz parte de sua evolução espiritual e de todos os envolvidos nela.

— Não é possível que o meu pai também seja uma pessoa traidora! Tudo bem que ele sempre foi um homem autoritário, sistemático, incrédulo e machista, porque foi essa a educação que ele recebeu dos pais dele. Porém, não entra na minha cabeça a ideia de que ele tenha sido desonesto com a minha mãe, descumprindo suas promessas de fidelidade matrimonial!

Juca novamente acolheu as mãos da nora, encorajando-a, e disse:

— Infelizmente, minha filha, essa é a realidade e não podemos mudar a ordem do que já aconteceu. O seu pai teve sim um caso com a prima dele lá no Ceará e, dessa relação extraconjugal, você ganhou um irmão.

— O quê? — disse ela, abismada.

— Sim. É isso mesmo. Você tem um irmão lá em sua terra natal — enfatizou Juca.

— Não é possível que isso seja verdade, seu Juca.

— O seu pai confessou e admitiu que teve um filho com a Lindalva, a prima dele.

— Mas a Lindalva só teve um filho — contrapôs Laura.

— Pois é esse que veio como seu irmão.

Laura, chorando, questionou:

— Será que essa traição que sofri é uma maldição que estou recebendo como herança espiritual para pagar o erro que o meu pai cometeu?

Surpreso com a indagação que a nora levantou, Juca disse:

— Não a estou reconhecendo, Laura! Conhecedora que é das leis espirituais, você sabe muito bem que a vida não comete enganos. Portanto, a vida não cobra de quem não deve e muito menos pune um filho pelo erro do pai, pois cada um de nós, inevitavelmente, está fadado a se responsabilizar pelas escolhas e opções que fizer usando o seu livre-arbítrio.

— Eu sei, seu Juca, que é meio contraditório esse meu questionamento. Todavia, eu não dei importância para os sinais que a vida me apresentou, me deixei enganar pelas aparências e cometi comigo mesma um erro gravíssimo.

Ele pestanejou, consentindo que ela continuasse.

— Onde já se viu alguém ter a capacidade de ler o destino dos outros e não perceber a presença do inimigo dentro da própria casa? — condenou-se Laura.

— Não se faça de vítima, minha filha — rebateu Juca. — Existem coisas na vida que até nós, clarividentes, não enxergamos e que fazem parte de algum aprendizado por que temos que passar para nos libertar de nossos equívocos. Afinal, antes de sermos médiuns, somos seres humanos ainda em evolução. Não é porque atuamos como orientadores espirituais que a nossa posição de líder vai nos isentar de novos aprendizados.

Desencantada com a espiritualidade e frustrada com a surpresa desagradável que recebera da vida, Laura se pôs a lastimar-se:

— Onde estavam o meu mentor espiritual e o meu anjo da guarda? Por que eles não me protegeram dessa desgraça?

Juca, para relembrar a nora, disse:

— Laura, eu entendo que você esteja profundamente machucada e não tiro a sua razão de se revoltar com tudo que está acontecendo em sua vida. Você sabe muito bem que os amigos espirituais não podem interferir nas escolhas de ninguém e nem têm autoridade para evitar que alguém passe por algumas lições dolorosas como essa que você está vivenciando.

Laura rebateu:

— Se os benfeitores astrais não podem interceder por nós quando mais precisamos de ajuda, então não faz o menor sentido a existência deles.

Juca acrescentou:

— Quando a gente está passando por uma dor, esquece que, por trás de tudo que nos acontece, estão as leis do universo atuando nas entrelinhas das situações para nos levar ao crescimento e ao amadurecimento de nosso espírito.

Indignada, Laura rebateu:

— Eu fui vítima da minha própria família, fui traída pelo meu marido com a minha irmã dentro da minha própria casa... E agora o senhor vem querendo me fazer ver o sofrimento como algo construtivo?

Ele ficou em silêncio e Laura prosseguiu:

— É muito duro lidar com tudo isso de uma vez só. Eu sou humana.

Juca sentiu que não era o momento certo para conversar com a nora sobre o aprendizado que aquela dolorida passagem lhe trazia como lição. Evitando causar resistência na compreensão do fato, disse:

— Tudo bem, minha filha. Entendo a sua dor. Não vamos discutir acerca disso antes da hora, porque a partir de agora o que está em jogo é a sua família. Portanto, quero lhe dar um conselho: acalme-se e, antes de tomar qualquer decisão, lembre-se de que você e o Eduardo têm dois filhos pequenos para criar. Você precisa ser forte para enfrentar o desafio de um recomeço com o seu marido.

— Na verdade, são três filhos, seu Juca. Eu descobri hoje que estou grávida.

— Mais um motivo para você pensar bem antes de agir — aventou Juca.

— Já está decidido o nosso destino e eu não volto mais atrás. O meu casamento com seu filho perdeu a validade e não tem recuperação. Eu só vou esperar aquele desgraçado aparecer na minha frente para esfregar na cara dele essa aliança que representa o juramento falso que ele me fez.

Juca, falando agora com mais ênfase, afirmou:

— Talvez seja mais cômodo fugir nas horas difíceis e sair culpando os outros quando o resultado que obtemos é aparentemente o fracasso.

Laura interrompeu o sogro e defendeu-se, dizendo:

— Eu não estou fugindo de nada e nem culpando ninguém injustamente. A verdade é que a minha própria irmã está grávida do meu marido. Será que o senhor não entendeu a dimensão da coisa?

O sogro apenas ficou ouvindo a nora, para que ela colocasse para fora sua raiva.

— É natural que o senhor, na condição de pai, saia em defesa de seu filho, dizendo que ele é uma pessoa maravilhosa, mas quem levou chifre fui eu. Portanto, só quem já sentiu na pele a dor de uma traição como esta pode avaliar o quanto é humilhante o que estou passando.

Juca manteve-se sem argumentar e ela prosseguiu:

— Isso não é uma acusação sem provas. Daqui a nove meses a criança vai nascer e, o que é pior, ainda vai me chamar de tia pelo resto da vida. Resumindo, cada vez que eu me deparar com essa criança vou sentir uma punhalada no meu peito, afinal, será inevitável me lembrar da maldita traição que lhe deu a vida e roubou a minha felicidade — concluiu ela, aos prantos.

Juca abraçou a nora carinhosamente e, enquanto ela soluçava em seu ombro amigo, expressando a sua dor, ele disse para encorajá-la:

— Tenho certeza de que você irá reavaliar bem tudo isso antes de tomar uma decisão guiada pelo orgulho ferido, e, no fim da história, tomará o rumo mais inteligente para resolver essa situação tão desagradável na qual o meu filho e a sua irmã a colocaram. Com o passar do tempo você entenderá a lição que a vida lhe reserva por trás desse acontecimento aparentemente injusto — orientou ele. — Por hoje era o que nós tínhamos para conversar. Agora eu preciso ir embora. Mas, antes de partir, quero que você saiba que eu confio na sua inteligência e tenho certeza de que você decidirá pelo coração. Fique com Deus, minha filha — encerrou Juca, beijando as mãos da nora.

Capítulo 21

Sentindo-se a pior mulher do mundo, Alzira entrou em casa arrasada. Foi direto para o seu quarto, jogou-se na cama e chorou copiosamente.

Mesmo sem conseguir pensar direito, após colocar para fora tudo que lhe oprimia o peito, ela levantou-se, ergueu a cabeça, secou o rosto e resolveu enfrentar a dor avassaladora que ainda lhe destroçava por dentro. Foi até a sala, onde encontrou Salomão sentado, cabisbaixo e pensativo.

Ele deixou Alzira falar tudo que precisava e, quando ela deu uma pausa em seu desabafo, plantou-se de joelhos aos pés da esposa e implorou:

— Alzira, pelo amor de Deus, coloque uma pedra sobre esse assunto! Essa história faz parte do passado e, se você me der uma chance, juro que, com a consciência que tenho agora, jamais farei isso com você novamente.

Ela refletiu e optou por continuar seu casamento, afinal, já estava com idade avançada e morava em outro estado, longe da amante do marido. Além do mais, Salomão lhe garantiu que depois de Lindalva nunca mais tivera nada com qualquer outra mulher.

Naquela noite, Laura não conseguiu pegar no sono. Buscando força na espiritualidade, colocou-se a rezar pedindo inspiração para vencer o desafio.

O seu mentor apareceu para lhe oferecer amparo. Quando ela viu o amigo espiritual, questionou-o, dando início a uma longa conversa entre os dois:

— Será que essa traição que sofri é uma dívida de outra vida que estou pagando para cumprir um carma que eu criei para a vida atual?

O mentor não respondeu de imediato, e Laura, inconformada, emendou:

— Eu gostaria muito de ter uma justificativa que me convencesse da razão pela qual uma pessoa honesta e fiel como eu, que dedica a sua vida como serva da luz, só fazendo o bem para seu semelhante, tem de enfrentar esse tipo sofrimento?

Com gestos mansos, porém com a voz firme, o guia respondeu:

— Pelo grau de compreensão que você já alcançou, sinceramente eu esperava que esse tipo de dúvida não fizesse mais parte de sua vida. Mas, considerando sua dor, entendo você e vou responder à sua indagação... Se reencarnássemos apenas para pagar inadimplências da vida passada, as leis cósmicas que regem o universo estariam andando para trás.

— Por quê?

— Porque, quando reencarnamos, chegamos à Terra sem consciência das supostas dívidas que fizemos durante a vida anterior. Portanto, não faz sentido a justiça divina nos cobrar por erros que nem sequer lembramos que um dia cometemos. Deus não é um comerciante que tem cadastrado, em ordem alfabética, os nomes dos espíritos devedores que vão reencarnar.

Muito menos é um Ser rancoroso que fica lá no departamento de cobrança do plano espiritual decidindo quem vai nascer com alguma dificuldade e sarcasticamente dizendo entre dentes: "Agora essa pessoa vai nascer em uma condição de vida desgraçada para pagar tudo que ela me deve da vida anterior".

Laura sorriu e ele prosseguiu:

— Ao contrário disso... Por ser uma fonte infinita de bondade, Deus nos concedeu o livre-arbítrio. Dessa maneira, Ele nos garantiu o direito de decidirmos nosso próprio destino. Ou seja, o que de fato causa o sofrimento é a imaturidade das pessoas, que abusam do livre-arbítrio, se deixam levar pelos encantos das ilusões e fantasias que elas mesmas criam e acabam pagando um alto preço pelas escolhas malsucedidas que fazem. Como a vida não deixa ninguém eternamente com os olhos vendados pelo véu da ilusão, quando alguém comete um engano, gera para si mesmo consequências indesejáveis e duras lições em forma de aprendizado. Enfim, devemos ter consciência de que Deus é libertação, amor incondicional, perdão, saúde, compaixão, equilíbrio, luz, paz e uma fonte inesgotável de prosperidade que abre todas as portas para a nossa realização.

— Pode ser...

— Talvez, analisando o espírito de luz que você é na vida atual, sinta-se vitimada pela situação em que se encontra neste momento. Mas, retirando essa ideia negativa de que isso que lhe aconteceu é um carma, e reconhecendo que somos espíritos eternos vivendo a história que nós mesmos criamos, podemos compreender que você esteja tão-somente colhendo os frutos de suas ações anteriores. Quero enfatizar que as experiências desagradáveis e circunstâncias de difícil compreensão pelas quais passamos não são carmas, dívidas de vidas passadas, castigos e muito menos punições de Deus.

— Não?

— Não, Laura. Serei mais sucinto: vivendo na condição de livre-arbítrio, nos tornamos responsáveis por tudo que cultivamos. Por isso, trazemos os resultados das escolhas que fizemos na vida passada como bagagem para a vida presente. Afinal, Deus nos deu o poder de criar o nosso próprio destino.

— Eu não aceito que essa traição seja uma situação criada por mim, Alaor. Não sou masoquista para buscar a evolução no sofrimento. Por que será, meu Deus, que eu tenho que passar por essa humilhação? — insistiu Laura, aos prantos.

Alaor serenamente respondeu:

— Vou repetir o que o seu sogro já lhe disse: lembre-se de que nada nesta vida nos acontece por acaso. Sem medo de errar, eu posso lhe garantir que todos vocês estão passando por essa dolorosa situação porque certamente têm alguma coisa boa para extrair dessa difícil passagem de suas vidas. Uma coisa é certa, minha filha: atrás das situações aparentemente ruins sempre há uma oportunidade de crescimento que só o tempo pode nos revelar.

— Nunca mais vou confiar em homem — declarou Laura, decepcionada.

— Você só está dizendo isso porque está com o orgulho ferido. Toda mulher, quando descobre que foi traída, faz essa mesma declaração. Porém, no decorrer do tempo, aquela que passou pela dor de uma decepção amorosa acaba conhecendo histórias de outras mulheres casadas com o mesmo homem há décadas sem nunca terem sido traídas. Com isso, a que fez a escolha do companheiro errado compreende que os homens não são todos iguais, como ela pensava, e que, se o amor deu certo para outra, pode dar certo para ela também. Então, ainda com o pé atrás, aos poucos ela vai tomando confiança em si mesma, volta a sonhar com um grande amor, se apaixona por alguém e vence o medo de ser enganada outra vez, permitindo-se uma nova chance na vida afetiva.

Preocupada com a opinião pública, Laura nem prestou atenção na profundidade das palavras que seu mentor lhe transmitia e questionou:

— Com que cara eu vou sair de casa a partir de agora, se todo mundo na redondeza sabe que sou uma mulher traída?

— Não conduza a sua vida pela opinião de terceiros. Quem vive para atender às expectativas dos outros está condenado a morrer de desgosto. Dê uma nova chance ao amor. Volte a viver com o seu marido e nunca mais toque nesse assunto.

Indignada, Laura questionou a sanidade do amigo espiritual:

— Você enlouqueceu, Alaor? Eu não creio que você está mesmo achando que eu vou fechar os olhos para essa decepção que o Eduardo me deu e ainda seguir convivendo debaixo do mesmo teto com o traidor como se nada tivesse acontecido.

Alaor, com mansidão na voz, observou:

— Não é porque uma pessoa errou que vamos condená-la para sempre. Lembre-se de que você ama muito o Eduardo. Aprenda a vencer os desafios de sua vida seguindo o exemplo de mulheres evoluídas espiritualmente, como sua mãe, que, ao serem traídas, saem da condição de vítimas, procuram descobrir em que erraram contribuindo para a entrada de outra mulher em seu relacionamento, perdoam o deslize do imaturo companheiro, fazem um novo voto de confiança, restauram a união e seguem felizes pelo resto de suas vidas, como se nada de errado tivesse acontecido entre o casal. Nesse caso, fica a certeza de que, quando decidimos relevar a fraqueza de alguém, permitimos, enfim, que o amor cumpra o seu verdadeiro papel, que é o de abrir portas nos corações fechados, reunindo as pessoas que se amam acima de qualquer coisa.

Ironizando a observação do mentor, Laura rebateu:

— Já que você citou a minha mãe como um espírito evoluído por aceitar a infidelidade do homem que prometeu honrá-la e respeitá-la, sinceramente reconheço que ainda não alcancei esse tão elevado nível de maturidade espiritual que a minha mãe conquistou, a ponto de continuar convivendo com um traidor como se ele não tivesse me causado nenhum dano. Isso, na minha humilde opinião, é falta de amor-próprio. Era só o que me faltava — disse Laura, em tom de revolta. — Nem por todo o dinheiro do mundo eu aceitarei o Eduardo de volta como meu companheiro e muito menos quero olhar na cara da Olívia depois do que eles aprontaram comigo.

— Laura, querida, você ama o seu marido e a sua irmã?

Ficou uma pausa e o mentor repetiu:

— Você não respondeu à minha pergunta... Você ama o seu marido e a sua irmã?

— Eles me enganaram — devolveu Laura, chorando.

— O meu papel como seu mentor é fortalecer em você as suas qualidades, e não reforçar a imaturidade de seu espírito rebelde e preso ao orgulho. Filha, a cura de sua alma está no perdão e na reconciliação — enfatizou o guia.

— Pois, então, você pode aguardar a minha chegada aí no mundo espiritual em breve, porque, com o ódio que estou sentindo daqueles dois desgraçados, com certeza irei morrer logo, logo — anunciou Laura, ar dramático.

— Não há mal que não traga um bem — disse Alaor.

— Depois que descobri que sou uma mulher incapaz de preencher o coração de um homem, nada mais na minha vida faz sentido — avaliou ela, deprimida.

— Quando estamos com o orgulho ferido, a coisa mais certa a fazer é descansar a cabeça para não tomar decisões precipitadas. O sentimento de ódio só vai trazer mais resultado negativo — disse Alaor.

Laura refletiu e reconheceu que o mentor estava coberto de razão, pois, nas condições em que estava, ela não tinha clareza para decidir nada. Mas também não cogitava a possibilidade de reatar os laços afetivos com o marido e com a irmã, que perderam definitivamente a sua confiança. Ainda dominada pela dor da traição, ela tentou se colocar acima da irmã, dizendo:

— Eu sou uma mulher linda, digna, honesta, me casei pura, nunca tive curiosidade de conhecer outro homem porque acredito que a fidelidade é a mais genuína prova de amor que podemos dar a quem escolhemos como parceiro. A minha irmã, ao contrário, é uma imprestável.

Alaor expôs sua opinião mais diretamente:

— As pessoas que encontraram a verdadeira felicidade são aquelas que entenderam que as experiências que tiveram na vida, boas ou desagradáveis, foram apenas oportunidades criadas para desenvolver seu amadurecimento espiritual. Mas quem sabe esse acontecimento sirva para trazer de volta a humildade que você perdeu, deixando-se levar pelo endeusamento e pela fama de curandeira! Certamente essa situação vai lhe mostrar que você não é superior a ninguém. Com isso, irá se conscientizar de que até mesmo os médiuns que receberam da graça divina a bênção de ter outros sentidos bem desenvolvidos ainda têm as suas limitações e estão sujeitos, sim, a surpresas desagradáveis durante a sua caminhada pela vida terrena — afirmou Alaor.

Com o puxão de orelha, Laura reconheceu que vinha mesmo se deslumbrando com a fama de curandeira que o seu nome havia conquistado.

Ficou um silêncio e Alaor aconselhou:

— Procure a sua irmã e converse com ela para tirar a mágoa de seu coração. E se tiver que chorar a sua dor diante dela só para despejar sua indignação, faça isso antes que a mancha escura do rancor se torne uma grave doença que poderá lhe furtar a possibilidade de ainda ser feliz ao lado de seu marido.

Chorando, Laura rebateu o argumento do mentor:

— Jamais aquela traidora vai ter a satisfação de se divertir à minha custa vendo uma lágrima caindo dos meus olhos.

— Não faça desse drama um motivo justo para desistir das grandes coisas que o seu espírito se programou para alcançar — insistiu o mentor.

Estas foram as últimas palavras de Alaor antes de partir.

Refletindo sobre os conselhos e orientações do mentor, Laura se perguntava: "Que grandes coisas são essas que eu ainda tenho para alcançar?". Exausta, ela adormeceu.

Capítulo 22

Amanheceu. Quando Laura foi servir o café da manhã para os filhos, se deu conta de que precisava inventar uma desculpa para justificar a eles o sumiço do marido, até tomar uma decisão de como tocaria a sua vida dali para frente.

Açucena, ao ver a cara tristonha de Laura, perguntou:

— Mamãe, cadê o meu papaizinho?

— O papai de vocês teve que fazer uma viagem urgente para a cidade e não sei que dia ele vai voltar para casa.

— E com quem a senhora estava conversando de noitão? — tornou a menina, demonstrando que havia escutado a conversa da mãe com o mentor.

— Eu estava falando com o amigo espiritual que sempre vem ensinar a mamãe — respondeu Laura com doçura.

A garota, fixando o olhar na mãe e como se lesse a sua alma, indagou:

— E por que o papai não disse tchau pra gente, mamãe?

Laura, incomodada, retrucou:

— Tome seu café, minha filha, e vá brincar!

As crianças serviram-se à vontade e depois foram brincar no quintal, como faziam todos os dias enquanto a mãe se ocupava de colocar a casa em ordem.

Laura resolveu ter uma conversa séria com a irmã para saber desde quando ela e Eduardo estavam tendo um caso. Foi até a casa dos pais, e Alzira intermediou o encontro das duas irmãs.

Laura sentiu o sangue ferver quando se viu frente a frente com Olívia, e, procurando forças para não atacá-la fisicamente, disse:

— Olívia, como é que você teve frieza no coração para agir igual a uma serpente traiçoeira, me causando um sofrimento desses?

Envergonhada e arrependida de seu erro, Olívia nada respondeu. Laura prosseguiu questionando:

— Você não sente remorso do que fez?

Com mais essa pergunta julgadora, Olívia apenas baixou a cabeça.

— Existe tanto homem desimpedido procurando uma mulher solteira para se casar e você decidiu roubar justamente o marido da sua própria irmã?

Acuada pela situação constrangedora, Olívia não encontrou justificativa para as perguntas que ela mesma já vinha se fazendo desde que descobrira estar grávida do cunhado. Sem argumentos, continuou calada.

— Abre essa boca, mulher, e me responde olhando nos meus olhos. Parece que engoliu a língua! — bramiu Laura, ameaçando esmurrá-la.

Para evitar que Laura atacasse a irmã, Alzira acompanhava tudo bem de perto, com muita tristeza no coração.

Olívia não tinha palavras para se explicar e continuou em silêncio.

— Desde quando vocês estavam se encontrando? E quando foi a primeira vez que vocês me traíram? — insistiu Laura.

— Nós só estivemos juntos uma vez — balbuciou Olívia, rompendo o silêncio.

— E quando foi que isso aconteceu?

— Naquele dia que você foi atender o caso da moça lá na cidade e me deixou cuidando da sua casa.

As palavras de Olívia, revelando os detalhes da traição, acertaram o coração de Laura como uma espada afiada cortando por dentro o seu ser.

— Eu não acredito que você teve a frieza de se deitar com o meu marido dentro da minha própria casa!

— Eu fui a culpada de tudo — assumiu Olívia.

— Como você foi a culpada de tudo, Olívia? Você colocou uma arma na cara do Eduardo e o obrigou a ir para a cama com você contra a vontade dele? — perguntou Laura aos berros e gesticulando com as mãos na direção do rosto da irmã como se fosse agredi-la.

Alzira pôs-se em forma de escudo entre as duas e disse:

— Calma, Laura. Você está muito nervosa, filha. Eu sei que essa conversa é necessária, mas é bom lembrar que vocês estão grávidas e, nessas condições, não podem passar por emoções fortes...

Foi assim que Olívia soube que a irmã também estava esperando um filho.

— Pelo amor de Deus, mãe, deixe eu pôr para fora tudo que está entalado na minha garganta, senão a minha cabeça vai estourar — gritou Laura.

Alzira foi à cozinha pegar um copo de água para a filha traída. Enquanto isso, as duas continuaram o acerto de contas.

— Eu sei que você nunca vai me perdoar pelo estrago que causei em sua vida — disse Olívia, inibida diante da irmã.

— Não vou perdoá-la mesmo. Isso que vocês fizeram não tem perdão — bradou Laura.

Colocando-se de maneira submissa e de cabeça baixa por não ter coragem de olhar firme nos olhos da irmã, Olívia sentia que a qualquer instante Laura poderia perder o controle e enchê-la de bofetadas.

Os olhos rancorosos de Laura denunciavam o quanto ela estava revoltada e dominada pela força do ódio.

Alzira retornou trazendo um copo de água e disse:

— Tome um pouco de água, Laura, para você se acalmar.

— Eu não quero água.

— Laura, eu estou mandando você tomar a água — exigiu Alzira, com autoridade de mãe.

Reconsiderando o pedido enfático da mãe, Laura acatou a determinação. Depois dessa pausa na conversa, sentindo-se mais calma, ela voltou ao assunto:

— Desde quando você sente desejo pelo meu marido?

— Desde quando eu era adolescente — respondeu Olívia, chorando.

— Olhe pra mim e diga a verdade — exigiu Laura com firmeza. — O Eduardo alguma vez lhe prometeu que me deixaria para ficar com você?

— Não, porque ele só tinha olhos para você — respondeu Olívia, com tristeza na voz e magoada por não ter sido a escolhida para se casar com o cunhado.

Laura irritou-se de tal maneira que, mordendo os lábios de raiva, parecia que a qualquer instante iria perder o controle e bater na irmã grávida.

— Como você conseguiu seduzir o meu marido, ordinária?

Novamente Alzira intercedeu, dizendo:

— Calma, Laura. Você tem o direito de exigir uma explicação de sua irmã e eu não vou colocar panos quentes em defesa dela porque sei da gravidade do erro que ela cometeu. Mas também não posso permitir que você baixe o nível da conversa ofendendo a Olívia só porque você está com a razão.

Para Laura, era irritante a cara fingida de Olívia, com ar de prazer, fazendo-se de coitada para não apanhar dela enquanto relatava a traição. Mas, obediente à autoridade da mãe, prosseguiu:

— Como você conseguiu fazer o Eduardo se interessar por você se acabou de me dizer que ele só tinha olhos para mim?

— Acho que o Eduardo não resistiu a mim — provocou Olívia, fazendo voz de menina sedutora e deixando Laura a ponto de explodir de ira.

Aos prantos, Alzira interveio:

— Esse é o pior desgosto que uma filha pode dar a uma mãe que ficou incontáveis noites sem dormir, preocupada com seu bem-estar.

— Deixe a piranha falar, mãe — pediu Laura, insatisfeita com a explicação.

Alzira foi até a janela e ficou ouvindo a confissão da filha traidora de costas. Olívia continuou:

— Eu sempre fui apaixonada pelo Eduardo... E esse desejo foi se tornando incontrolável dentro de mim quando você me contava que ele era um sonho de homem quando vocês iam para a cama.

Com essa revelação, Laura teve certeza de sua parcela de culpa na traição. Reconheceu que havia mesmo contado segredos de sua intimidade para a irmã, aguçando em Olívia um desejo que já existia. Seduzida pela fantasia das histórias que ouvia, a jovem resolveu conferir se o cunhado era mesmo tudo aquilo que a irmã propagandeava.

— Agora que o meu casamento com o Eduardo foi destruído, você teria coragem de assumir o meu lugar como esposa dele?

Olívia ficou em silêncio por alguns instantes e respondeu:

— Ele não me ama e me disse que a mulher da vida dele é você.

Isso foi o bastante para que Laura pudesse aliviar a dor insuportável que corroía seu coração. Por isso, deu por encerrado aquele encontro com a verdade. Despediu-se da mãe e voltou para sua casa.

Assim que Laura saiu, Alzira olhou para Olívia com desprezo e disse:

— Minha filha, eu fico impressionada com a sua falta de vergonha na cara! Você foi muito fria em tudo que disse.

Olívia, sem remorso, desabafou:

— Saiba de uma coisa, minha mãe... Eu estou é me sentindo leve como uma pena por ter arrancado da minha alma o peso dessa culpa. A Laura veio aqui me procurar porque desejava ouvir a verdade, e foi exatamente isso que eu lhe disse.

Diante do comentário irônico de Olívia, Alzira ficou com os nervos à flor da pele e, para não bater na filha grávida, saiu de perto dela e foi para a sala.

Durante os dias em que ficou afastada de Eduardo, Laura refletiu muito sobre os conselhos do sogro e de seu mentor espiritual, que insistiram para que ela perdoasse o marido. Pensou muito também sobre o que ouviu de Olívia a respeito do amor que Eduardo sentia por ela e sobre a traição ter sido apenas uma aventura.

Assim, ela ponderou perdas e ganhos que a separação estava lhe proporcionando e, com o coração amolecido de tanto ouvir os filhos perguntando pelo pai, resolveu procurar o sogro para informá-lo de que tinha decidido perdoar Eduardo e recomeçar a vida ao seu lado.

Juca ficou muito feliz com a escolha da nora e, desejando a felicidade de todos, saiu para buscar Eduardo, que estava escondido na casa de um tio e já não suportava mais viver longe da esposa e dos filhos.

Oprimido, Eduardo não dormia direito, tornou-se prisioneiro de sua imaturidade, pois a sombra do arrependimento o seguia a todo instante, trazendo de volta a lembrança de sua pulada de cerca.

Capítulo 23

Era fim do dia. Laura estava preparando o jantar e as crianças brincavam no quintal de casa quando Juca chegou acompanhado de Eduardo.

Ao ver o marido retornar cabisbaixo, evitando olhar diretamente em seus olhos, Laura sentiu retornar toda a raiva que pensava já ter superado.

Consciente de que a esposa ainda precisaria de um tempo para se curar da ferida em sua alma, Eduardo até pensou em pedir desculpas, no entanto, preferiu permanecer calado. Entrou para o quarto, apareceu na janela e acenou para os filhos, que correram para abraçá-lo.

Feliz com a cena dos netos abraçando o pai, Juca abraçou a nora e disse:

— A parte que me cabia eu já fiz, agora o resto é com você, minha filha.

Durante algumas horas, Laura e Eduardo trocaram poucas palavras, deixando que as crianças matassem a saudade do pai.

Mas, quando foram dormir, ela se sentou na cama, baixou a cabeça, passou as mãos na barriga e, muito emocionada, revelou:

— Eduardo, além do seu filho com a Olívia, está a caminho o nosso terceiro filho.

Surpreso, ele tentou abraçá-la, mas a esposa, indiferente, pediu:

— Por favor, não toque em mim.

Notando que ainda levaria um tempo para restabelecerem os laços, Eduardo respeitou a vontade da esposa de manter certa distância.

Decidida a checar as informações dadas por Olívia, Laura colocou Eduardo contra a parede, perguntando sobre o início da relação dos dois. Ela queria ver se eles caíam em contradição no que diziam.

— O que foi que você viu de tão irresistível na Olívia?

Ele baixou a cabeça e nada respondeu.

— Desde quando vocês estavam tendo um caso? — perguntou, chorando.

— Na verdade, a gente não teve um caso. O que aconteceu entre nós foi uma única relação naquele dia em que você deixou a sua irmã aqui e foi atender a moça lá na cidade.

Irritada, Laura contrapôs:

— Não importa se vocês tiveram apenas uma relação. O que vocês fizeram foi o suficiente para gerar um filho. E essa criança sempre será a prova viva do erro de vocês.

Eduardo, chorando e olhando fixo nos olhos da esposa, confessou:

— Eu reconheço que fui mesmo um fraco quando me deixei levar pelo truque de sedução da sua irmã naquela maldita noite.

Laura ficou em silêncio, encarando-o.

— A Olívia é uma pessoa invejosa e maldosa. Desde o nosso namoro ela planejava acabar com a nossa relação — acusou ele, tentando se esquivar.

— Isso você não precisava me falar. Eu sei que desde pequena a Olívia sente inveja de mim. Agora, o que me surpreendeu foi saber que você, o homem que eu acreditei que seria o meu companheiro para sempre, não era digno da minha devoção e muito menos merecedor do meu amor e do meu respeito.

As palavras irônicas da esposa doíam em Eduardo mais que chicotadas.

Laura ouviu o marido, e a história contada por ele correspondia à versão dada pela irmã. Por isso, resolveu perdoar o deslize do esposo.

Na manhã seguinte, Salomão pediu que Alzira avisasse ao genro que ele o aguardava para conversar sobre o futuro da criança de Olívia.

Eduardo foi ao encontro do sogro e, muito envergonhado, assumiu que era o pai do bebê que Olívia estava esperando. Como Salomão também estava com a moral manchada por ter um filho fora do casamento, resolveu encerrar o caso.

Laura ficou surpresa com a transformação repentina do pai, que se tornou um verdadeiro defensor das práticas mediúnicas que outrora tanto repugnava. Aos poucos, a vida do casal foi voltando ao normal.

Entretanto, durante o período de gestação de Olívia, Laura evitava manter contato com ela e, mesmo tendo a consciência da realidade espiritual, não conseguia se desligar da mágoa que guardava em seu peito.

Os meses se passaram e Laura deu à luz um menino, que recebeu o nome de Noam. Dez dias depois foi a vez de Olívia trazer ao mundo uma linda menina, que recebeu o nome de Cecília.

Porém, como a vida não dá ponto sem nó e a relação entre as duas irmãs ainda estava estremecida pelo abalo da traição, a vida criou uma situação para reaproximá-las que exigia desapego de ambas as partes.

Olívia descobriu que o seu leite tinha secado. Sem leite para alimentar a pequena Cecília, a mãe de primeira viagem ficou desesperada com o choro alarmante de fome da inocente criança.

Alzira, vendo que a menina corria sério risco de vida e sabendo que Laura tinha leite em abundância, tomou a neta nos braços e a levou para a tia amamentá-la. Chegou à casa de Laura com a criança chorando e disse:

— Filha, eu sei que você ainda está muito magoada com a sua irmã, mas eu só estou aqui porque é um caso de vida ou morte.

— O que está acontecendo com a menina, mãe? — perguntou Laura.

— O leite da Olívia secou e não temos outra saída... Ou você amamenta essa inocente criança ou ela vai morrer de fome — explicou Alzira, colocando até um pouco de drama na voz para convencer a filha a salvar a sobrinha.

Quando Laura viu aquela triste cena da criança chorando de fome, sentiu desabrochar de sua alma o instinto materno e, já sem o rancor que nutria pela mãe da criança, tomou a pequena Cecília nos braços, Em um gesto repleto de ternura, levou um dos seios à boquinha da faminta bebê que, rapidamente, ao sentir o calor do afeto, calou-se sugando o leite.

Cecília estava tão faminta que tentou agarrar o peito da tia com as duas mãozinhas. Enquanto matava a fome, olhava nos olhos de Laura com satisfação, como se demonstrasse gratidão pelo alimento que estava recebendo.

Depois que deu afeto para a sobrinha por meio da amamentação, Laura se sentiu profundamente transformada. O rancor que guardava em seu peito desapareceu, e o que transbordava agora era um amor incondicional em forma de alimento materno.

Após saciar a fome, Cecília acabou adormecendo, e Laura sentiu uma forte emoção com a cena da sobrinha suspirando em seus braços enquanto dormia.

Envolvida por uma energia amorosa que vibrava no ar, Laura nem percebeu que seu mentor espiritual estava ao seu lado emitindo ondas de sentimentos e pensamentos positivos. Satisfeito por ter conseguido seu intuito, Alaor disse:

— Graças a Deus o amor prevaleceu.

Alzira tomou a criança nos braços de volta e a levou para casa. Ansiosamente, Olívia aguardava na porta de casa o retorno da mãe. Quando Alzira chegou, ela estendeu as mãos para receber a filha que, para seu alívio, estava bem alimentada e dormia tranquilamente nos braços aconchegantes da avó.

Evitando acordar a bebê, Alzira entregou a neta suavemente para Olívia, que, curiosa e falando baixinho, perguntou:

— Como foi a reação da Laura quando viu minha filha?

Alzira meneou a cabeça e respondeu:

— Olha, minha filha, você realmente é uma pessoa de muita sorte.

— Por quê, mãe?

— Já pensou se você tivesse engravidado de outro homem e a mulher dele, por vingança, e com toda razão, não aceitasse amamentar o fruto da traição?

Olívia tentou refletir sobre a observação da mãe, mas a palavra traição lhe causara um forte desconforto.

Então, com o olhar perdido e com a voz desanimada, ela disse:

— Ainda bem que a Laura não é uma pessoa vingativa!

— Graças a Deus, a sua irmã não deseja o mal de ninguém, nem mesmo de quem lhe causou tanto sofrimento — concluiu Alzira.

Olívia fez-se de desentendida e puxou outro assunto.

O tempo passou e as feridas abertas pela traição foram cicatrizando aos poucos. Laura já não guardava mais rancor de Olívia e muito menos do marido.

Cecília, devido ao forte elo afetivo criado com Laura durante o período da amamentação e por conviver na casa da tia, ao ver os filhos de Laura chamando-a de mãe, acabou entendendo que aquela mulher que a amamentava era sua mãe também. Por isso, as primeiras palavras que a garota pronunciou foram chamando Laura de mãe.

No começo, Laura teve muita dificuldade para aceitar a situação porque, ao ouvir a menina chamando-a de mãe, inevitavelmente vinha à sua mente a desagradável lembrança da traição. Então ela tentava corrigir a pequena, dizendo:

— Cecília, eu não sou sua mãe. Sou sua tia, querida.

Mas, ao ser repreendida, a menina se sentia rejeitada e chorava muito.

Ao presenciar a filha dele com a cunhada chamando Laura de mãe e sendo corrigida por ela, Eduardo sentia vontade de pedir à esposa que deixasse a garota chamá-la assim, mas ele tinha consciência de que seria pedir demais para a mulher, que já se esforçava o bastante para cuidar de Cecília. Então, nesses momentos, ele saía de casa para evitar o olhar de Laura.

Com o passar do tempo, Laura foi se acostumando com a ideia de ser chamada de mãe pela sobrinha. A presença alegre da menina brincando com os seus filhos biológicos acabou se tornando um santo remédio para cicatrizar definitivamente as marcas da discórdia que a traição provocara.

Nada era mais comovente para Laura que se deparar com a irresistível cena de seus filhos, Augusto, Açucena, Noam e Cecília unidos se divertindo no quintal de casa.

Estranhamente, ela tinha a sensação de que aquele espírito, encarnado de maneira indesejada no seio de sua família, era o retorno de alguém muito querido de outras vidas, que havia chegado para lhe ensinar alguma coisa, pois não sabia explicar o que sentia pela sobrinha. Só sabia que, desde a primeira vez em que teve Cecília em seus braços, um sentimento de amor maior que a razão pulsava acalentando o seu coração.

Capítulo 24

Laura sonhou que estava em um lugar onde se encontrava com uma mulher de fisionomia conhecida, mas não lembrava quem era ela.

— Como vai, Adelina? — quis saber a mulher, estendendo-lhe a mão.

Laura, sentindo-se contrariada por ter seu nome trocado, falou:

— A senhora está enganada, pois o meu nome não é esse.

— Ah, é verdade, eu me esqueci que você está encarnada em outro corpo. Portanto, ganhou outro nome — comentou a mulher.

Laura, achando que tinha morrido, sentiu-se um pouco desconfortável e questionou:

— De onde a gente se conhece e que lugar é esse?

— Sei que você não pode se lembrar de seu passado, por enquanto. Mas nós somos velhas conhecidas, querida.

Laura impacientou-se e tornou:

— Onde estou, minha senhora?

— Você está no mundo astral — respondeu a mulher.

— Então quer dizer que eu morri?

A mulher, mostrando-se compreensiva, fez cara de piedade e respondeu:

— Você não morreu, pois a morte não existe! Você se lembra de que o seu mentor já lhe disse isso em outra ocasião? Vou explicar o que está acontecendo e o porquê deste nosso encontro.

— Sim — concordou Laura.

— Na minha mais recente encarnação, eu fui Domitila, mãe de Cacilda, sua melhor amiga e a pessoa com a qual você dividia todos os seus segredos. Você foi Adelina, uma moça ambiciosa, que terminou o noivado com Baltazar, o grande amor de sua vida, para se casar com o rico fazendeiro Barão dos Lençóis, um homem pelo qual você não sentia a mínima atração.

Laura arregalou os olhos e a mulher prosseguiu:

— Barão era tão apaixonado por você que só faltava beijar os seus pés, tamanha era a devoção que nutria por você. E quanto mais você o rejeitava, mais ele desejava conquistá-la. Ele chegava a declarar abertamente que, se fosse preciso, abriria mão de toda a fortuna dele em troca do seu amor e da sua atenção. Em contrapartida, Baltazar, seu noivo, apesar de ser um rapaz de família muito pobre, dominava o seu coração. Ele a traía com outras mulheres, sem se preocupar em esconder isso de você, mas, mesmo assim, apesar do seu jeito cafajeste de ser, ele cativava de forma arrebatadora o seu coração carente. E você cegamente o perdoava por suas traições, acreditando que, após o casamento, conseguiria fazê-lo mudar de caráter e transformá-lo em um homem caseiro e fiel.

Laura continuava impassível à narrativa. Domitila deu continuidade:

— Um dia, o apaixonado fazendeiro encontrou-a com o coração fragilizado pelas repetidas traições de seu incorrigível noivo. Com a insistência do ricaço em desposá-la, você concluiu que o futuro ao lado de Baltazar não lhe daria a mínima esperança de uma vida feliz e muito menos uma boa condição financeira.

— Sei...

— Decidida a vingar-se de Baltazar, você aceitou a proposta de casamento do fazendeiro e abandonou o seu noivo dias antes de se casarem. Ao ser informado de que você estava desistindo do noivado e de que havia sido trocado por um homem bem-sucedido, Baltazar desesperou-se, jurou de joelhos a você que, se tivesse uma chance, mudaria de conduta, mas você, pela primeira vez no comando de sua vida, encheu-se de coragem e não deu mais crédito à palavra daquele incorrigível cafajeste que só brincava com os seus sentimentos. Desejando dar uma lição em Baltazar, mesmo não amando o seu novo escolhido, você se casou com o fazendeiro na ilusão de que, saindo de uma mentira, embora ao mesmo tempo entrando em outra e assumindo uma relação apenas por interesses materiais, estaria deixando para trás a vida sofrida que levava.

"Ao contrário do que você esperava, a sua vida se tornou outra prisão. O Barão se convenceu de que nunca seria amado por você e, determinado a mantê-la longe de seu grande amor, colocou capangas para vigiá-la dia e noite. Para evitar que você tivesse uma recaída por Baltazar, não a deixava ir nem mesmo à casa de sua mãe sozinha, assim como também exigiu que você cortasse os laços de amizade com a minha filha Cacilda.

"O resultado foi que, mesmo casada com um homem rico, morando em uma imensa casa, cheia de empregados para atender a todas as suas vontades, você continuou se sentindo a mais pobre e infeliz pessoa do mundo."

Laura sentiu um frio percorrer-lhe o corpo. Domitila acariciou seu braço e continuou:

— Embora tivesse sido a sua confidente desde a infância, Cacilda não entendeu o motivo de seu afastamento após o casamento com o Barão. Sentindo-se rejeitada por ser pobre, ela pensava que você tivesse mudado o seu jeito de ser por causa do dinheiro e não quisesse mais manter amizade com pessoas de nível inferior como ela.

"Enquanto isso, Baltazar conformou-se e acabou encontrando consolo nos braços de Cacilda, que não resistiu ao vê-lo sofrendo. A aproximação dos dois fez com que ela se apaixonasse perdidamente pelo homem que você tanto amava. Quando você soube que Baltazar e Cacilda estavam namorando e organizando o casamento deles, sentiu um ciúme incontrolável de seu ex-noivo.

"O seu sofrimento aumentava cada vez que você os encontrava de mãos dadas e unidos como você e Baltazar jamais tinham sido. Baltazar e Cacilda se casaram e, milagrosamente, o homem que nunca lhe respeitara tornou-se um exemplo de marido nos braços de sua melhor amiga!

"O seu ódio foi crescendo até que um dia, não suportando mais ser infeliz e ver a felicidade do seu ex-noivo com sua ex-melhor amiga, você pegou uma arma de fogo do seu marido e, dominada pelo ciúme, foi fazer um acerto de contas com os dois. Eles estavam em casa após o almoço, deitados no quarto, quando você invadiu a residência do casal com a arma em punho. Ao vê-los abraçados, você perdeu a cabeça, apontou a arma contra Baltazar e Cacilda e, dominada pela raiva, apertou o gatilho várias vezes, acertando-os. Baltazar morreu na hora. Cacilda, ainda viva, sangrando muito, teve tempo para lhe dizer:

"— Assassina, você acabou com três vidas.

"E foi assim que você soube que Cacilda estava grávida do primeiro filho dela com Baltazar. Arrependida do que fez e sem poder voltar atrás em seu ato de loucura, você deu cabo da própria vida ali mesmo, achando que a morte seria a solução para os problemas que a sua revolta havia criado."

Laura tinha a respiração entrecortada, e Domitila, depois de uma pausa, prosseguiu:

— Diante da imortalidade do espírito, além de não ter resolvido nada com a sua ação violenta, você só gerou desequilíbrio para si mesma. Afinal, cada um cria seu próprio destino.

Enquanto a mulher relatava a dramática história de sua vida anterior, Laura chorava muito, sentindo-se triste por ter se envolvido em tamanha tragédia.

Domitila pousou sua mão sobre a de Laura e disse, com voz pausada:

— De minha parte, como mãe de Cacilda, aquele dolorido acontecimento já foi superado, e hoje reconheço que o sofrimento por que passei com a morte de minha querida filha grávida e de meu genro me levaram a rever meu jeito de pensar sobre as leis que regem a vida. Graças à bondade divina, compreendo que a vida é eterna e infinitamente generosa, afinal, ela está sempre nos presenteando com novas oportunidades para que possamos fazer escolhas mais conscientes, inclusive praticando boas ações em benefício do nosso semelhante, independentemente dos dissabores que tivemos com os outros. Todo mundo merece ter uma segunda chance para recomeçar, e eu escolhi por amor ajudá-la a livrar-se do seu passado, libertando-a também das energias nocivas da maldição que lancei sobre você na data do crime.

— Tinha todo o direito de me amaldiçoar. Destruí sua família.

— Sim. Mas cada um atrai o que é necessário para seu crescimento, seja pelo amor seja pela dor. Não vou aqui apresentar o porquê de a vida de todos vocês ter chegado àquele ponto tão crítico. Tudo poderia ter se resolvido de maneira menos dramática. Passados tantos anos e depois de muito aprendizado e reflexão, sou outra pessoa. Meu espírito é mais consciente das coisas, mais lúcido. Sei que a vida sempre faz tudo para nosso bem. Quando deixei de amaldiçoá-la, senti enorme bem-estar. Porque tudo o que você vibra para os outros, de certa forma, vibra também em você. Eu quero paz e equilíbrio ao meu redor. E que todo mundo viva bem. Afinal, errar faz parte do jogo divino!

Laura sentiu-se acolhida pela compaixão daquela serena mulher que, mesmo tendo a triste sina de ver a sua filha assassinada por ela, mostrava ternura em sua expressão, garantindo que tinha superado o dano que sofrera e que agora desejava apenas ajudá-la, de livre e espontânea vontade.

Encerrando a conversa, Domitila tornou:

— Restituindo os direitos aos espíritos envolvidos naquela tragédia, eles reencarnaram como membros de sua nova família e vão precisar muito de seu amor para vencer o resquício de ódio que ainda sentem por conta da sua desenfreada ação. Mas lembre-se de que a reencarnação desses espíritos como seus parentes não se trata de carma, mas de uma oportunidade de crescimento e desenvolvimento da capacidade de amar que a vida cria para reaproximar antigos desafetos, promovendo entre eles laços de amor incondicional.

— Por mais que tenha escutado tudo isso, eu tenho sentimento de carinho por todos eles.

— Você mudou sobremaneira. O período que viveu no mundo astral depois de sua morte foi bem produtivo.

Claro, você sofreu muito, mas também aprendeu bastante. Nessa última vida, você foi criada por uma tia que muito a amava. Ela tentou, a todo custo, conduzi-la pelo caminho do bem.

Laura teve um lampejo e sorriu, emocionada.

— Dolores!

— Sim. Dolores foi uma pessoa especial naquela vida. E nesta encarnação mostrou-se uma grande amiga.

— Sempre senti muito carinho por ela. As cartas... — uma lágrima escapou pelo canto do olho de Laura. — Ah! como era bom trocar cartas com Dolores. Sinto saudade dela.

Domitila sorriu e prosseguiu:

— A ordem que rege as leis da vida é sábia e reúne os espíritos por meio de laços familiares para que os velhos inimigos abram portas que estão fechadas entre eles, ajudando-os a vencer os conflitos do passado.

Estas foram as últimas palavras do espírito de Domitila antes de partir. Laura acordou lembrando-se claramente de cada detalhe da experiência que teve por meio do sonho, quando a pessoa está dormindo e seu espírito desprende-se do corpo e sai para visitar a dimensão espiritual.

— Seria uma revelação? — questionou-se ela.

Alaor estava ao seu lado acompanhando-a, mas não podia revelar a Laura que o Barão dos Lençóis reencarnara como Salomão, seu pai, Baltazar como Eduardo, seu marido, Cacilda como Olívia, sua irmã, e o filho que Cacilda esperava quando fora assassinada, como Cecília.

Capítulo 25

Algum tempo depois, a poeira já tinha baixado e Cecília demonstrava ser uma garota meiga, amorosa e afetuosa, cativando a atenção e o amor de todos da família, principalmente de Laura.

Olívia conheceu Gilberto, um rapaz que vivia em outra região, era muito trabalhador e de boa família. Apaixonado por ela, em pouco tempo de namoro pediu-a em casamento. Contudo, ele não quis assumir Cecília como enteada.

Olívia, decidida a livrar-se do incômodo de carregar a imagem de mãe solteira, quis saber se Laura aceitaria adotar e criar Cecília como sua filha, já que amava tanto a menina.

Laura levou a proposta na brincadeira e disse:

— Olívia, se eu tiver que criar a sua filha para que você fique longe do meu marido, a minha resposta é *sim*. Aliás, a Cecília é mais minha filha do que sua!

— Isso é verdade, Laura. Eu nem sei o que seria de mim se você não tivesse me ajudado quando fiquei sem leite para amamentar a minha filha.

Naquele instante, Laura percebeu a fisionomia triste da irmã relembrando os momentos difíceis que atravessou com a chegada de Cecília. Contornando a situação, a mais velha mudou de assunto.

Olívia deixou a filha para que Laura a criasse, se casou com o rapaz que morava em outra região e foi embora com ele.

Cecília nem sentiu a separação da mãe biológica. Adaptou-se facilmente à família, ainda que não soubesse que os seus primos, na verdade, eram seus irmãos. Morando em um lar simples no meio do mato, comendo frutas colhidas na hora, tomando banho de chuva, nas cachoeiras e nos rios, recebendo amor e carinho, a garota foi crescendo e se sentindo a criança mais rica e feliz do mundo.

O dia começava a clarear. De repente, Laura, dormindo ao lado do marido, gritou desesperadamente repetidas vezes:

— Não, não, não! Meu Deus, socorro, socorro.

Para seu alívio, acordou com o volume da própria voz, saindo de um terrível pesadelo.

Eduardo acordou assustado ao ouvir os gritos da esposa. Ele levantou-se imediatamente e sentou-se na cama. Preocupado, correu a mão sobre a cadeira procurando o fósforo, acendeu a lamparina e perguntou:

— O que houve, Laura? Por que você acordou gritando?

Ainda em estado de choque, com a respiração ofegante, Laura pôs as mãos no peito, apaziguando o coração aflito, e disse:

— Não me pergunte nada agora. Apenas me abrace forte.

Eduardo acolheu a esposa nos braços e disse:

— Está tudo bem com a nossa família.

Ele pegou um copo de água para a esposa. Laura, após beber, ainda evitou relatar os detalhes do assombroso pesadelo que tivera, mas não conseguiu controlar-se. Sentou-se na cama, passou as mãos no rosto e, ainda com as mãos trêmulas, disse:

— Eu tive um pesadelo horrível.

Eduardo sentou-se ao lado da esposa e segurou as suas mãos, demonstrando interesse em ouvi-la. Com este gesto de carinho do companheiro, Laura se deitou e colocou a cabeça no colo do esposo, tentando se livrar das imagens negativas que não paravam de se repetir em sua mente e lhe provocavam um aperto no peito, dando-lhe a nítida sensação de que algo muito ruim iria acontecer.

Eduardo amorosamente continuou afagando os cabelos da esposa. Sentindo-se amparada pelo afeto do marido, Laura relaxou um pouco. Como já era quase dia, ela decidiu se levantar e vagarosamente foi até o quarto das crianças verificar se estava tudo em ordem com os filhos. Para sua alegria, todos dormiam profundamente o sono dos justos.

Laura saiu do quarto dos filhos calmamente para não acordá-los e foi preparar o café da manhã para o esposo, que ainda cedo sairia para o trabalho. Ela acendeu o fogão à lenha e pôs a água para ferver. Enquanto aguardava, se aproximou de Eduardo com um olhar temeroso e perguntou:

— Você percebeu a agitação dos cavalos correndo a noite toda?

— Percebi sim, amor.

— Eu acho que novamente tivemos uma visita espiritual indesejada aqui em casa, mas não vamos ter medo de nada porque somos pessoas do bem e não devemos nada a ninguém.

Laura queria muito acreditar que nada de ruim iria acontecer, mas intimamente algo lhe dizia que alguma coisa estranha se aproximava.

Eduardo terminou de tomar o café, pegou a marmita, foi até o quarto dos filhos e, amorosamente, beijou o rosto de cada um deles, que ainda dormiam tranquilamente. Porém, quando se aproximou de Noam, sentiu uma comoção fora do normal ao tocar o rosto do garoto com os lábios. A sensação era de uma despedida entre eles. Nesse momento, o pai sentiu um forte aperto no peito, mas encorajou-se e mentalmente pediu que aquela sensação angustiante fosse embora. Depois se aproximou da esposa esforçando-se para não demonstrar a sua insegurança, abraçou-a, beijou-lhe a face docemente e desejou-lhe um bom-dia.

Laura, percebendo a indisposição do marido, perguntou:

— Está tudo bem com você, amor?

— Não, minha flor. Sinto um aperto no peito. Mas não se preocupe, porque essa sensação horrorosa vai passar quando eu ocupar a cabeça com o serviço — aventou Eduardo.

— Fique bem, meu rei — pediu Laura, abraçando o marido.

— Eu vou ficar bem, minha rainha.

— Nós já atravessamos tantos desafios juntos, não será desta vez que vamos esmorecer — disse ela, querendo acreditar nas próprias palavras.

— Isso é verdade, meu amor — concordou Eduardo.

— Você é um vencedor e ao seu lado eu também me sinto uma pessoa vencedora — declarou Laura, tentando levantar o astral do marido.

As palavras de incentivo da esposa calaram fundo na alma de Eduardo, que baixou a cabeça para que a mulher não notasse a sua emoção.

Assim como muitos homens daquela região, Eduardo também fora educado por conceitos machistas que desaprovavam que o homem expressasse suas emoções, afinal, um macho demonstrar-se emotivo significava fraqueza.

Laura atravessou a frente do esposo e, enfaticamente, reafirmou:

— Eduardo, você é um vencedor e ao seu lado eu também me sinto uma pessoa vencedora.

Ele novamente baixou a cabeça, tentando engolir aquele nó na garganta que traz a vontade de chorar.

— Meu bem, eu sinto a mesma coisa ao seu lado — devolveu Eduardo, sentindo-se encabulado com o carinho que estava recebendo da esposa.

Sabendo como os homens nordestinos eram educados naquela época, Laura deixou o esposo à vontade. Eduardo colocou a roupa de serviço, porém, antes de sair, foi mais uma vez até o quarto dos filhos, mas, curiosamente, se dirigiu apenas à rede onde dormia Noam, o filho caçula.

Eduardo não sabia por que estava dedicando mais carinho àquele filho, mas se aproximou da rede vagarosamente para não acordar o menino e suavemente beijou o rosto do pequeno Noam. Sua sensação era de que fosse mesmo uma despedida para sempre.

Sentindo-se muito angustiado, Eduardo retornou à sala com passos temerosos, pegou do cabide o seu inseparável chapéu, seguiu até a cozinha, onde encontrou a esposa pensativa, deu-lhe mais um beijo e disse:

— Fique com Deus, querida.

— Amém — falou a esposa ainda com o pensamento distante.

Ao sair, Eduardo nem precisou chamar os cachorros, pois, habituados à rotina da casa, logo cedo ficavam inquietos, aguardando ele colocar o pé no batente para saírem correndo rumo ao trabalho.

Laura foi até o altar que mantinha no quarto e, ajoelhada, clamou a presença de Deus e pediu inspiração por meio dos amigos espirituais.

Alaor, o seu mentor espiritual, aproximou-se dela e disse:

— Filha, tudo que está por vir tem a permissão divina. Acredite, você não está sozinha.

Emocionada, Laura falou:

— Eu sei, Alaor, que você e os meus amigos espirituais estão do meu lado. Mas estou sentindo muito medo da premonição que tive esta noite. Ainda é muito difícil para mim aceitar que nasci com esta sensibilidade. Às vezes me sinto impotente, sabendo que posso pressentir algo ruim horas antes de sua consumação e nada posso fazer para evitar o sofrimento de suas vítimas — lastimou-se Laura.

O mentor esclareceu:

— Perante a espiritualidade, ninguém é vítima das coisas que lhe acontecem. Por mais que as situações pareçam obras do acaso, tudo acontece conforme o que cada espírito atrai com suas atitudes. Ninguém passa por uma experiência se ela não for útil para o seu aprimoramento espiritual.

Laura acalmou-se e agradeceu ao mentor a orientação.

As crianças acordaram, tomaram o café da manhã e saíram para a escola, como era rotina no período da manhã.

Laura colocou comida para os porcos, debulhou milho para as galinhas, arrumou a casa, depois foi até o quarto, ajoelhou-se novamente e rezou.

As horas se passaram, Laura preparou o almoço, os filhos chegaram da escola e ela serviu as crianças que, bem alimentadas, foram brincar no quintal.

Laura resolveu ocupar a cabeça, separou as roupas sujas para lavar, trancou as portas da casa, dirigiu-se à janela que dava para o quintal onde as crianças brincavam e chamou os filhos para acompanhá-la.

Quando Noam viu a mãe aparecer na janela com a bacia de roupa na cabeça, ficou pulando de alegria. Com um brilho diferente nos olhos, o garoto gritou, feliz da vida, avisando aos irmãos:

— A mamãe vai lavar roupa, pessoal.

Empolgados, todos rapidamente saíram correndo na frente da mãe em direção ao riacho, onde, enquanto as donas de casa cuidavam do serviço, a molecada se divertia mergulhando e correndo na beira do afluente.

Mãe e filhos chegaram à margem do riacho e encontraram Margarida, amiga e confidente de Laura, que ela considerava como irmã.

— Boa tarde, Margarida.

— Boa tarde, minha amiga.

— Como vão as coisas? — perguntou Laura.

— Ah, está tudo lindo! — respondeu Margarida, puxando o seu sotaque.

— Vocês não vão falar com a tia Margarida? — reclamou Laura com os filhos.

— Olá, criançada. Tudo bem? — adiantou-se Margarida.

— Tudo — responderam os pequenos de uma vez só, já saindo na direção dos filhos de Margarida que brincavam de se esconder.

— O sol está maravilhoso hoje — comentou Laura.

— É verdade — concordou Margarida.

— Além de estar fazendo este calor gostoso, também está ventando muito. As roupas vão secar rapidinho — considerou Laura.

— Ainda bem que o clima está favorável para nós hoje. Também... ninguém merece ter um trabalhão desses e depois, por falta de sol, toda a roupa ficar mofando dentro de casa — disse Margarida.

Pensativa, Laura pareceu nem ter ouvido o comentário da amiga.

— Está tudo bem com você? — perguntou Margarida.

— Sim — respondeu Laura, fingindo que estava tudo em ordem.

— E por que você ficou pensativa? — tornou a falar Margarida.

— Prefiro não estragar o seu dia com minhas preocupações.

— Você se esqueceu de que somos amigas?

— Você também... capta as coisas no ar.

— Não se acanhe, não, minha amiga. Vamos, se abra comigo! — insistiu Margarida.

— Estou assim porque esta noite não dormi muito bem. Mas vamos falar de coisas alegres — propôs Laura.

Margarida notou no semblante da amiga que ela estava escondendo, atrás do sorriso forçado, algum incômodo. Já sem o ânimo de antes, indagou:

— Laura, nós somos amigas para todas as horas. Ou você considera que a nossa amizade só serve para dividir momentos alegres?

— Deixa de ser boba, Margarida. Além de muitas outras coisas boas que me aconteceram desde que cheguei aqui, a sua amizade foi uma das mais valiosas graças que eu recebi. Você é mais minha irmã que a minha própria irmã! Aliás, se a gente pudesse escolher os parentes antes de nascer, com certeza eu teria escolhido você como a minha terceira irmã — aventou Laura.

Enquanto conversavam, as amigas foram colocando as peças mais sujas de molho no sabão para amolecer a sujeira, para enxaguarem com menos sacrifício.

Naquela época, o crescimento começava a chegar à região e o governo tinha acabado de construir uma estrada ligando a cidade ao setor rural. Naquele trecho onde as mulheres lavavam roupa fora levantada uma ponte de madeira sobre o riacho, abrindo caminho para o isolado município. Até então, a produção agrícola dos moradores era transportada por meio de animais de carga ou embarcações, únicos meios de transporte viáveis ao escoamento das riquezas geradas na região.

A estrutura de madeira foi construída a uma altura próxima da água, e aparentemente não oferecia nenhum risco se alguma criança levada resolvesse saltar dela para dentro da água.

Laura e Margarida terminaram de lavar as roupas, colocaram as peças de volta na bacia e se dirigiram a uma cachoeira próxima dali, onde sempre tomavam um relaxante banho após o trabalho de lavagem das roupas. Enquanto apreciavam o irresistível toque da queda d'água nas costas, Laura ficou observando a alegria estampada no rosto das crianças, que se divertiam correndo à beira do riacho. Ela comentou com Margarida, expressando um sentimento de gratidão pela sua existência:

— Sabe, Margarida, nós, mulheres do campo, não temos as coisas que as mulheres da cidade possuem, mas, observando tanta beleza ao nosso redor, cheguei à conclusão de que elas também não têm à sua disposição a riqueza que nós temos aqui, morando em meio à natureza.

— Eu concordo plenamente com você, Laura. Muitas dessas mulheres independentes da cidade são vencedoras e perdedoras ao mesmo tempo. Porque com muito esforço conseguiram conquistar um novo espaço, mas, em contrapartida, por terem o seu tempo ocupado pelas responsabilidades que assumiram, perderam a oportunidade de encher os olhos de magia e transformação como nós, que acompanhamos bem de perto o crescimento dos nossos filhos — disse Margarida, emocionada com a própria observação.

— É, minha amiga, a felicidade existe sim, basta a gente olhar o sorriso iluminado das nossas crianças que estão ali, vivendo o momento presente, aproveitando a infância delas sem medo do amanhã — ressaltou Laura.

— Sabe, Laura, isso que você falou me faz perguntar a mim mesma: por que será que quando a gente cresce perde esse encanto pela vida?

— Ah, eu nunca deixei a minha criança interior morrer por causa das responsabilidades que assumi. Ainda trago na essência da minha alma a magia dos meus sonhos de infância. Todos eles continuam vivos dentro de mim.

Laura nem tinha fechado a boca, quando de repente Margarida gritou apavorada, com o olhar aflito voltado na direção da ponte construída sobre a água.

— Não, menino. Não!!!

Já era tarde. Escutaram o barulho na água.

Assustada, Laura girou rapidamente para trás e perguntou:

— O que foi, mulher?

— O seu filho saltou da ponte na água.

— E qual é o problema? — indagou Laura.

— Meu Deus, a pedra — balbuciou Margarida, correndo na direção de onde o filho de Laura havia se atirado.

— De que pedra você está falando? — questionou Laura, seguindo-a.

— Laura, ali naquele lugar onde o seu filho se atirou existe uma pedra enorme submersa na água — explicou Margarida.

Desesperada, Laura apressou o passo para verificar se estava tudo bem com o filho. Ao se aproximar, a mãe logo viu uma mancha de sangue subindo na água.

Laura mergulhou no riacho e, para sua infelicidade, quando voltou à superfície com o filho nos braços, constatou que ele estava morto. Muito sangue jorrava pela testa dele, devido ao forte impacto com a pedra citada por Margarida.

Diante do filho morto, Laura sentiu o mundo girando embaixo de seus pés, como se estivesse abrindo uma gigantesca cratera e levando sua vida junto.

Desesperada, a mãe disse para si mesma:

— Meu Deus, isso não pode ter acontecido com o meu anjinho. Só pode ser a continuação daquele horrível pesadelo... Assim que eu acordar, encontrarei o meu lindo filho, sem nenhum arranhão, dormindo o sono dos justos ao lado dos irmãos.

Cercada pelos outros filhos, que choravam ao seu redor, apavorados com o acidente, Laura beijou repetidas vezes o rosto de Noam. Aquela triste cena envolveu tanto Margarida, que o seu coração estava partido ao meio, se compadecendo com a dor da amiga. Aquele momento difícil que Laura estava amargando foi se tornando tão íntimo de Margarida, que ela podia sentir na própria pele o corte feito pela lâmina da morte destroçando-a por dentro.

Embora Laura tivesse teoricamente total conhecimento da continuidade da vida após a morte, a mãe deixou o seu instinto materno falar mais alto e, envolvida pela dor insuportável da perda do filho, entrou em estado de profundo desespero.

Levantou-se e, com as mãos na cabeça, caminhou em volta do corpo do filho, inconformada, sem saber o que fazer de sua vida a partir daquele momento, se ainda encontraria forças para recomeçar ou para viver.

Laura olhou com olhos apagados para a amiga e disse:

— Margarida, pelo amor de Deus, me acorde deste pesadelo e me diga que esta tragédia não aconteceu de verdade.

Margarida procurou uma palavra que pudesse dizer para aliviar o sofrimento da amiga, porém, em sua mente não veio nada que servisse de consolo para amenizar a dor daquela desesperada mãe. A cena da tragédia estava viva na mente de Margarida, que, ainda muito chocada, se aproximou de Laura e abraçou a amiga, tentando confortá-la.

— Laura, eu sei que esse dia nunca mais será apagado de sua memória e que nada ocupará o lugar dessa dor terrível que se instalou no seu peito. Não se sinta culpada por essa desgraça que aconteceu com o seu filho. Isso foi uma fatalidade que poderia ter ocorrido com qualquer pai de família.

Laura estava tão absorta em sua dor que não ouviu nada do que Margarida lhe disse. Desconsolada, a mãe não acreditava que o filho havia morrido. Sentou-se ao lado do corpo do garoto e colocou a cabecinha dele em seu colo, na esperança de que ele só estivesse desmaiado e de que a qualquer instante voltaria à consciência, chorando e lhe dizendo onde estava doendo, como sempre fazia quando se machucava em suas brincadeiras e corria para os braços da mãe.

— Filho, fala com a mamãe. Filho, a mamãe está aqui. Oh, meu Deus, traga de volta o meu filho.

O garoto permaneceu imóvel em seus braços, sangrando muito pela testa.

A cabeça de Laura parecia que ia explodir só de imaginar que logo mais teria que devolver o corpo de seu filho à mãe natureza, enterrando os seus restos mortais, e aguardar um possível retorno de seu espírito, reencarnando para concluir o seu tempo que fora interrompido pela morte tão prematura.

O apego de Laura ao filho era tanto que quase deu um nó em sua cabeça quando pensou que o espírito do filho poderia reencarnar em outra família e nunca mais se lembrar dela como sua mãe.

Capítulo 26

Laura viveu a mais amarga experiência de sua vida, que foi dar banho no corpo gélido de seu próprio filho. A mãe estava tão fora de si que nem voltou para recolher as peças de roupa estendidas na cerca. Apenas enrolou o corpinho do filho em uma toalha ainda úmida, acolheu-o no colo, chamou os outros filhos que, apavorados com a morte do irmão não paravam de chorar, e seguiram para casa.

Conforme Laura passava pelas casas a caminho de sua residência, levando o corpo do filho ensanguentado nos braços, despertava uma legião de curiosos, que, impressionados com a morte do garoto, seguiam-na formando um cortejo.

Dodô se ofereceu para levar a triste notícia a Eduardo, que estava trabalhando, e Laura, ainda muito abalada, aceitou a ajuda do rapaz. Preocupada com reação do esposo ao ser informado da morte do filho, recomendou ao portador que apenas avisasse a Eduardo que voltasse imediatamente para casa, pois seu filho havia caído e se machucado muito.

O já rapaz Dodô, montado em seu cavalo, saiu correndo pela estradinha de terra atrás de Eduardo. Em poucos minutos o informante chegou à porteira da roça.

Quando Eduardo avistou o garoto chegando, sentiu o coração acelerar, esperando o anúncio de alguma notícia ruim.

Dodô era apelidado de "Abutrelino", justamente porque agia igual a um urubu, que só aparece para participar do fim de alguém.

Ao contrário do que lhe fora recomendado, Dodô, dramatizando, disse logo a verdade a Eduardo, anunciando de maneira ofegante e sensacionalista:

— Seu Eduardo, a dona Laura pediu para eu vir aqui lhe avisar que o Noam pulou da ponte, bateu a cabeça em uma pedra dentro da água e morreu na hora.

Chocado com a frieza do jovem anunciador de tragédias e com a voz já embargada pela dor da notícia que recebera de supetão, Eduardo perguntou:

— Ô, meu filho, você sente prazer com a desgraça dos outros, é?

Dodô ficou calado diante da pergunta de Eduardo. Desesperado, o pai da criança saiu correndo em direção à sua casa.

Laura, quando avistou pela janela o marido chegando, rapidamente foi ao seu encontro, se atirou em seus braços e disse:

— O nosso anjinho se foi para sempre, Eduardo.

Sentindo-se destroçado, o pai só queria tocar no corpo de seu filho para poder ter certeza de que tudo aquilo era mesmo verdade. Com as mãos trêmulas, Eduardo descobriu o rosto de Noam, comprovou o fato e, inconsolado, indagou ao Pai celeste:

— Meu Deus, por que o Senhor permitiu que o meu filho morresse tão cedo?

A vizinhança toda estava ao seu lado lhe oferecendo apoio. Mas, tomado pela dor, Eduardo não ouvia as palavras de apoio que recebia dos amigos e parentes que, solidários, lhe prestavam condolências.

Enfim, inconsoláveis e chorando aquela perda irreparável, os pais decidiram enterrar o corpo do garoto no quintal de casa, como era o costume das famílias naquela região do nordeste quando morria alguém querido.

Alzira, na beira da cova, muito emocionada, disse:

— Vá com Deus, meu anjo. A vovó te ama muito.

Salomão soluçava inconsolável com a morte do neto. Oscar, que era padrinho do menino, não resistiu à cena do enterro e, ameaçando desmaiar, foi retirado do local nos braços dos amigos.

Juca, muito triste com a morte do neto, se aproximou do filho e disse:

— Eduardo, eu posso imaginar o quanto você está sofrendo com essa tragédia.

— Pai, até aqui eu fui uma pessoa que confiava nos guias de luz, porém hoje perdi a fé que eu tinha nesses espíritos que se dizem nossos amigos.

Juca, vendo o filho atravessando um momento de grande desespero, procurou não confrontar a sua revolta, apenas o ouviu silenciosamente e o acolheu, oferecendo o seu ombro amigo.

Mesmo tendo consciência da continuidade da vida após a morte, a perda temporária do filho deixou no coração dos pais um vazio imenso.

Durante a semana da morte do garoto, Laura passou várias noites em claro, relutando em aceitar a morte do filho tão prematuramente.

Alaor pediu que ela deixasse o espírito do filho seguir em paz e informou que, quando fosse permitido, teriam um encontro por meio de sonhos.

A dor da tragédia deixou os familiares sensibilizados, reaproximou e reuniu as pessoas como nunca antes do triste acontecimento.

Um mês depois, Laura, mesmo tendo consciência de que a vida continua após a morte do corpo, permanecia com o coração dilacerado pela incessante dor deixada pela tragédia.

Tomada pela imensa saudade que lhe destroçava por dentro, a mãe foi até o quarto do filho, pegou a mochilinha escolar dele e começou a olhar o seu caderno. Enquanto folheava as últimas lições que o garoto havia feito naquele fatídico dia de sua morte, Laura encontrou um bilhete da professora de Noam guardado entre as folhas do caderno. Ao ler a mensagem da educadora, não conseguiu conter as lágrimas com o elogioso recado da mulher:

> *Parabéns, papai e mamãe!*
>
> *O filho de vocês é um aluno muito disciplinado e, por isso, é um campeão de notas altas. Um aluno exemplar como este me faz sentir já ter cumprido minha missão de vida.*

Laura sentiu um misto de dor e orgulho de mãe coruja e, soluçando, apertou o caderno fortemente contra o peito, como se estivesse abraçando o filho.

Ela guardou o bilhete novamente entre as folhas do caderno e foi até a casa dos sogros mostrar-lhes as lindas palavras da professora. Quando o avô do menino leu o recado enaltecendo a postura disciplinada do garoto, ele pegou nas mãos da nora muito emocionado e, olhando nos seus olhos, com a voz embargada, disse:

— Filha, eu sei que diante de uma tragédia dessas nada vai consolar o seu coração de mãe. Realmente a vida nos pregou uma peça muito dramática, que nos marcou para sempre, mas precisamos aceitar os desígnios de Deus e prosseguir a nossa caminhada. Eu vou lhe ensinar um processo de cura emocional e espiritual que vai libertar a sua alma dessa dor insuportável, que parece sem fim e que acorrenta você e o espírito do meu neto à triste lembrança daquela terrível tragédia que o apartou de nós tão precocemente.

"Para amenizar esse sofrimento, aceite a morte de seu filho como algo irremediável. Eu sei que a morte de um filho é uma perda irreparável e que esse corte deixa mesmo uma dor incessante que golpeia a alma vinte e quatro horas por dia, pelo resto da vida. Mas, diante desse triste fato, não há outra saída a não ser aceitar a vontade de Deus.

"Portanto, minha filha, pare de se violentar e se torturar com esse sentimento de culpa. Aquela fatalidade não foi planejada por você e muito menos ocorreu por descuido de sua parte. O que aconteceu já estava traçado pelo plano espiritual ou destino, como quiser chamar. O espírito de seu filho viveu o tempo que tinha de viver, nem mais nem menos.

"Faça o seguinte, Laura, imagine que o seu filho apenas foi morar em outro lugar e que, no tempo de Deus, um dia vocês se reencontrarão para uma nova jornada juntos. E para que você possa definitivamente se desligar deste elo de dor e saudade, escreva uma carta expressando tudo que sente por conta da ausência dele e, principalmente, relate as lembranças dos momentos bons que vocês compartilharam como companheiros de viagem. Escreva tudo que lhe vier à mente sobre a convivência que tiveram e, por fim, encerre o texto descrevendo exatamente o último momento em que você o devolveu para a mãe natureza. Depois que você desabafar, queime a carta como se fosse um ritual de despedida e desapego."

Aos prantos, Laura afirmou:

— Seu Juca, isso vai doer mais do que a dor do parto.

— Sim, minha filha. Vai doer profundamente. Eu sei disso. Mas será uma ação libertadora. Só assim você cortará o cordão umbilical espiritual que os mantêm unidos ao sofrimento daquela amarga experiência que se abateu sobre todos nós.

Laura secou os olhos, deu um demorado abraço no sogro, agradeceu-lhe a orientação e seguiu o conselho dele. Pegou um caderno e escreveu:

Filho,

Esses trinta dias sem a sua presença foram os mais longos e mais difíceis da minha vida. Hoje mesmo eu acordei sentindo uma saudade de você tão intensa que a minha alma parece não suportar mais esse silêncio que ficou entre nós. Ah, como eu queria ouvi-lo me pedindo para preparar o seu bolo predileto de aipim...

Mas como a vida interrompeu a nossa convivência, hoje estou aqui tentando encontrar força para superar esse distanciamento e recomeçar a minha vida. Meu filho, não sai da minha mente a sua imagem alegre, correndo pelos quatro cantos, pisando em minhas plantas, que eu cuidava com tanto carinho no quintal de casa. Confesso que, quando você fazia isso, na hora eu queria bater em você, mas agora que você se foi, se eu pudesse tê-lo de volta, eu o deixaria esmagar o jardim inteiro, meu querido.

Se eu pudesse voltar no tempo, não teria implicado tanto com as suas traquinagens. Eu teria aproveitado mais a sua companhia e o abraçado apertado muito mais vezes. Agora o meu jardim está intacto, mas perdeu a graça depois que partiu a mais bela das flores que eu cultivei.

A vida sem a sua presença, meu filho, está muito vazia. Hoje sinto falta até de suas manhas, me chantageando quando queria algo que eu lhe negava.

Esta separação temporária que houve entre nós me fez rever o meu jeito de agir, a minha forma de viver. Agora dou muito mais valor a um abraço e à companhia das pessoas. Com a sua partida, ficou um vácuo silencioso, muitas perguntas e nenhuma resposta.

Ao acordar e ir preparar o café, na hora em que sinto o cheiro do café subir, me vem à mente a sua presença alegre, devorando o cuscuz misturado com leite.

Quando ponho a mesa farta do almoço e vejo a sua cadeira vazia, automaticamente me vem a lembrança de que falta alguém muito especial. Falta você, meu filho.

Ao sentir o cheiro daquele seu sabonete preferido, me vem à mente a sua imagem contente indo tomar banho para ir à escola saltitante e feliz com os seus irmãos.

Quando ouço alguma criança falar a palavra "mamãe", logo surge na minha mente você, ainda pequeno, quando me chamou de mamãe pela primeira vez. Filho, esse dia é inesquecível para mim!

Quando vou lavar roupa no riacho, é como se eu voltasse no tempo e visse novamente a chocante cena de você desfalecido e sangrando pela testinha em meus braços, enquanto eu, desesperada, tentava a todo custo lhe trazer de volta à vida. Mas, infelizmente, o seu espírito já tinha nos deixado.

Por fim, toda vez que eu sinto o cheiro de uma rosa branca, volto à triste cena da última vez em que o vi, quando fecharam o caixão com o seu lindo corpinho e, lentamente, o desceram cova abaixo, nos separando, sabe Deus até quando.

Que os amigos e amparadores espirituais o conduzam para um bom lugar, meu querido filho.

Fique com Jesus, meu amor. E lembre-se de que a mamãe o ama mais do que tudo nesta vida e que estará sempre orando por você.

Beijos saudosos de sua mãe,

Laura.

Naquela mesma noite, o plano espiritual permitiu que Laura vivesse uma das mais fortes emoções de sua vida. Enquanto dormia, o seu espírito saiu do corpo e, pela primeira vez, se encontrou com o espírito de seu filho, que, muito emocionado, lhe deu um carinhoso abraço e lhe encheu de beijos, como sempre fazia quando estava encarnado.

O tempo passou, e os pais do menino desencarnado, embora arrasados com a dor da perda, aos poucos foram encontrando forças para recomeçar a vida.

Laura, apesar de aparentar ter superado a morte do filho, na verdade não passava um dia sequer sem pensar no garoto. Várias vezes ela teve a sensação de ser abraçada pelo espírito do filho e, em outras oportunidades, ele aparecia por meio de sonhos, onde estava sempre sorridente.

Eduardo voltou à sua rotina diária, tentando se agarrar aos cacos que restaram de sua alma, pois intimamente a tragédia lhe causou uma profunda transformação. Ele revoltou-se e distanciou-se das práticas espirituais ao lado da esposa. Alaor recomendou que Laura retomasse as suas atividades, afirmando que com o tempo Eduardo reencontraria o seu caminho de volta.

Respeitando o sofrimento do marido, Laura deixou que ele tivesse um tempo para cicatrizar a ferida de sua alma.

Por um longo período, Eduardo permaneceu sem brilho nos olhos e calado. Já Laura prosseguiu a sua missão, cuidando dos necessitados.

Quando encontrava alguém com a alma aflita, Laura agia como uma verdadeira terapeuta que, buscando o bem-estar dos seus consulentes, usava mais os ouvidos do que a boca. Intuída pelo seu mentor espiritual, ela era assertiva nos seus aconselhamentos e remédios naturais que ministrava durante os tratamentos.

Muitas mulheres da cidade, que não conseguiam engravidar, buscavam o auxílio de Laura. Algumas delas, desenganadas pelos médicos que lhes diziam que nunca receberiam a bênção da maternidade, recorriam ao trabalho de Laura, que sabia fazer garrafadas que ajudavam no desbloqueio da fertilidade. Milagrosamente, meses depois muitas dessas mulheres davam à luz, contradizendo os exames médicos.

Diante do sucesso de gravidez de inúmeras mulheres tratadas pelas garrafadas e curas espirituais de Laura, os médicos ficavam revoltados e recorriam aos documentos dos casos, reavaliavam os exames e não encontravam erros nos dados comprovados pela ciência e pela medicina como infertilidade nas pacientes.

Muito tempo havia se passado. Os pais de Laura e de Eduardo tinham falecido, os filhos se casado, constituído família e enchido a casa deles de netos e bisnetos.

O casal, já com idade muito avançada, continuava unido e em harmonia.

A médium, apesar das dificuldades para se locomover, continuava desenvolvendo suas atividades espirituais, que encarava como sua missão de vida.

Havia chovido muito naquela noite. Idosos, Laura e Eduardo seguiam com dificuldade, de mãos dadas, por uma estrada cheia de poças de água. De repente surgiu um carro, e o motorista, ao avistar o casal de idosos, maldosamente acelerou o veículo e passou numa poça de água, dando um banho nos velhinhos, sujando-os dos pés à cabeça. O casal ficou irreconhecível.

O irresponsável motorista gargalhou como se tivesse escutado a piada mais engraçada do mundo, enquanto olhava pelo retrovisor conferindo o resultado que a sua ação desrespeitosa causara naquelas frágeis criaturas.

O mal-educado ainda disse com a voz entrecortada pelos risos sarcásticos:

— Só assim o casal de tartarugas toma um banho!

O outro ocupante do automóvel, um funcionário do motorista, não gostou do feito do patrão e mentalmente o condenou: "Ele ainda vai se dar mal por causa de suas brincadeiras de mau gosto".

Indignado, Eduardo questionou:

— O que esse filho de uma égua tem na cabeça? E o que ele ganhou fazendo isso com a gente, minha velha?

Laura respondeu:

— Não se preocupe, não, meu bem. Guarde na memória o que vou lhe dizer: ainda esta semana a vida vai promover um reencontro entre nós e esse irmão perturbado para corrigir, literalmente, o seu passo errado.

Eduardo tirou a camisa ensopada de lama, arrancou algumas folhas das plantas, tentou limpar a esposa e amenizar a sujeira que escorria pelo seu rosto, caindo sobre os seus lábios, mas pouco adiantou.

Capítulo 27

Dias depois, Laura acordou no meio da noite com uma sensação estranha, perdeu o sono e ficou se virando de um lado para o outro da cama.

Com a inquietação da esposa, Eduardo acabou acordando e perguntou:

— O que você está pressentindo, meu bem?

Enrolando os seus cabelos longos para trás, Laura respondeu:

— Olha, meu velho, eu vi o espírito de um homem incorporado em uma mulher, chorando muito. Com certeza era alguém que cometeu suicídio.

Eduardo deu as mãos para a esposa e começaram a rezar pedindo proteção, pois a visão que Laura teve era um sinal de que em breve ela teria que sair de casa para atender algum caso de perturbação espiritual.

Eduardo e Laura estavam dormindo quando escutaram o barulho de um carro parando na frente da casa deles. Em seguida, uma voz masculina expressando aflição e desespero chamou duas vezes:

— Seu Eduardo! Seu Eduardo!

Com a aproximação do veículo, os cachorros da casa reagiram e latiram muito, cercando o carro e deixando seus ocupantes assustados.

Como na região, mesmo sendo uma área rural, vinha ocorrendo assaltos nos últimos tempos, antes de abrir a porta de casa Eduardo pegou uma lanterna e perguntou:

— Quem é?

— Seu Eduardo, eu sou Walter Simões. O senhor já deve ter ouvido falar muito de mim.

O nome não era estranho, mas Eduardo não o reconheceu.

— Pelo amor de Deus, me ajude. Preciso falar com o senhor urgentemente. É uma situação muito delicada — insistiu a voz em tom dramático.

Diante da súplica do homem, ficou claro para Eduardo que se tratava de mais um pedido de socorro espiritual para sua esposa. Então, com a lanterna acesa na mão, Eduardo abriu a janela, apontou o facho luminoso na direção do carro, conferindo quem o chamava, e notou que, dentro da luxuosa caminhonete, encontravam-se quatro homens.

Embora Eduardo não tivesse reconhecido nenhum deles, sentiu-se tranquilo. Repreendeu os cães para que pudesse ouvir melhor o homem. Ao primeiro comando do dono da casa, os animais se calaram e recuaram, mas permaneceram ali em sua retaguarda, atentos e vigilantes.

Com medo de serem atacados pelos cachorros, os visitantes acharam mais seguro aguardar Eduardo dentro do carro.

— Boa noite, senhores. Em que posso ajudá-los? — disse Eduardo com certa distância.

De repente, os quatro homens mal-encarados desceram do carro, um deles, o motorista, estava sem camisa, usava apenas uma bermuda, sandálias, e portava na cintura uma arma de fogo, tinha brilhantes cordões no pescoço e anéis nos dedos.

Quando se viu diante daqueles desconhecidos, Eduardo sentiu um frio na barriga. Com o coração quase saindo pela boca, pensou: "Meu Deus, é um assalto".

O motorista logo notou que Eduardo estava apavorado com a presença de seu grupo e, imediatamente, tratou de acamá-lo, explicando-se:

— Seu Eduardo, eu sei que diante de tantas notícias de assaltos que vêm acontecendo em nossa região ultimamente, é assustador mesmo abrir a porta de casa para atender alguém a essa hora da noite e se deparar com a pessoa armada. Mas o senhor pode ficar tranquilo que nada de ruim irá lhe ocorrer. Como já lhe disse, eu sou Walter Simões. Me identificando melhor, eu sou proprietário de várias fazendas na região. Recentemente comprei mais uma propriedade aqui perto, onde estou morando. Esses homens com cara de mau que me acompanham são meus seguranças. Ando escoltado para garantir a minha defesa em uma eventual tentativa de roubo, já que o nosso município está completamente infestado por criminosos.

— Ainda bem que você é esperto e se adiantou — disse Eduardo. — Nossa, que alívio! Com o medo que eu estava sentindo de vocês, bastava alguém aí fazer um gesto para arrumar a calça que eu cairia morto no chão. O medo nos paralisa. Vejam como estou tremendo do susto — ele mostrou as mãos.

— Perdoe-me pelo incômodo a essa hora da noite e, principalmente, pelo susto. Bem, seu Eduardo, encurtando a conversa: eu só estou vindo aqui interromper o descanso de sua família porque me disseram que a sua esposa é uma eficiente curandeira e que ela resolve com maestria até problemas incuráveis de saúde e perturbação espiritual.

— Realmente a Laura é um instrumento de Deus na vida de muitas pessoas que, desenganadas dos meios convencionais da medicina, recorrem ao seu dom espiritual para tratarem as doenças da alma. Mas devo lhe informar que ela não se agrada com o termo curandeira. Prefere ser chamada de trabalhadora da Luz.

— Tudo bem, então — disse o visitante, apressando-se em falar. — O caso é o seguinte: faz tempo que a minha mulher, Solange, vem apresentando um comportamento agressivo, porém isso só ocorre no trato comigo. Com outras pessoas, ela age de maneira calma, gentil, educada, compreensiva, dedicada e amável, enfim, ela parece outra pessoa. Eu já a levei aos melhores especialistas da mente humana da capital do nosso estado e até de outros estados em busca de um tratamento que desse jeito nela, mas de nada adiantou tudo que fizemos. O trabalho de sua esposa é a nossa última esperança. A situação é tão grave que, nos momentos de desespero, eu até já pensei várias vezes em fazer uma besteira contra a minha própria vida, pois sou muito apaixonado pela minha esposa — ele começou a chorar doloridamente. — Não suporto mais ser atacado gratuitamente pela minha companheira que, estranhamente, após as crises, não se lembra absolutamente de nada que me faz — desabafou o homem.

Eduardo o convidou para entrar, mas Walter, demonstrando estar muito desesperado, explicou ali mesmo que precisava levar Laura até a sua fazenda para saber o que se passava com a sua esposa que, do nada, ficava estirada no chão falando com voz de homem e o ameaçando de morte.

Eduardo deduziu do que se tratava e não hesitou em ajudá-lo. Pediu que ele esperasse um instante e foi falar com Laura. A médium concordou em ajudá-lo e, em seguida, partiram para a fazenda, que ficava a alguns minutos dali.

Chegando ao local, Walter encaminhou Laura ao quarto do casal, onde se encontrava Solange. Enquanto se dirigia para dentro da residência, a médium notou, mesmo apressada, com sua sensibilidade feminina apurada, o bom gosto do casal nos lindos móveis que decoravam a confortável casa. No quarto se depararam com Solange estirada no chão.

Quando a mulher ouviu a voz do marido, levantou-se com os olhos fixos nele e, com a voz masculinizada, disse:

— Você é o único culpado por tudo de ruim que aconteceu comigo, seu oportunista! Você ainda vai me pagar pelo atraso que causou à minha vida.

A essa acusação, Walter reagiu afirmando:

— Você está ficando louca, Solange? Imagina só uma coisa dessas agora. Quando nos conhecemos, você era uma moça de família pobre que não tinha nem o que comer. Eu lhe dei o meu sobrenome, uma vida digna, e agora você, de uma hora para outra, tem esses ataques de nervos e começa a me dizer que eu atrasei a sua vida, mulher ingrata?

Mesmo sendo uma experiente médium, Laura quase não conseguiu segurar a vontade de rir quando viu Walter autoritário, brigando com um espírito incorporado em sua mulher, achando que estava falando com a esposa.

A médium chamou o homem para fora do quarto e pediu que ele não entrasse em confronto com o espírito que estava incorporado em Solange.

Foi aí que Walter começou a entender que aquela e tantas outras vezes em que entrou em conflito com a esposa tratava-se de interferência de uma presença do Além, coisa que ele nunca acreditou que pudesse acontecer.

Voltaram para o quarto, e Laura entrou em comunicação com o espírito, buscando identificá-lo. A princípio o encosto resistiu em dizer o seu nome, mas ao ser informado de que, se colaborasse, receberia ajuda para sair da situação de sofrimento em que se encontrava, acabou revelando a sua identidade.

Tratava-se de Reginaldo. Segundo Walter, era um primo de Solange, que foi namorado dela e não aceitou o fim do relacionamento quando ela decidiu se casar com o fazendeiro.

Reginaldo era um jovem muito bonito e trabalhador, mas sem boas condições financeiras. Muito apaixonado por Solange, não suportou perder o seu grande amor para um homem bem-sucedido. Desgostoso, deu cabo da própria vida, acreditando que a morte colocaria um fim no sofrimento de sua alma.

Após o suicídio, Reginaldo descobriu que só tinha destruído o seu corpo físico e que a vida continuava. Seu espírito estava atormentado. Revoltado e desequilibrado por não poder voltar atrás e corrigir o seu engano, tentava a todo custo vingar-se daquela que o desprezou, levando-o ao caminho do erro.

Como Laura não tinha conhecimento da história do casal, Walter ficou convencido de que realmente o que estava acontecendo ali era verdadeiro.

Assustado, o fazendeiro perguntou:

— E agora, dona Laura, nós vamos ter que conviver com esse intruso do Além atrapalhando o nosso casamento pelo resto de nossas vidas?

Laura pediu que Walter saísse do quarto por um instante. Ele atendeu à solicitação da médium e saiu, inseguro com o futuro de seu casamento, que estava próximo do fim por causa dos constantes assédios espirituais que a esposa vinha sofrendo sem saber do que se tratava.

O que Solange não sabia era que, por meio de suas duras críticas à infeliz decisão do ex-namorado, atraía a presença do espírito do falecido para perto de si, inclusive abrindo espaço para que a energia dele se mesclasse com a sua e a influenciasse negativamente, fazendo-a passar por louca.

Laura acalmou o espírito dizendo:

— Meu irmão, eu entendo a sua dor e sei que nada pode preencher o lugar de um amor não correspondido, mas deixe este casal em paz e aceite esta nova e dura realidade que você mesmo criou para si ao dar cabo da própria vida. Quando conseguir se manter sereno, a vida vai lhe dar uma nova oportunidade para que possa recomeçar e realizar os sonhos que você deixou para trás.

Emocionado, o espírito perguntou aos prantos:

— Por que essa traidora me mandou para esse lugar cheio de sofredores?

Laura respondeu com um tom de voz amoroso:

— Na verdade, foi você quem escolheu morar na reclusão do mundo astral inferior quando decidiu fazer o que fez.

Desesperado, o espírito perguntou:

— Você está dizendo que eu estou morto?

— Não, porque o espírito não morre.

— Mas você acabou de falar que estou no mundo espiritual.

Laura não respondeu, e o espírito aflito continuou a falar:

— Pelo amor de Deus, dona, me diga o que está acontecendo! Por que toco nas pessoas e elas ficam fingindo que não estão me vendo?

Serenamente, a médium respondeu:

— Você morreu. Aliás, você destruiu o seu corpo na ilusão de que acabaria com sua vida. Agora você está na realidade espiritual e precisa aceitar que, até conseguir o mínimo de equilíbrio emocional, terá de ficar do lado do invisível, refletir e repensar crenças e atitudes, principalmente as ligadas à posse. Ninguém é dono de ninguém. As pessoas são livres para escolherem com quem querem se relacionar. Quando você conseguir aceitar isso de fato, terá chances de regressar à vida carnal para recomeçar — explicou Laura.

— Então a senhora quer dizer que eu morri, é isso?

A médium aos poucos foi doutrinando o espírito e ele, resistente, disse:

— Eu não acredito que morri, meu Deus — apalpava-se, inconformado. — E como é possível alguém morto continuar se comunicando com os vivos, minha senhora? A senhora é louca? — perguntou o espírito chorando e confuso.

— Esse contato acontece por meio da mediunidade.

— E o que é isso?

— Mediunidade é a sensibilidade dos sentidos que, bem desenvolvida, nos permite fazer a conexão entre vivos e mortos. Bem didático.

Mais confuso ainda com o vocabulário usado por Laura, o espírito se desesperou e começou a esmurrar o chão, dizendo:

— Isso é mentira, dona. Eu não acredito em nada do que está falando.

Laura deixou o espírito atormentado desabafar a raiva que nutria contra o casal e perguntou se ele queria ajuda para se desligar de Walter e Solange.

— Tudo que eu mais quero é distância desses traidores, mas eles estão sempre rindo da minha infelicidade. E eu só fico calmo quando venho aqui e acabo com a alegria deles.

Laura prometeu que Walter e Solange nunca mais iriam rir de seu ato de desespero. Com essa garantia, o espírito foi afastado dali. Infelizmente, perturbado como estava, não aceitou ajuda. Continuou atormentando-se nas densidades do astral inferior.

Trazida à realidade, Solange ficou intimidada quando recobrou a consciência e deparou-se com aquela mulher estranha, de cabelos longos e levemente esbranquiçados, em seu quarto. Na hora ela pensou: "Meu Deus, será que eu morri e me encontrei com Iemanjá?".

Laura deu um copo de água fluidificada para Solange beber, explicando-lhe tudo que havia acontecido. Ela recomendou ao casal que, se quisesse ficar livre do assédio daquele espírito em particular, evitasse ficar falando mal dele para não atrair a sua presença por meio dos pensamentos críticos. Sugeriu ainda que o casal mentalizasse uma luz branca em volta do morto, fizesse uma oração e, assim, pudesse se libertar dele, esquecendo-o.

Concluído o trabalho de doutrinação e afastamento do espírito que importunava o casal, a médium pediu que Solange ficasse em repouso.

Walter, Laura e Eduardo deixaram o quarto e seguiram para a sala, onde ficaram conversando sobre a espiritualidade até amanhecer.

Durante o bate-papo, o fazendeiro, com ar de superioridade, disse:

— Dona Laura, uma coisa não entra na minha mente...

— Pode falar o que o incomoda — consentiu a médium.

— Como pode uma mulher tão sábia como a senhora, que já atendeu tantas pessoas ricas, ainda viver em um estado de tamanha pobreza?

— Pois é, meu filho, eu também não compreendo como é que um homem tão rico como você, que, apesar de ter tudo do bom e do melhor, ainda viva uma vida tão vazia e infeliz em meio à própria riqueza.

— Eu não sou uma pessoa vazia e muito menos sou infeliz.

— Você vai me desculpar pela minha sinceridade — avisou a médium. — Mas, observando o seu comportamento, está claro que uma pessoa que anda acompanhada por pessoas armadas não é feliz e nem está com boas intenções.

— Eu só ando com escolta armada porque carrego sobre o meu corpo joias caríssimas e muito cobiçadas pelos ladrões. Como ultimamente vêm ocorrendo muitos assaltos em nossa região, eu não saio de casa sem a proteção dos meus homens — justificou Walter.

— Você é uma prova de que o dinheiro, na vida de certas pessoas, em vez de trazer liberdade, faz é transformar a sua existência em uma prisão de luxo.

— A senhora quer dizer que a riqueza afasta as pessoas da felicidade? O que leva o ser humano ao sofrimento é a falta de consciência.

— A pessoa verdadeiramente rica é aquela que, morando em um casebre ou em uma mansão, tem uma fé inabalável em Deus, expressa imensa alegria de viver, é solidária, generosa, demonstra profunda gratidão pela sua existência e um amor genuíno à vida, pois os seus valores são internos. Já a pessoa que vive em uma condição de pobreza interna é aquela que, mesmo conquistando uma fortuna, continua se comportando como necessitada, tem uma alma carente de atenção e, para se sentir acima das demais pessoas de seu convívio, precisa ostentar e exibir os bens materiais que possui, objetivando apenas inferiorizar os menos abastados e se tornar o centro das atenções.

Walter refletiu e sentiu que a explicação da médium tinha fundamento, afinal de contas, ele tinha tudo que desejava materialmente, mas lhe faltava algo que preenchesse a sua alma, pois sentia um vazio interior infernal.

Solange, com o campo espiritual reequilibrado e sentindo-se leve como nunca esteve antes, levantou-se da cama para fazer a sua higiene pessoal. Tomou um revigorante banho, colocou um lindo vestido longo, foi até o espelho conferir o visual, maquiou-se, penteou-se e, com a autoestima elevada, dirigiu-se à sala para apresentar a nova mulher que desabrochou de seu interior.

Ao vê-la surgir na porta, Laura perguntou:

— E aí, minha filha, como você está se sentindo agora?

— Estou sentindo uma sensação de bem-estar maravilhosa. Parece que a senhora tirou uma tonelada de pedras das minhas costas.

— Que bom que tudo deu certo — disse a médium, evitando falar do espírito.

Solange deu um carinhoso abraço na médium e, emocionada, agradeceu Laura por ter libertado a sua alma do encosto espiritual que a perseguia.

Walter, sentindo-se feliz ao ver a esposa reequilibrada, foi até o quarto e retornou com uma boa quantia em dinheiro, que entregou a Laura como recompensa.

A médium agradeceu a oferta que recebera e reforçou as recomendações que havia feito, deixando claro que, se não adotassem um novo comportamento, continuariam recebendo a visita indesejada do espírito que os importunara. Solange, decidida a livrar-se de vez daquela influência, prometeu que seguiria à risca tudo que lhe fora recomendado.

Antes de partir, Laura disse:

— Guarde bem essa frase, minha filha: "A felicidade só depende de nossa maturidade diante das adversidades".

Solange, observadora, logo captou a mensagem que Laura lhe transmitiu nas entrelinhas da frase e, externando gratidão pela lição que recebera, disse:

— Muito obrigada, dona Laura. Que Deus lhe dê muitos anos de vida e saúde.

— Amém. Assim seja — anuiu Laura, pegando a sua bolsa para sair.

Walter deu um apertado abraço na esposa e, segurando em suas mãos, disse olhando em seus olhos:

— Hoje eu descobri que você é a minha verdadeira riqueza.

Feliz como nunca se sentiu antes, Solange retribuiu:

— Eu também descobri que você é a minha verdadeira riqueza.

Walter encostou perto do rosto da esposa e disse baixinho em seu ouvido:

— Vou deixá-los de volta em casa e, quando eu retornar, nós vamos para nosso quarto, o nosso cantinho de amor, recuperar todo o tempo perdido.

Com um sorriso malicioso, Solange consentiu com a cabeça.

Walter pegou no cabide o seu inseparável chapéu de cowboy, apanhou a chave do carro em cima da mesa e saiu acompanhando o casal em direção ao carro, que estava estacionado na porta da casa.

Como o assento do carro era alto e Laura já não tinha mais tanta habilidade para subir, Walter, comportando-se de maneira cavalheira com a senhora, pegou em sua mão ajudando-a a se acomodar na confortável poltrona da caminhonete. Em seguida, repetiu o mesmo gesto, abrindo a outra porta do carro e estendendo a mão gentilmente para ajudar Eduardo a entrar no carro.

Depois disso, o fazendeiro arrumou seu chapéu de cowboy, entrou no automóvel, ligou o motor do possante e, quando acelerou para sair, viu que estava chegando Torrada, um de seus capangas.

Walter fez um sinal com a cabeça, chamando Torrada para acompanhá-lo. O capanga apressou o passo, entrou no carro, cumprimentou o casal e acomodou-se no banco de trás. Walter deu partida e, minutos depois, deixou o casal em casa.

Enquanto retornavam para a fazenda, Walter disse para o capanga:

— Sabe, Torrada, se eu soubesse que a velha era boa mesmo nesse negócio de falar com defunto, há muito tempo já tinha me livrado dessas perturbações.

— Patrão, o senhor não percebeu uma coisa — ficou uma pausa.

Curioso, Walter olhou para Torrada esperando uma explicação.

— Esses velhos aí são os mesmos que o senhor encharcou de lama quando passou na poça d'água naquele dia que a gente vinha da cidade. Lembra que o senhor riu tanto que até doeu a sua barriga?

— Como é que é a história, Torrada?

— É isso mesmo, patrão! Lembra que outro dia, vindo de Carolina, quando o senhor avistou de longe o casal de idosos na beira da estrada, passou com o carro na poça d'água só pra rir do resultado de sua traquinagem?

Walter, sentindo-se muito envergonhado de sua brincadeira de mau gosto, parou o carro no acostamento, fez a manobra e, determinado a desculpar-se, voltou em direção à casa dos amáveis velhinhos. Com remorso, refletiu:

— Olha só, Torra, veja como é a vida... É como diz o ditado: "aqui se faz e aqui se paga". Justamente as pessoas que eu humilhei em um ato de irresponsabilidade, agora, com toda sua sabedoria e boa vontade, me livraram de cometer uma desgraça contra a minha própria vida e nem sequer tocaram no assunto.

— Pois é, patrão. Nessa vida nada fica sem um acerto de contas.

— Será que eles não tocaram no assunto porque não guardaram rancor ou não falaram nada porque não me reconheceram?

— Olha, patrão, eu acho que eles não quiseram constranger o senhor.

O fazendeiro mal podia esperar o momento de chegar diante do casal de velhinhos e desculpar-se pelo seu erro. Mas Walter tinha certeza de uma coisa: nunca mais cometeria aquele tipo de brincadeira de mau gosto com as pessoas. Ele ficara tão mexido em saber que aquele casal de velhinhos tinha ajudado ele e sua esposa, que a experiência o transformara em outro homem, maduro e mais sensível.

Laura estava preparando o café para o esposo quando o fazendeiro parou o carro na frente de sua casa. Com o barulho do carro chegando, Laura apareceu na porta. Walter desceu do veículo e, antes que ele abrisse a boca para se desculpar, a médium, com sua sensibilidade aguçada, disse:

— Olha, meu filho, eu já sei por que você voltou aqui e quero lhe dizer uma coisa: nesta vida podemos até não consertar um erro que cometemos... Mas só de reconhecer que agimos errado, já merecemos o perdão.

Sentindo-se aliviado da culpa, Walter abraçou Laura, que, mostrando que não guardava ressentimento pelo ocorrido, o convidou para tomar um café.

O fazendeiro olhou para o capanga que o aguardava dentro do carro com cara de leão faminto e, só pelo olhar do patrão, Torrada entendeu que era para ele descer do veículo e acompanhá-lo no café.

Walter e o segurança acomodaram-se em volta da mesa, aguardando o delicioso café feito no coador acompanhado de um irresistível cuscuz de milho.

Laura notou que o marido estava demorando para sair do quarto e resolveu verificar. Ela o encontrou caído ao lado da cama.

— Meu Deus! Socorro! — gritou ela.

Com o pedido de socorro, Walter e Torrada imediatamente correram até o quarto do casal, onde encontraram Eduardo desacordado. Tentaram reanimá-lo, mas ele não demonstrou o menor sinal de vida.

O mentor espiritual da médium apareceu ao seu lado e disse:

— O seu marido concluiu o seu tempo de estadia na Terra.

Ao receber aquela triste informação do amigo espiritual, Laura reportou:

— O plano espiritual acabou de me avisar que o meu velho não se encontra mais aqui no meio de nós.

Walter e Torrada prestaram suas condolências a Laura, confortando-a. Em seguida, o fazendeiro, compadecendo-se do momento difícil que a médium estava atravessando, generosamente ofereceu seu carro para levar a notícia do ocorrido aos familiares do falecido.

Epílogo

Os primeiros dias sem a companhia do marido foram muito difíceis para Laura. Antes de dormir, para amenizar o vazio deixado pela morte do esposo, ela cheirava a última camisa que Eduardo usava no momento de sua partida.

A imensa saudade e a falta que ela sentia da presença do companheiro só foi superada quando o espírito de Eduardo pôde aparecer para lhe fazer uma visita, confirmando para a médium mais uma vez a eternidade do espírito.

Augusto apareceu na casa da mãe com o pretexto de levá-la para passar alguns dias na casa de Açucena para aproveitar a companhia da filha e dos netos.

A princípio, Laura relutou, porque não gostava da agitação da cidade, mas acabou concordando em passar uma temporada com os familiares.

Um mês depois, Augusto retornou à casa da irmã para buscar a mãe. No percurso de volta, ele foi acometido por um avassalador sentimento de tristeza ao passar sobre a ponte que fora o trampolim da fatalidade que levou o seu irmão.

Ao ver o filho sem a alegria de minutos antes, Laura se deu conta de que Augusto ficara triste ao passar pelo lugar onde ocorreu a trágica morte do irmão caçula.

Procurando afastar a lembrança ruim que estava deixando o filho oprimido, Laura pediu que Augusto ligasse o rádio do carro e colocasse uma música bem alegre para tocar. Ele atendeu à sugestão da mãe. Em poucos instantes, recebendo a vibração positiva de uma alegre canção, Augusto começou a cantarolar, batucar com as mãos no volante, elevou o astral e se desligou das imagens negativas que havia marcado a sua infância.

Enfim, chegaram em frente à residência de Laura e, para a sua surpresa, a modesta casa de sapé em que ela morava havia tantos anos tinha sido derrubada e uma bela casa nova fora construída no lugar, com um lindo jardim na frente.

Boquiaberta e sem entender a mágica que havia acontecido, Laura desceu do carro. Assim que se aproximou da porta da casa, apareceu Cecília, a sua sobrinha e filha adotiva, que foi ao seu encontro. Antes de lhe dirigir a palavra, por uma questão de respeito, Cecília rezou diante da mãe e beijou-lhe a mão pedindo a bênção. As duas se abraçaram-se e, depois do afago, com um largo sorriso, Cecília perguntou:

— Mamãe, a senhora ainda se lembra que dia é hoje?

Bem-humorada e ao mesmo tempo curiosa, Laura disse:

— Minha filha, não me faça perguntas difíceis, porque eu sou tão velha que o último dinossauro que existiu no mundo morreu sob meus cuidados... — E continuou: — Eu sei sim, Cecília, que dia é hoje.

— Vamos ver se a memória da senhora ainda está em perfeitas condições para guardar datas importantes — desafiou Cecília.

Agora com um olhar distante, Laura disse:

— Hoje é o dia do meu aniversário, minha filha. E eu estou recebendo de Deus a graça de completar cem anos de vida! Aliás, diga-se de passagem, cem anos muito bem vividos.

Nesse momento, Assis, o esposo de Cecília, com uma câmera de filmar na mão, muito emocionado, registrava todo o acontecimento.

Cecília acolheu a velhinha de aparência frágil nos braços. Apesar da idade, Laura ainda trazia nos olhos um brilho vívido e uma invejável vontade de viver.

Cecília estava muito emocionada. Pegou no rosto da mãe do coração e, olhando firme em seus olhos, disse com palavras entrecortadas pela emoção:

— Mamãe, hoje nós estamos aqui por um motivo muito especial. Mas antes de lhe revelar o que está acontecendo, eu quero saber: qual era mesmo o sonho que a senhora tanto desejava realizar?

— Era construir uma casa — respondeu Laura prontamente.

De repente, uma voz masculina disse por trás de Cecília:

— Então a senhora já pode comemorar, porque chegou o dia desse sonho se realizar!

Laura ficou muito emocionada ao reconhecer o homem que falava. Era o fazendeiro Walter Simões, que, também muito emocionado, lhe entregou as chaves de sua nova casa.

— Fomos muito criticados quando decidimos construir esta casa para a senhora. Diziam-nos que o investimento que fizemos para realizar o seu sonho foi muito alto para quem já está com cem anos.

Antes que Walter concluísse, Laura, bem-humorada, rebateu:

— Aposto com você, meu filho, que eu ainda assistirei ao velório da maior parte das pessoas que acham que estou velha demais para realizar os meus sonhos.

Todos gargalharam com a resposta de Laura.

Cecília interveio:

— Não importa quanto tempo a senhora vai usufruir essa casa, mãe. O que vale são os momentos felizes que viverá contemplando a realização de seu sonho. O que o seu Walter está lhe oferecendo ainda é pouco diante do legado que a senhora nos deu em forma de ensinamentos e bons exemplos. Sinto-me muito feliz e orgulhosa por ter recebido de Deus a graça de ter como mãe uma pessoa tão generosa e iluminada, que mostrou na prática a todos que cruzaram o seu caminho que, agindo com amor e compaixão, podemos abrir todas as portas e transformar o mundo em um lugar bem melhor de se viver.

Depois dessas palavras de Cecília, ecoou atrás das duas uma calorosa salva de palmas. Laura girou-se lentamente para trás e se deparou com centenas de pessoas que lhe aguardavam às escondidas. Entre os presentes, estavam muitos dos parentes que ela não via fazia muito tempo. Laura chorou ao ver ali netos e bisnetos de Dolores.

Na dimensão astral, Alaor sorria feliz. Dolores aproximou-se e disse:

— Quem diria! É a única do grupo que ainda está encarnada.

— É — tornou Alaor. — Daqueles tempos, só está faltando ela retornar para o nosso lado. Não vai demorar muito.

— O ser humano ainda não vive até os duzentos anos, certo?

Os dois riram e Alaor prosseguiu:

— Laura cresceu muito. Aprendeu o verdadeiro propósito da vida, sabe ser feliz. Isso é o que importa.

— É verdade. Estou me preparando para voltar e sei que o mais importante é a conquista da felicidade — Dolores falou e olhou para um jovem, demonstrando muita ternura.

Alaor viu e indagou:

— Aquele ali é seu bisneto, não?

— Sim. Se notar bem, verá que é Viana, reencarnado. Se tudo correr nos conformes, há uma grande chance de nos conhecermos daqui a alguns anos.

— Que coisa boa!

Os dois sorriram e, enquanto Dolores, de maneira delicada, pousava suas mãos sobre as de Laura, os demais se aproximavam e cumprimentavam a velhinha de rosto simpático e olhos expressivos que tanto lutara para ter um lugar só seu.

Foi uma emoção coletiva e todos foram às lágrimas, pois sabiam que Laura passara a vida inteira acreditando que alcançaria dias melhores para juntar dinheiro e construir uma casa digna para morar.

Ela estava com os olhos brilhantes e um sorriso encantador como o de uma criança por ver o seu sonho realizado de maneira inesperada. Na presença de tantas pessoas queridas, aquilo tinha um gosto mais especial ainda.

Secando o rosto, Laura perguntou:

— Gente, que mágica foi essa que fizeram? Como vocês conseguiram construir essa linda casa em tão pouco tempo?

Todos se divertiram com a curiosidade da querida e amada médium.

Cecília, que havia sido a mentora da ideia, respondeu:

— Eu aprendi com a senhora que, quando entramos em ação e nos unimos às pessoas que têm boa vontade, as coisas acontecem em um passe de mágica.

Depois de algumas horas, já não cabia mais tanta gente na residência. Os carros não paravam de chegar, trazendo os parentes e amigos da família que não conseguiram chegar no horário combinado para a celebração de entrega da casa.

Os amigos da família já tinham partido, ficando apenas os parentes mais chegados de Laura, que, sentados em volta dela, cobriam-na de amor e carinho.

Cecília recebeu a sua câmera de filmar das mãos do marido, que estava documentando o evento, e resolveu gravar uma mensagem de Laura na companhia de seus entes queridos para guardar de recordação.

— Então, mãe, o que a senhora tem a nos dizer depois de ter vivido tantos anos e vencido momentos tão difíceis em sua caminhada?

Laura baixou a cabeça e, com os olhos úmidos, disse:

— Antes de mais nada, minha filha, eu quero agradecer a todos vocês que organizaram esta festa maravilhosa e dizer que este foi o dia mais feliz da minha vida. Pude receber a visita de pessoas muito queridas, embora algumas delas estivessem apenas em espírito, mas, mesmo assim, por meio da minha mediunidade, pude sentir a vibração positiva e amorosa de cada presença que aqui esteve me envolvendo de amor e luz.

Uma lágrima caiu dos olhos de Cecília, que interveio:

— E o que a senhora pode falar a respeito da tão sonhada felicidade?

— Muitas pessoas ainda não preencheram o coração de realização porque seguem a passos de tartaruga, contra a própria vontade, tropeçando nas pedras que elas mesmas colocam em seu caminho — comentou Laura.

— Revele-nos uma coisa, mãe. Por que as pessoas de seu tempo eram muito mais felizes que as de agora? — tornou Cecília, secando o rosto.

Antes de responder à pergunta, Laura fez uma pausa, pois não gostava de saudosismo nem de comparar o passado com o presente. Depois de uma longa reflexão, ela disse:

— Minha filha, eu já vivi cem anos e, durante esse tempo todo atendendo ricos e pobres, tenho visto que poucas pessoas estão realmente satisfeitas com a vida que levam. Algumas porque ainda não encontraram a sua alma gêmea. Outras já encontraram, mas ainda não compreenderam que em um relacionamento é preciso desenvolver a paciência para lidar com as fraquezas da pessoa amada, e que devemos focar a nossa atenção nas qualidades e não nos pontos que nos incomodam no comportamento de quem amamos ou com quem convivemos.

Cecília mudou a câmera de mão e fez mais uma pergunta:

— Mãe, e do que nunca devemos desistir de um dia encontrar nesta vida?

Laura olhou para a parede onde estava a foto do falecido marido e respondeu:

— Filha, o melhor presente que uma pessoa pode receber nesta breve passagem pela Terra é se casar com a pessoa certa.

Cecília, rindo de sua próxima pergunta, indagou:

— Como podemos saber quem é a pessoa certa se ninguém traz um letreiro na testa como certificado de garantia?

Laura suspirou profundamente e respondeu:

— Aqui vai uma informação muito preciosa: a pessoa certa não é aquela que faz tudo que queremos, mas aquela que nos ajuda a enxergar a realidade da vida sem drama, que nos inspira a mudar e vencer os nossos pontos fracos. Resumindo, minha filha, nós devemos aceitar a pessoa sem exigir que ela seja o tipo ideal que imaginamos, ou seja, o correto é amar sem fantasiar. Porque, no jogo das relações, só recebemos o melhor de alguém quando também oferecemos a mesma qualidade que buscamos nos outros.

Cecília sentia uma emoção indescritível diante da expressão da maturidade em forma de sábias rugas no rosto envelhecido de sua amada mãe do coração, que, do alto de sua experiência, revelava o segredo de uma mulher vencedora.

Todos cercaram Laura, despediram-se dela e a cobriram de carinho. Nesse instante, correu um vento suave trazendo para dentro do ambiente um inebriante cheiro de flores, e o agradável aroma deixou a casa toda perfumada.

Laura baixou a cabeça por um instante e agradeceu ao seu mentor, que era o responsável pela manifestação aromática que invadiu o ambiente trazendo a gostosa sensação de bem-estar e equilíbrio que ali se fazia presente. Ela também percebeu a presença de Dolores no ambiente e, discretamente, lhe mandou um beijo.

— Até breve, minha amiga — disse ela, enquanto os dois espíritos sumiam no ambiente, deixando um rastro de luz e energias salutares.

O céu ficou completamente rosa, a cor preferida de Laura, formando atrás das nuvens um fundo vinho, curiosamente a cor predileta de Eduardo.

E, assim como na Terra, na colônia astral os espíritos ligados à família de Laura estavam reunidos em uma grande festa, comemorando a sua felicidade, deixando a certeza de que só o amor abre todas as portas.

Fim

Grandes sucessos de
Zibia Gasparetto

Com de 17 milhões de títulos vendidos, a autora tem contribuído para o fortalecimento da literatura espiritualista no mercado editorial e para a popularização da espiritualidade. Conheça os sucessos da escritora.

Romances

pelo espírito Lucius

- A verdade de cada um (nova edição)
- A vida sabe o que faz
- Entre o amor e a guerra
- Esmeralda (nova edição)
- Espinhos do tempo
- Laços eternos
- Nada é por acaso
- Ninguém é de ninguém
- O advogado de Deus
- O amanhã a Deus pertence
- O amor venceu
- O encontro inesperado
- O fio do destino (nova edição)
- O poder da escolha
- O matuto
- O morro das ilusões
- Onde está Teresa?
- Pelas portas do coração (nova edição)
- Quando a vida escolhe (nova edição)
- Quando chega a hora
- Quando é preciso voltar (nova edição)
- Se abrindo pra vida
- Sem medo de viver
- Só o amor consegue
- Somos todos inocentes
- Tudo tem seu preço
- Tudo valeu a pena
- Um amor de verdade
- Vencendo o passado

Crônicas

A hora é agora!

Bate-papo com o Além

Contos do dia a dia

Pare de sofrer Pedaços do cotidiano

O mundo em que eu vivo

O repórter do outro mundo

Coleção – Zibia Gasparetto no teatro

Esmeralda

Laços eternos

Ninguém é de ninguém

O advogado de Deus

O amor venceu

O matuto

Outras categorias

Conversando Contigo!

Eles continuam entre nós – vol. 1

Eles continuam entre nós – vol. 2

Eu comigo!

Momentos de inspiração

Pensamentos – vol. 1

Pensamentos – vol. 2

Recados de Zibia Gasparetto

Reflexões diárias

Conheça os Romances da
Editora Vida & Consciência

Mônica de Castro
pelo espírito Leonel

A atriz (nova edição)

Apesar de tudo...

Até que a vida os separe

Com o amor não se brinca

De frente com a verdade

De todo o meu ser

Desejo – Até onde ele pode te levar? (pelos espíritos Daniela e Leonel)

Gêmeas

Giselle – A amante do inquisidor (nova edição)

Greta (nova edição)

Impulsos do coração

Jurema das matas

Lembranças que o vento traz

O preço de ser diferente

Segredos da alma

Sentindo na própria pele

Só por amor

Uma história de ontem (nova edição)

Virando o jogo

Amadeu Ribeiro

A visita da verdade

O amor nunca diz adeus

O amor não tem limites

Reencontros

Juntos na eternidade

Marcelo Cezar

pelo espírito Marco Aurélio

A última chance
A vida sempre vence
Coragem para viver
Ela só queria casar...
Medo de amar
Nada é como parece
Nunca estamos sós
O amor é para os fortes
O preço da paz
O próximo passo
O que importa é o amor
Para sempre comigo
Só Deus sabe
Treze almas
Um sopro de ternura
Você faz o amanhã

Ana Cristina Vargas

pelos espíritos Layla e José Antônio

A morte é uma farsa
Em busca de uma nova vida
Em tempos de liberdade
Encontrando a paz
Intensa como o mar
O bispo (nova edição)
O quarto crescente (nova edição)
Sinfonia da alma

Eduardo França

A escolha
A força do perdão
Enfim, a felicidade
Vestindo a verdade

Floriano Serra

A grande mudança
Nunca é tarde
O mistério do reencontro

Lucimara Gallicia

pelo espírito Moacyr

O que faço de mim?
Sem medo do amanhã

Sérgio Chimatti

pelo espírito Anele

Apesar de parecer... Ele não está só
Ecos do passado
Lado a lado

Flavio Lopes

pelo espírito Emanuel

A vida em duas cores
Uma outra história de amor

Leonardo Rásica

Luzes do passado

Celeste – no caminho da verdade

Rose Elizabeth Mello

Desafiando o destino

Verdadeiros Laços

Lúcio Morigi

O cientista de hoje

Evaldo Ribeiro

Eu creio em mim

Gilvanize Balbino

O símbolo da vida

Carlos Henrique de Oliveira

Ninguém foge da vida

André Ariel Filho

Surpresas da vida

VIDA & CONSCIÊNCIA
GRÁFICA

Rua Agostinho Gomes, 2.312 – SP
55 11 3577-3200

grafica@vidaeconsciencia.com.br
www.vidaeconsciencia.com.br